高考综合改革的政策分析框架及江苏实践

袁靖宇 等 著

中国教育出版传媒集团

高等教育出版社·北京

图书在版编目（CIP）数据

高考综合改革的政策分析框架及江苏实践／袁靖宇
等著 . -- 北京：高等教育出版社，2023.3
　　ISBN 978-7-04-059910-7

　　Ⅰ.①高…　Ⅱ.①袁…　Ⅲ.①高考-教育改革-研究
-江苏　Ⅳ.①G632.474

中国国家版本馆 CIP 数据核字（2023）第 024764 号

GAOKAO ZONGHE GAIGE DE ZHENGCE FENXI KUANGJIA JI JIANGSU SHIJIAN

策划编辑　龙　杰　袁　畅	责任编辑　陈　振	封面设计　王　洋	版式设计　杜微言
责任绘图　杨伟露	责任校对　张　薇	责任印制　赵　振	

出版发行	高等教育出版社	网　　址	http://www.hep.edu.cn
社　　址	北京市西城区德外大街 4 号		http://www.hep.com.cn
邮政编码	100120	网上订购	http://www.hepmall.com.cn
印　　刷	高教社（天津）印务有限公司		http://www.hepmall.com
开　　本	787mm×960mm　1/16		http://www.hepmall.cn
印　　张	14.5		
字　　数	260 千字	版　　次	2023 年 3 月第 1 版
购书热线	010-58581118	印　　次	2023 年 3 月第 1 次印刷
咨询电话	400-810-0598	定　　价	68.00 元

本书如有缺页、倒页、脱页等质量问题，请到所购图书销售部门联系调换

课题组成员

负责人：袁靖宇

参与人：袁桂华　方　苑　江　兰　张　斓　范美琴
　　　　马　彪　吴成兵　刘　芳　刘明岩　邢　鹏
　　　　马秀谊　石允剑　李　槿　段海强　高柳萍

摘 要

在党中央、国务院的直接领导和推动下,以2014年《国务院关于深化考试招生制度改革的实施意见》出台为标志,新一轮高考综合改革正式启动,这是1977年恢复高考以来我国最全面、最系统、最深刻的高考改革。继第一、二批高考改革6个省份采用"3+3"科目设置方案后,第三、四、五批改革23个省份采用了"3+1+2"方案。"3+1+2"方案被认为是"高考改革的江苏贡献"。由于江苏独特的教情、学情和考情,"'3+1+2'模式实施的焦点和难点都在江苏"。在江苏省委、省政府和教育部的坚强领导下,江苏教育系统始终坚持用理论指导实践、以实践验证理论,2021年新高考平稳落地,高质量完成省委常委会年度重点任务、省政府年度百项重点工作。作为全国首个系统研究高考综合改革"3+1+2"方案的报告,《高考综合改革的政策分析框架及江苏实践》正是在这样的背景下诞生的。本研究报告共分十个部分。

第一章为绪论。主要阐述研究背景、研究意义、研究方法及研究路线,明确理论研究框架,为研究提供总纲和依据。

第二章为高考改革的理论基础与评析。从人力资本理论、高等教育发展阶段理论、公共政策理论入手,分析高考改革的历史背景、主要功能和利益相关者,深化和丰富了高考改革的理论体系。

第三章为高考改革政策脉络与评析。系统梳理我国高考政策的历史脉络、改革历程,重新认识经济、政治、文化视域下的高考政策,揭示教育矛盾运动规律、党和国家教育方针、基础教育课程改革对高考制度安排的影响机制,并据此对高考政策改革趋势进行研判和分析。

第四章为江苏高考改革的历史抉择。基于对国家顶层设计、先期改革省份探索、江苏高考改革历史的理性分析,聚焦新一轮高考改革宗旨,系统阐述江苏新高考"3+1+2"模式的政策框架及其形成。

第五章为高考改革选科问题与破解。以高考选科问题为研究重点,分析在选择性教育理念下,高考改革给予学生更多选择权的制度设计,以及改革实践中部分利益相关者为了实现个体利益最大化而造成的物理、化学"遇冷"这一集体非理性结果。面对选科偏差的共性问题,江苏从顶层设计、配套政策、宣传引导等方面力争"破困突围"。

第六章为高考改革的命题体系重构。聚焦新高考命题中的系统适应、难度控制、素养考查等关键性问题,探索和达成新高考命题理念体系从聚焦选拔的能力立意向聚焦育人的素养立意、标准体系从基于测试的考试说明向基于标准的课标指引、评价体系从差异权重的粗颗粒度评价向等值权重的细颗粒度评价、组织体系从独立命题向国家引领指导下的融合命题四大转变。

第七章为考试与招生录取的方案及技术实现。阐述新高考考试与招生录取方案的设计思想以及围绕组考编排、网上评卷、志愿填报、招生录取等重点环节实现的智慧服务信息化流程再造。

第八章为高考改革的舆论场建设。从舆论场构建的一般理论及其演进机制入手,剖析网络时代涉考舆情规律,秉持网络民意是公民权利表达和整体宏观理性的理念,介绍江苏新高考舆情治理在设计需求、管理理念、稳定预期等方面的实践探索。

第九章为高考综合改革的政策评价。2021 年江苏新高考政策绩效的实证研究表明,新高考在立德树人、科学选才、引导教学三大功能方面实现了改革预期,突出了立德树人导向,满足了多元多样选择,强化了高考反拨教学功能。

第十章为高考综合改革的行稳致远。深化高考综合改革,要构建科学选科的长效机制,推进国家选才要求、学生成才需求和社会公平追求有机统一;要完善多元综合的招生体系,兼顾弱势人群的机会公平与较好资质禀赋特别是智力超强人群的结果公平;要发挥高考评价的导向效应,着力营造和谐健康的教育教学生态;要筑牢平安高考的底线思维,稳定社会预期,突出数字赋能,提升应急处置规范。

关键词:高考综合改革;江苏高考改革;"3+1+2"模式

目　录

第一章　绪论

第一节　研究背景

教育是国之大计、党之大计,是民族振兴、社会进步的重要基石。时代越是向前,知识和人才的重要性就愈发突出,教育的地位和作用就愈发凸显。当今世界的综合国力竞争,说到底是人才竞争。实现"两个一百年"奋斗目标、实现中华民族伟大复兴的中国梦,必须通过优先发展教育,努力培养更多更好的能够满足党、国家、人民、时代需要的人才,把人口中蕴藏的智慧资源挖掘出来,转化为巨大的人才资源优势。高考制度作为我国的基本教育制度,在国家人才选拔和培养中处于核心地位,是"国之大者"。总体上看,我国考试招生制度符合国情,同时也存在一些问题。改革是由问题倒逼产生的,又在不断解决问题中得以深化。

一、问题的提出

自 1977 年恢复高考以来,我国高校考试招生制度一直处于动态改革中。2010 年教育部发布《国家中长期教育改革和发展规划纲要(2010—2020年)》,提出以考试招生制度改革为突破口的方案,标志着高考改革进入了一个崭新的改革期。2013 年 11 月,党的十八届三中全会审议通过了《中共中央关于全面深化改革若干重大问题的决定》,全面肯定了教育规划纲要的内容,为考试招生制度改革指明了方向。2014 年 9 月,《国务院关于深化考试招生制度改革的实施意见》(以下简称《实施意见》)出台,这是我国恢复高考以来,第一次以国务院名义出台考试招生制度改革的专门文件,表明考试招生制度改革作为提高教育质量和促进教育公平的关键环节,已进入深水区。中央以大格局、大思路自上而下推进本轮综合改革,并加强宏观思考和顶层设计。按照统筹规划、试点先行、分步实施、有序推进的原则,上海、浙江于 2014 年率先进入试点,2017 年落地;北京、天津、山东、海南 2017 年第二批进入试点,2020年落地;河北、辽宁、江苏、福建、湖北、湖南、广东、重庆 8 省市第三批进入试点,2021 年落地。

1. 为什么要进行新一轮高考综合改革

高考综合改革是党中央、国务院直接领导和推动的重大改革,在教育综合改革中居于龙头地位。究其改革动因,主要受两方面需求的驱动。

一是满足民族复兴和人才强国建设战略需求。高考制度作为国家基本教育制度,在党和国家事业发展战略全局和国家人才选拔培养中具有重要的地位和作用。高考的改革发展与国家的发展密不可分,国家所处的历史方位直接决定高考改革的战略定位与核心功能。党的十九大报告中指出,中国特色社会主义进入了新时代,这是我国发展新的历史方位。报告提出,要加快建设创新型国家,强调创新是引领发展的第一动力。2020 年,我国高等教育迈入普及化阶段,高校分层更加明显,考生素质千差万别,通过统一考试甄别学生的能力和素质,为所有高校提供唯一录取依据,将会面临越来越多的问题,越来越不符合时代发展的要求。要建设创新型国家,高考这样注重统一标准答案的大规模选拔性考试必须加以改革①。这就要求高考改革要紧跟新时代的步伐,深入贯彻落实人才强国战略部署,通过解决"为什么考、考什么、怎么考"的问题,从高考层面对"培养什么人、怎样培养人、为谁培养人"这一教育根本问题作出回答,为进一步提升国民素质、培养优秀的社会主义建设者和接班人提供更好的人力资源支撑。为党育人、为国选才是高考的使命担当,今天的高考改革,在一定意义上决定着国家未来 20 到 30 年的人才战略储备问题。在我国新的发展阶段,要实现创新驱动发展的战略目标,积极应对科技革命和国内外发展环境变幻的挑战,高素质人才支撑是关键。

二是解决教育"指挥棒"问题,推进教育强国建设。国务院《实施意见》指出,我国高考制度总体上符合国情,权威性、公平性获得社会认可,但也存在弊端,主要是唯分数论影响学生的全面发展,"一考定终身"使学生学习负担过重,区域、城乡入学机会存在差距,中小学择校现象较为突出,加分造假、违规招生现象时有发生。早在 2005 年,教育部原部长何东昌就因当时的应试教育问题过于严重,却尚未找到切实有效的解决思路而上书中央,指出解决教育应试化这一涉及面很大的问题,只靠教育部门的努力很难奏效,建议中央加以关注。21 世纪初,南京师范大学附属中学老校长胡百良在教育部座谈会上流着泪说:"学生的学习负担从来没有像现在这样的重,他们承担的心理压力从来没有像现在这样的大,而教育的效率从来没有像现在这样的低,我有很深的愧疚感。"他痛心疾呼:原有的高考制度一日不改,应试教育一日不休!厦门大学教授潘懋元先生也指出,40 多年来,我们一直沿着统一高考的公路笔直地行驶,由于没有学会拐

---

① 刘海峰. 高考制度变革综论[M]. 杭州:浙江教育出版社,2018:11.

弯,形成了越来越严重的"应试教育"。应试教育制约了高中、初中甚至小学教育,现在还制约了我们的大学本科教育,许多本科生的学习只是为了考研①。2018年,习近平总书记在全国教育大会上指出:"教育最突出的问题是中小学生太苦太累,办学中的一些做法太短视太功利,更严重的是大家都知道这种状况是不对的,但又在沿着这条路走,越陷越深,越深越陷!"当前我国学校教育表面上是轰轰烈烈的素质教育,实际上仍是扎扎实实的应试教育。中小学教育的指挥棒实际上是考试分数和升学率。用同一种标准衡量不同性格禀赋、不同兴趣特长、不同素质潜力的学生,本身就存在公平、公正方面的制度欠缺。许多问题表现在教育上,但其根源在社会。为了克服应试造成的弊端,必须对高考制度进行变革。

高考改革是一个"实践—认识—再实践—再认识"的过程,每一次探索创新,出发点都是为了更加适应国家经济社会发展对人才的需求,主题都是要摒弃应试教育、促进素质教育,宗旨都是要促进学生全面而有个性的发展,更好地实现科学和公平选才。可以讲,几十年来,中国教育评价改革一路走来,精神未变、聚焦未变。

2. 新一轮高考综合改革改了什么

回顾高考制度40多年发展历程,公平选才和科学选才是始终贯穿其中的两条价值取向主线。新一轮高考综合改革也不例外。袁振国等指出,新高考改革抓住了选择性和多样性两个核心概念,旨在系统改变"一考定终身"和"一分定乾坤"的致命弊端,开辟更科学、更公平的高考新格局②。

在改革理念上,一是更加聚焦"人"的全面发展。新一轮高考综合改革坚持立德树人导向,遵循马克思主义关于人的全面发展的理论,通过"统考科目+选考科目"的考试模式,有效处理了学业基础与特长之间的关系,把个体精神生命发展的主动权交还给了学生,符合全面发展和充分发展相统一的新要求,符合公平公正、科学选才的高校招生工作新期求,符合高等教育由大众化向普及化迈进的新需求。③

二是更好遵循人才选拔和培养规律。通过进一步增加学生自主选择权,更好促进文理交融,充分体现以人为本,更好地保障学生学其所好、考其所长。通过保障物理、化学等基础学科的选考人数,巩固和提升学生的科学知识、科学素养、科学精神,促进学生个人发展对接国家人才需求,为国家经

①　潘懋元. 高等教育普及化时代高考改革走向[J]. 内江师范学院学报,2022(1):1-3.

②　袁振国,周彬. 以改革姿态迎接新高考改革[J]. 人民教育,2016(14):12-15.

③　胡金波. 顺应改革趋势 符合江苏实际 遵循教育规律 促进人才培养[J]. 江苏高教,2019(6):8-11.

济社会高质量发展提供更加合理的人才结构保障,促进科技和创新人才培养。通过完善"分类考试、综合评价、多元录取",增强高校多元选拔标准与学生天然多样性之间的适配程度,为高校主动融入人才选拔提供更多的途径。

三是更加突出全生命周期的系统改革。新一轮高考综合改革不再是单一的高校考试招生制度改革,而是扩大到整个教育综合改革领域,通过协同推进教—考—招—学等全生命周期的联动改革,推动基础教育和高等教育相向而行、有效联动、实现共赢,促进不同学段间人才培养的连贯联通,营造促进人的终身可持续发展的教育生态。

在改革措施上,重点之一是推进公平选才。一是改进招生计划分配方式。进一步提高中西部地区和人口大省高考录取率,增加农村学生上重点高校人数,缩小中西部地区与全国平均录取率的差距,形成保障农村学生权益的长效机制。二是改革招生录取机制。减少和规范考试加分项目,完善和规范自主招生,改进录取方式,全面推行高考成绩发布后填报志愿的方式,逐步取消学校招生录取批次。三是改革监督管理机制。进一步加大招生工作信息公开的力度,深入实施高校招生"阳光工程",加强制度保障,加大违规查处力度。

重点之二是促进科学选才。一是改革考试形式和内容。完善高中学业水平考试,引导学生认真学习每门课程,避免严重偏科;规范高中学生综合素质评价,以成长记录的方式反映学生德智体美劳全面发展情况,作为毕业和升学的重要参考;推进高职院校分类考试,实行"文化素质+职业技能"评价方式;深化高考考试内容改革,科学设计命题内容,增强基础性、综合性,着重考查学生独立思考和运用所学知识分析问题、解决问题的能力。二是改革考试科目设置。增强高考与高中学习的关联度,考生总成绩由统一高考的语文、数学、外语 3 个科目成绩和高中学业水平考试 3 个科目成绩组成。不分文理科,外语科目可提供两次考试机会。计入总成绩的高中学业水平考试科目,由考生根据报考高校要求和自身特长自主选择,力图促进高中学生个性成长和高中学校办出特色。三是优化招生录取机制。探索基于统一高考和高中学业水平考试成绩、参考综合素质评价的多元录取机制。可见,这一轮基于新时代的高考改革,是我国恢复高考以来最全面、最系统的改革,也是教育综合改革中最重要、最复杂的改革,触及了教育的本质①。

---

① 姜钢.《实施意见》:我国新一轮高考改革的纲领性文件[J].中国考试,2017(2):1-4.

3. 江苏如何实现顶层设计与地方实践的有机融合

2014年上海、浙江启动高考综合改革，实行"3+3"的科目设置方案，把促进学生全面而有个性的发展作为改革的出发点和落脚点，初步形成了以招促考、以招促教、以招促学的良好局面。但改革试点中也遇到了一些新情况、新问题，亟需不断调整与完善。2018年9月，全国教育大会在北京召开，习近平总书记指出："要努力构建德智体美劳全面培养的教育体系，形成更高水平的人才培养体系。""要深化教育体制改革，健全立德树人落实机制，扭转不科学的教育评价导向……从根本上解决教育评价指挥棒问题。"习近平总书记关于教育的重要论述，为新时代教育改革发展提供了根本遵循。时任教育部副部长林蕙青撰文学习全国教育大会精神体会时指出：考试招生制度是教育评价体系的重要组成部分，是教育评价改革的关键环节，对教育体制机制改革全局具有重要导向作用。要在认真总结党的十八届三中全会以来高考改革取得的积极进展和成效的基础上，对高考改革进行再认识、再设计、再深化、再推进。①

江苏紧紧抓住了这一历史机遇，在新一轮高考综合改革科目设置的顶层框架内，针对"3+3"方案存在的突出问题，结合本省"08方案"科目设置的实践经验，提出"3+1+2"科目设置方案。2018年11月，教育部考试中心（现教育部教育考试院）在江苏组织召开高考综合改革调研会，对"3+1+2"科目设置方案进行论证。同月，教育部在北京召开高考综合改革研讨会，研究第三批改革省市方案，会议正式认可了"3+1+2"的科目设置方案。这是在实践基础上做出的合理化改进，是对新高考试点的守正和完善。为此，浙江大学刘海峰教授评论："'3+1+2'可以说是对文理分科与'3+3'的一种折中，是兼顾统一性与多样化的方案，可以说是高考改革的江苏贡献。"②

二、研究意义

2021年是全国高考综合改革阔步前行的一年，也是江苏高考综合改革平稳落地、首战告捷的一年。站在新的起点，如何确保高考改革蹄疾步稳、行稳致远，由平稳落地走向落地生根？如何为后续的改革省份提供有益的启示和借鉴？既需要对包括江苏在内的前几批改革省市的探索实践进行比较和总结，也需要结合当前我国教育所处的时代方位和改革总体部署，对高考综合改革进行深化研究。

---

① 杨学为. 中国高考报告（2019）[M]. 北京：社会科学文献出版社，2019：16-17.
② 刘海峰. 新高考改革的实践与改进[J]. 江苏高教，2019（6）：19-25.

1. 高考综合改革的政策际遇

2020 年 10 月,党的十九届五中全会提出"建成教育强国""建设高质量教育体系"目标,标志着教育进入了高质量发展的新阶段,这是当前我国教育所处的时代方位。2021 年 11 月,江苏省第十四次党代会提出"高标准建设教育强省,着力办好人民满意的教育",这是今后五年甚至更长时间内,江苏教育的奋进方向和工作导向。2021 年中央人才工作会议上,习近平总书记提出要"加快建立以创新价值、能力、贡献为导向的人才评价体系",这是进入新发展阶段,建设人力资源强国对高考改革提出的新要求。2020 年 10 月,中共中央、国务院印发《深化新时代教育评价改革总体方案》(以下简称《总体方案》),对于引导全党全社会树立科学的教育发展观、人才成长观、选人用人观具有重大意义,对深化考试招生制度改革进行了专门论述:"稳步推进中高考改革,构建引导学生德智体美劳全面发展的考试内容体系,改变相对固化的试题形式,增强试题开放性,减少死记硬背和'机械刷题'现象……完善高等职业教育'文化素质+职业技能'考试招生办法"等。

2020 年,我国高等教育已正式迈入普及化时代,高校招生该为各类人才选拔发挥怎样的作用? 基础学科招生改革试点不断推进,高考如何更加聚焦国家重大战略需求,服务选拔拔尖创新人才? 2021 年,全国职业教育大会在北京召开,职业教育不断提升社会地位、办学适应性和办学层次,"文化素质+职业技能"考试招生办法如何进一步深化? 为加快构建良好的教育生态,"双减"政策打响了关键一役,"双减"背景下高考改革该如何释放出联动信号? 这些都是下一步高考综合改革必须要回答的"时代之问"。教育评价事关教育发展方向,有什么样的评价指挥棒,就有什么样的办学导向。40 多年前,恢复高考成为中国改革的助推器;40 多年后,以高考改革为龙头的教育评价改革,将再次成为深化教育改革的先声。

2. 本课题研究的问题及方法

本课题将严格遵循"现实问题—理论构建—解决对策—效应评估"的基本研究路线,坚持理论研究与江苏实践相结合的思路,在系统回顾中国及江苏高考改革的政策脉络,应用多学科理论构建高考政策分析框架的基础上,立足于高考综合改革江苏实践,聚焦改革推进实施的重点、难点问题,从高考改革选科问题与突围、高考命题改革的体系重构、考试与招生录取的方案及技术实现、高考改革的舆论场建设等方面,系统呈现江苏高考的改革历程、应对策略和经验成果,并开展全功能、全方位的政策效应评估,提出推进高考综合改革行稳致远的有效举措。

本课题将综合运用文献研究法、历史研究法、比较研究法、调查研究法、案例分析法、统计分析法等多种方法进行研究。

（1）文献研究法。通过收集和分析有关高考综合改革理论与实践方面的文献、专著、报告、资料等，系统梳理高考综合改革的政策脉络、实践基础、研究现状、理论框架、政策效果、瓶颈问题和改进方向等。

（2）历史研究法。根据高考历史资料，用研究历史的方法分析高考制度的确立和发展过程，研究高考制度的内部组成，高考制度与教育制度以及高考制度与政治、经济、文化制度之间的关系。同时，以高考制度的历史和现状为基础，预测其未来发展。

（3）比较研究法。在梳理中国高考政策改革脉络时，对前期改革省份的方案和挑战进行详细比较分析。在呈现再选科目保障机制的设计思路时，对英国、澳大利亚等国外高考多科目分数标准办法进行比较研究，找出其普遍规律与特殊规律，寻求他山之石对我国高考改革的启示与借鉴。

（4）调查研究法。在学科命题的难度控制中，采用问卷调查法收集数据，研究试题难度影响因素之间的相互关系。在政策效应评估中，运用问卷调查和访谈调查，评估新高考在立德树人、服务选才、引导教学等方面所取得的成效。

（5）案例分析法。在新高考命题素养考查的问题上，以历史学科为例，例说素养考查的学科探索。在政策效应评估中，选取部分中学作为调研对象，全面呈现学校在新高考走班教学中的实践情况，以点带面，反映全省走班教学的成效。

（6）统计分析法。在学科命题的难度控制中，在厘清影响试题难度因素的基础上，使用问卷调查获取的数据，采取基于机器学习的线性回归方法建构试题难度预估分析模型。在政策效应评估中，使用2021年高考成绩和录取数据，对考生"有学上""上好学"的目标实现情况进行量化分析，对再选科目等级赋分的实际效果、保障机制的实施效应、关键群体的成绩录取比较、文理选科的交融程度、关键能力与学科素养的考查情况等进行数据分析评价，对新高考改革背景下的高中教育教学效能、学生发展指导成效、拔尖人才培养情况等进行量化分析。

本课题研究内容与研究方法如图1-1所示。

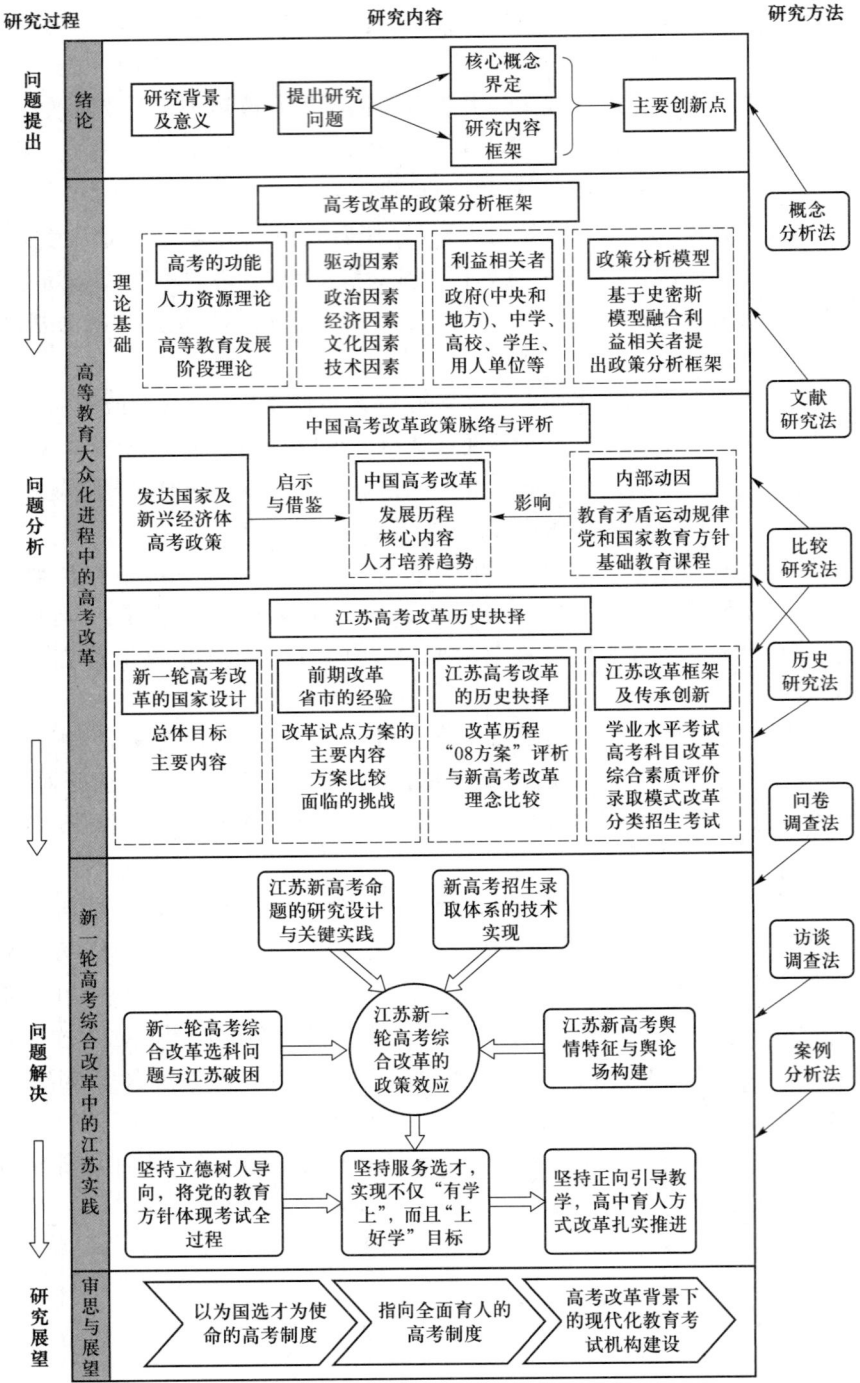

图 1-1　研究内容与研究方法示意图

第二节　核心概念与研究综述

一、核心概念

1. 高考综合改革

高考,是普通高等学校招生全国统一考试的简称,是我国一项基本教育制度,也是我国各类考试中最重要、影响最大的考试。为了更加科学、公平地选拔人才,我国高考制度自 1977 年恢复以来先后经历了大大小小 30 余次改革。2014 年,国务院出台《关于深化考试招生制度改革的实施意见》,提出建立中国特色现代教育考试招生制度,形成分类考试、综合评价、多元录取的考试招生模式,健全促进公平、科学选才、监督有力的体制机制,构建衔接沟通各级各类教育、认可多种学习成果的终身学习"立交桥"(简称"新高考"),这标志着我国高考改革进入综合改革的新阶段。

作为考试,高考属于教育测量(Educational measurement)的范畴,即依据一定的法则或标准对考生的学业能力与水平进行量化描述,开展事实判断。而新高考,是涵盖教育测量与教育评价(Educational evaluation)的系统设计,实则是一种评价体系的构建,即依据一定的教育目标和评价标准,对教育活动满足国家、社会与个体需要的程度作出系统分析和价值判断的过程[①]。新高考"立德树人、服务选才、引导教学"的核心功能是围绕落实立德树人根本任务,对"为什么考"的全方位、系统化阐释。

2. 江苏高考改革

20 世纪 90 年代高等教育大扩招后,江苏积极贯彻落实国家"鼓励有条件的省级人民政府进行多种形式的高考制度改革试验"要求,先后进行过 5 次主要的改革实践,分别为"3+小综合"(2000—2001 年)、"3+大综合"(2002 年)、"3+1+1"(2003—2007 年)、"08 方案"(2008—2020 年)、"3+1+2"(2021 年至今),是一个以问题为导向,"实践—认识—再实践—再认识"的过程。

江苏高考改革的探索,始终是围绕社会关注的热点难点问题展开的。在高考科目设置上,经历了"固定科目(2000—2002 年)—自由选科(2003—2007年)—指导选科(2008 年至今)"的过程。实践证明,在统一录取模式下,指导选科是合适的做法。在选考科目计分方式上,经历了"原始分(2000—2007 年)—等级(2008—2020 年)—等级分(2021 年至今)"的过程。等级赋分科学但计算

---

①　陈效民. 简明基础教育评价常用词语汇释[M]. 北京:高等教育出版社,2012:8.

复杂,社会适应和接受需要一个过程。在考试招生模式上,江苏 2011 年试行部分高职院校提前单招录取,2013 年起逐步放开由高校自主申报,至 2020 年覆盖省内 80 余所高职院校;自 2008 年起探索综合素质评价机制,采用"合格+等级"指标体系,作为高校录取的参考;2001 年 3 所部属高校在全国率先试行教育部"自主招生录取",2012 年 6 所省属高校开展自主招生试点;2015 年启动综合评价录取改革试点,目前全国有 24 所高校在江苏开展"综合评价"招生,其中包括南京大学、东南大学等 15 所省内高校;2020 年起实施国家"强基计划"。江苏高考改革始终坚持在国家顶层设计框架下积极探索实践,相较于全国在每一阶段都更早、更前一步。

3. 选科偏差

新高考通过设置选择性考试科目赋予了考生 3 门科目的自主选择权利,但由此也引发了不同选考科目人数不平衡、部分科目报考人数畸多或畸少的问题,形成了一定的选科偏差。在一、二批改革省市主要表现为物理科目"遇冷",在江苏主要表现为化学科目"遇冷"、地理科目"虚热"。

4. 江苏新高考命题体系

高考命题体系是高考制度设计中相对独立的体系,其主要目的在于对考生的学业能力和水平进行量化,形成考试成绩。江苏新高考命题体系主要包括"理念设计、系统适应、难度控制、素养考查"这 4 项重点内容,着力解决"选考组合多样带来的生源群体数量和质量不确定问题、选考科目计分方式和保障机制对考试成绩分布形态带来的挑战、考试说明被取消且新课标新教材不同步对准确把握命题标准带来的困难"这 3 方面重点问题,力争实现"理念体系、标准体系、评价体系、组织体系"4 方面重点转变。

5. 新高考命题质量指标

考试通常可以分为标准参照性考试和常模参照性考试。标准参照性考试以某一特定的标准作为参照,将考生表现与该标准进行比较,看其是否达到预期目标。常模参照性考试以考试的平均成绩(常模)作为参照标准,判断考生在团体中的相对位置。随着考试的不断演进,两类考试已呈现出融合发展趋势。新高考统考科目属于基于标准的常模参照性考试,常模属性强、标准属性弱;新高考学业水平选择性考试科目属于提供了常模参照分数解释的标准参照性考试,标准属性强、常模属性弱。新高考命题力求把握好难度、区分度、信度、效度 4 个主要指标,使得考生成绩分布形态处于理想状态,为后续阅卷和录取工作奠定良好基础。

(1)分数分布

对于团体考试来说,考试之后将获得全体考生的考试分数集合,把这一组分数由低到高排成一个分数序列,以此构建分数分布曲线,就是分数分布①。分数分布大体有三种典型的分布形态。一是正态分布(Normal distribution),也称常态分布或常态分配,是连续随机变量概率分布的一种。自然界、人类社会、心理与教育中大量现象均按正态形式分布。该分布最主要的特征为分布形态左右对称,平均数、中位数、众数三者相等。二是负偏态分布(Negatively skewed distribution),相对正态分布而言,分布形态左侧偏长、右侧偏短,平均数小于中位数和众数。三是正偏态分布(Positively skewed distribution),相对正态分布而言,分布形态右侧偏长、左侧偏短,平均数大于中位数和众数。如图 1-2 所示。

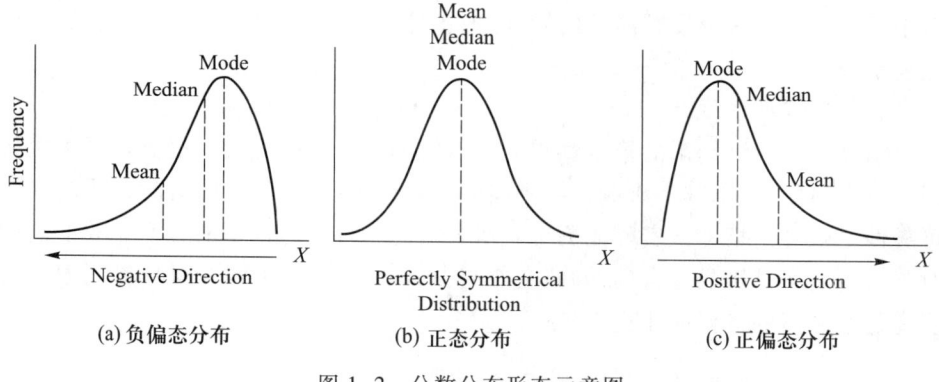

图 1-2　分数分布形态示意图

　　为确保考试良好的区分度,并兼顾考生的作答感受,江苏依据多年来高考实际的成绩分布形态,将新高考再选科目设计为负偏态分数分布,既能有效满足高校人才选拔的需求,又能尽可能减少等级赋分转换中的扭曲偏差,确保公平公正。

　　(2)难度和区分度

　　难度,是指试题的难易程度。最简单通用的难度系数建立在通过率的基础之上。一道试题,如果大部分考生都能答对,则该试题难度小、难度系数高;如果大部分考生都不能答对,则该项目的难度大、难度系数低。

　　区分度,是指考试项目对考生能力水平差异的区分程度或鉴别能力。具有良好区分度的试题,能将不同水平的考生区分开来,即实际水平高的考生得高分,实际水平低的考生得低分。

　　试卷的难度和区分度之间具有重要关联性。

---

① 于信凤. 考试分数分布的研究[J]. 辽宁高等教育研究,1989(5):97-100.

　　一般情况下,当试卷难度系数接近 0.5 时,考生成绩呈现正态分布,能将高分学生、中等学生和低分学生最大程度地区分开来。

　　一般情况下,当试卷难度系数大于 0.5 时,考生成绩呈现负偏态分布,大部分考生成绩高于平均分,对全体学生特别是高分学生的区分程度不如正态分布。

　　一般情况下,当试卷难度系数小于 0.5 时,考生成绩呈现正偏态分布,大部分考生成绩低于平均分,对全体学生特别是低分学生的区分程度不如正态分布。

　　因此,对于整张试卷来说,应使试题的难度分布广一些、梯度大一些,使整个测验的难度分布呈正态分布,让一部分较难的试题对高水平的考生具有较高区分度,一部分较容易的试题对低水平的考生具有较高区分度,而中等难度的试题对中等水平考生区分度较高,这样就能把各种水平的考生区分开来,并且区分得比较细致。

　　（3）信度和效度

　　信度是指考试结果的稳定性程度。若能用同一测量工具反复测量某考生的同一种学科能力,则其多次测量结果间的一致性程度就称信度,有时也称测量的可靠性。效度是指考试实际能测出其所要测的学科能力水平的程度。效度是相对于一定的考试目的而言的,判断一个考试是否有效要从多方面收集证据。信度高是效度高的必要而非充分条件。

二、研究综述

　　随着高考综合改革的深入推进,相关的研究成果如雨后春笋般层出不穷。目前,研究主题主要聚焦于政策的价值取向、实施内容、问题及改进、实施成效等方面。

　　1. 政策的价值取向研究

　　高考改革始终贯穿"国家-社会-个人"三位一体的价值逻辑[①],充分彰显了兼顾国家需要、满足社会诉求和回应个人关切三大价值取向。首先,国家的需要是高考最重要的价值。刘海峰指出,高考改革不仅关系国家拔尖创新人才培养,也涉及社会利益再分配,关系到维护我国改革发展稳定的大局[②]。新一轮高考改革旨在让更多优秀拔尖人才得到发展机会,为国家经济社会发展提供人才的强力支撑。其次,公平选才是社会大众对高考最为关注的方面,也是高考制度的基本功能和精神之所在[③]。高考综合改革将促进公平公正作为基本价值取向,

① 张铭凯,靳玉乐. 新高考改革的价值取向[J]. 河北师范大学学报(教育科学版),2016(1):62-66.
② 刘海峰. 理性认识高考制度 稳步推进高考改革[J]. 中国高等教育,2013(7):14-16.
③ 刘海峰. 高考改革:公平为首还是效率优先[J]. 高等教育研究,2011(5):1-6.

力图在促进教育公平和科学选拔人才方面都取得平衡。通过招生计划分配、实施分类考试、加强监督和问责等举措,促进教育资源的均衡配置、实现人才的多样化选拔,真正回应社会对公平公正的诉求。再次,随着"以人为本"教育观的确立,学生的主体性及需求全面渗透在高考综合改革内容中①。分类考试是以人之差异性为基础的考试招生制度设计与战略选择,体现了人本性原则②。综合评价从人的素质出发,多方位地进行考查和评价,为学生自我认知与志愿填报提供客观参照③。多元录取是对人的发展的重视,使多样化的学生个体发展不受限。尹达认为,高考综合改革的价值取向在于促进基于"人"之差异性的"人"的健康发展,对"人"的重新发现是高考改革最突出的时代贡献④。

2. 政策的实施内容研究

高考综合改革的实施内容主要包括考试科目设置和计分方式改革、评价标准和评价方式改革、录取环节改革等⑤。

重点之一是科目设置研究。刘海峰认为,新高考改革是由基础教育主导的、以科目改革为主要内容的高考改革⑥。当前实行的"统考科目+选考科目"模式是高校考试招生制度改革的重大突破,可以有效扩大学生自主选择权,实现文理融通,提高学生的基础素养,培养综合能力。然而,改革实施以来,关于选科引发的问题接连出现,有的省市物理"遇冷",有的省市化学"遇冷",自由选科的美好愿景遭遇功利化应试的破坏,选考的功能发生了异化。刘海峰指出,第三批试点省市推行的方案是高考选科方案的理性回归,实现选科机制的结构优化,有效避免博弈竞争、保证考生质量,是目前选科问题下的折中选择。⑦

重点之二是等级赋分制度研究。研究者普遍认为,第一、二批改革省市选科之所以出现功利化现象,主要是受等级赋分制度的影响。现行等级赋分制度虽然一定程度上解决了不同选考科目间分数的可比可加,却导致了大量同分和分数扭曲现象。第三批"3+1+2"方案对赋分进行了技术优化,以线性转换方式呈现选考成绩⑧,有效增加了成绩区分度,但依然解决不了考生和家长的选科博弈

① 边新灿,等. 论新高考改革的价值取向与两难抉择[J]. 中国高教研究,2017(4):61-65.
② 田建荣,尹达. 基于分类的考试理念:内涵、原则与策略[J]. 教育与考试,2016(6):59-64.
③ 李雄鹰,等. 综合评价:高考改革的新导向[J]. 高校教育管理,2016(3):47-53.
④ 尹达. "新高考"的价值取向、现实挑战与路径选择[J]. 陕西师范大学学报,2017(4):35-42.
⑤ 边新灿. 21省份新高考方案综合分析与思考[J]. 课程. 教材. 教法,2022(1):131-139.
⑥ 刘海峰. 新高考改革的实践与改进[J]. 江苏高教,2019(6):19-25.
⑦ 刘海峰. 新高考改革的实践与改进[J]. 江苏高教,2019(6):19-25.
⑧ 赵江南. "3+1+2"高考综合改革方案评析[J]. 教育与考试,2020(1):22-26,34.

问题。为此,于涵①、杨志明②、刘希伟③、张华等④都对改进选考赋分提出了建议路径,认为关键在于解决不同选考科目之间分数转换的可比性,参考语数外统考成绩的动态比例转换赋分方案目前最为学术界所接受⑤。

重点之三是综合素质评价研究。在高考改革中引入学生综合素质评价,是从评价标准角度对素质教育进行的有益探索和尝试,是破除高考"唯分数论"顽疾的关键,既受到学者的拥护,也被大众所认可。袁振国认为,高考录取参考综合素质评价结果,能引导发展良好的素质教育体系,增加学生的社会责任感、创新精神和实践能力等⑥。但综合素质评价的标准和机制还需进一步建立健全,综合素质评价纳入高考体系还面临困境。一是评价标准的不确定使学生间缺乏可比性;二是信息记录的客观性有待提高;三是高校自身特色的材料要求缺失;四是面试考察过程缺乏系统活动程序。⑦

重点之四是志愿填报与招生录取体制机制研究。为赋予学生更广泛的升学选择空间,新高考改革从投档单位、科目要求、志愿数量、专业分配等多维度重塑了志愿填报与招生录取机制,这一制度调整对高校录取产生了深刻影响。学者们普遍认为,新高考"专业类"或"院校专业组"录取模式可以有效打破高校间的层次界限,破解高校录取分数线"沉迷"现象,促进高校真正成为招生录取的主体,更加积极主动地回应新高考带来的挑战。同时,高校对高考改革也具有反作用,高校对选考科目范围制定的态度对整个考试科目改革具有先导性、全局性的影响。⑧ 但也有研究者指出,综合、多样的录取机制并没有打破"唯分数"现象,甚至会引发新的唯分数论。⑨ 王新凤、钟秉林认为,改革方案使得高校在招生录取过程中不能主动挑选,只能被动接收,损害了高校的自主招生权力。⑩

---

① 于涵,等. 关于改进新高考选考科目赋分方案的若干思考[J]. 中国高教研究,2018(6):44-49.

② 杨志明. 高考原始分合成:问题与改进思路[J]. 教育测量与评价(理论版),2015(10):61-64.

③ 刘希伟,等. 新高考等级赋分制:学生认可度的实证研究——基于浙江省的实证研究[J]. 教育发展研究,2017(22):31-35.

④ 张华,曹惠芳. 江苏新一轮高考改革等级赋分方案优化探讨[J]. 教育与考试,2019(6):18-22.

⑤ 罗立祝. 新高考选考科目赋分方案再思考[J]. 河北师范大学学报(教育科学版),2020(4):14-20.

⑥ 袁振国. 在改革中探索和完善具有中国特色的高考制度[J]. 华东师范大学学报(教育科学版),2018(3):1-12,166.

⑦ 杨运,周先进. 新高考改革的经验、问题与走向[J]. 教学与管理,2018(4):73-76.

⑧ 郑若玲,孔苓兰. "双一流"学科选考科目制定的现状及建议:基于2019年浙江省高考选考科目的分析[J]. 大学教育科学,2019(1):60-67.

⑨ 李金波. 高考综合改革的国际借鉴[J]. 教育评论,2020(5):149-154.

⑩ 王新凤、钟秉林. 新高考背景下高校招生与人才培养的成效、困境及应对[J]. 中国高教研究,2019(5):49-53,57.

3. 政策的执行问题及改进研究

高考综合改革作为一项高利害、高风险的系统性改革,没有最优选择,只有较优选择,不可能规避所有的矛盾,政策执行和改革实践过程中必然会出现一些问题和挑战。

高考综合改革深刻影响着高中教育教学,对现有高中教学的硬件建设、师资储备、课程体系、教学管理及评价制度提出了挑战。以走班教学为例,虽然该制度是顺应时代发展和新高考改革要求的关键举措,但却对传统教学秩序和教师工作产生了很大影响。杨运、周先进指出,当前高考综合改革推进过程中,高中选课要求的走班制条件保障严重不足,以上海重点中学为例,能够开齐全部选修课的学校只有 10% 左右,开满 16 门的学校只有 50%,如果不给予高中学校相应的配套标准,无法使走班制顺利进行,教师无法胜任,高考改革将受到阻碍[①]。张天佑认为,应明确新高考改革的价值追求,完善基础设施建设,加强师资队伍建设,合理规划课程体系,调整教学方式与方法,创新评价模式[②]。魏小梅、李宝庆指出,要兼顾高考改革的内外部环境,化解合法性危机;兼顾学校课程的质量与创新,提升课程实施效率;兼顾学生主体能力与兴趣,创新考评机制等[③]。

高考综合改革也给高校招生和教育教学带来机遇和挑战。潘继斌等认为,"两依据、一参考"在高校招生具体实践过程中有效落地是一个难题[④]。虽然此轮高考综合改革进一步赋予了高校招生自主权,但高校普遍存在招生能力不强的问题。董秀华等基于高校人才培养要求反观新高考改革的政策初衷与实践挑战,发现学生基础知识的系统性训练不足,学生间的差异化程度进一步放大,不同专业招生计划执行情况存在差异。[⑤]

4. 政策的实施效果研究

改革推进期,及时对政策所要达到的预期目标进行客观、系统、实证性的验证评估十分必要。王新凤等基于浙江实践,深入阐述了高考改革效果"谁来评""评什么""怎么评"的问题,认为评估主体应采用实施主体自我总结评估与第三方评估相结合的多元主体合作模式,评估内容应包括对改革的政策目标、改革举措和实施效果的评估,应秉承客观、公正、全面的原则,借助多种评估方法对改革

①　杨运,周先进. 新高考改革的经验、问题与走向[J]. 教学与管理,2018(4):73-76.

②　张天佑. 新高考改革背景下中部省市高中教学改革的应对策略[J]. 中国教育学刊,2016(S1):149-150.

③　魏小梅,李宝庆. 新高考进程中学校变革的困境与应对策略:新制度主义的视角[J]. 教育发展研究,2017(22):16-24.

④　潘继斌,廖静文. 对新高考改革方案实施办法的探究[J]. 考试研究,2015(4):47-55.

⑤　董秀华,等. 新高考改革的政策初衷与实践挑战:由高校人才培养视角反观[J]. 复旦教育论坛,2020(2):72-78.

全过程进行动态跟踪,实施多维度的综合评估。① 从具体的实施效果来看,整体上积极有效。吴丽丽通过梳理已有研究成果发现,新高考部分改革措施实施情况较好,实现了改革意图。② 牛素华使用问卷调查与访谈相结合的方法,调查了浙江省考生对新高考改革的满意度,结果表明,78%的考生对浙江新高考改革"基本满意"或"满意",对改革成效的认可度较高③。王新凤基于学业表现的视角,借助访谈法,对高考综合改革实施效果展开评价,发现新高考选考制度、综合评价招生、平行志愿投档录取方式等改革举措对学生的学业表现均有所影响;选考科目与专业的一致性、平行志愿、综合评价招生等一定程度上提升了学生的学业表现。④ 但效果评估也显现出一些亟需改进的方面。如金红昊等基于浙江省高考录取数据,探究了新高考改革对各专业生源质量的影响效应,结果表明,学生的专业选择受到劳动力市场人才需求的显著影响,在新高考改革拓展学生专业选择权的情境下,不同专业之间生源质量的两极分化更为凸显,一些基础的工科专业生源质量有所下滑,不利于我国经济转型发展和国际地位提升。⑤ 江苏教育考试机构通过对新高考"院校专业组"录取效果评估发现,生源结构与招生计划的匹配度仍需进一步提升,部分院校内部不同专业组投档线之间的分值相差过大。

5. 现有研究的不足

第一,研究的综合性、系统性不足。现有研究大致可以分为两类,一类基于宏观研究视角,对高考综合改革的价值取向、改革导向、意义内涵等进行理论剖析,对实践经验关注较少。另一类基于微观研究视角,立足于先期试点省市的改革实践,围绕选课走班、赋分体系、职业生涯规划、综合素质评价、招生录取等具体改革内容进行分析研究,对改革中部分与整体的关系探究较少。两类研究基本是截然分开的,全局性、系统性、综合性研究少。

第二,研究的实证性、实践性不足。先期改革试点省市所发表的研究成果,侧重于政策宣讲、政策解读,对改革实践的总结反思和深度解剖偏少。学术界对高考改革中发现的问题与取得的成效尚未形成一致意见,对于改革的总体成效评价研究较少,对于高考综合改革的调整完善、经验推广等尚无定论。

---

① 王新凤,余丹茜,边新灿. 高考综合改革评估的实践与思考——以浙江省为例[J]. 中国考试,2020(5):1-7,15.

② 吴丽丽. 高考综合改革实施情况研究[D]. 南昌大学,2020.

③ 牛素华. 浙江省新高考改革学生满意度研究[D]. 华中师范大学,2021.

④ 王新凤. 高考综合改革实施效果评价:学业表现的视角[J]. 中国高教研究,2020(7):73-78.

⑤ 金红昊,张文杰. 新高考改革对各专业生源质量的影响分析——基于浙江省高考录取数据的实证研究[J]. 中国高教研究,2021(10):74-80.

第三,研究呈现明显的地域性特点。浙江、上海作为第一批高考综合改革试点省市,受到政策制定者、学术研究者、教育工作者的广泛关注,催生了大批丰富的研究成果。而有关第二、三批改革省市的理论与实践研究偏少。

第三节 主要贡献与创新点

一、研究价值

1. 丰富和深化中国高考改革的理论体系

随着高考综合改革的深入推进,有关高考改革的研究成果数量整体呈现持续上升趋势,但主要聚焦在政策与方案、核心素养、综合素质评价、选课走班、赋分机制等方面,且呈现明显的时间性与地域性特点,对改革理论的研究分析和体系构建较少,现有的理论研究也主要侧重于政策述要和政策述评。本研究不仅使用传统的人力资本理论、高等教育发展阶段理论等来分析高考政策及实施,而且试图跳出教育看教育,从公共政策制定的视域来研究高考政策,进一步丰富和深化高考改革的理论体系,为高考综合改革政策的不断完善和稳步推进提供理论基础。

2. 总结和彰显江苏高考改革的实践理性与实践智慧

江苏不仅是中国高考改革的受益者,也是中国高考改革的重要推动者,因此被形象地称为"中国高考改革的试验田"。江苏"08 方案"尽管饱受争议,但经过十多年的探索和深度运用,客观上为新高考的推进实施提供了样板和样本,成为此轮高考综合改革的先导。本研究通过系统回顾高等教育大众化和普及化进程中江苏高考改革的历史抉择,全景式呈现以问题为导向,"实践—认识—再实践—再认识"的改革历程,深度提炼历次改革一脉相承的改革理念和渐进优化的实施方略,彰显江苏高考改革的实践理性,为进一步优化高考综合改革顶层设计提供参考。本研究坚持问题导向,重点分析新一轮高考综合改革的选科问题及江苏破困思路与举措;坚持目标导向和结果导向,立体化呈现新高考推进实施进程中,同步构建的命题质量控制体系、招生录取支持体系、舆情应对风险防控体系"三大体系",总结江苏高考改革的实践经验与智慧,为高考综合改革在全国全面铺开提供借鉴。

3. 为区域公共政策的制定与实施提供参考借鉴和实践范式

作为一项涉及民生和社会安全稳定的重大公共政策,江苏新一轮高考综合改革严格遵循了公共政策制定的一般程序。其中,问题确认和议程设定由中央自上而下进行顶层设计。在政策形成阶段,通过密集调研、深入研究、多方论证,制定了《江苏省深化普通高校考试招生制度综合改革实施方案》等"1+4"政策体系,既遵循了国家要求,又体现了江苏特色,还强化了教—考—招整体协同。在政策执行阶段,为积极回应社会诉求,及时出台了再选科目保障机制等一系列细化配套政策;为确保安全组织考试、平稳发布成绩,建立了情况通报、会商研判、化解稳控、舆情引导和应急处置五大机制。改革中的问题是不断变化与发展的,有些问题需要通过配套政策去不断改进,有些问题则需要从顶层设计层面去规避风险。江苏在新一轮高考综合改革推进实施进程中所积累的宝贵经验,可以为类似的区域公共政策的制定与实施,提供可资借鉴的治理模式和操作范式。

二、主要创新点

1. 回溯高考改革历程,创新开展"全方位"政策研究

本研究着力勾勒高等教育大众化、普及化进程中,中国高考政策的历史演进脉络,梳理中国高考改革发展的历程,揭示中国高考政策的内外部影响因素及发展趋势,并逐步聚焦至新一轮高考综合改革,从国家顶层设计、国外高考政策的启示与借鉴、先期改革省市探索等方面,对新高考政策进行全方位论述,努力呈现中国高考改革的筚路蓝缕。将江苏高考改革实践置身于全国高考改革洪流中进行研究,通过系统阐述江苏高考改革的历史抉择,江苏新一轮高考综合改革的挑战、传承与创新等内容,展示江苏在推进高考制度深化发展中的不懈探索。以江苏实践为样本,提出推进高考综合改革行稳致远的思路和建议,有助于擘画高考综合改革"3+1+2"模式的全面进展和未来走向。

2. 应用多学科理论框架,全面开展"多视角"理论分析

本研究综合运用人力资本理论、高等教育发展阶段理论、公共政策制定理论等多种理论体系,对高考的地位和作用、高考改革的驱动机制、高考改革的理论支撑等进行多维度、多视角的剖析,并在此基础上,以史密斯公共政策模型为基准,融合利益相关者理论,提出自创的高考政策分析模型,以期进一步丰富和深化高考改革的理论体系。

3. 聚焦改革重点难点,系统开展"全流程"体系再造

本研究立足于高考综合改革,聚焦对江苏实践成效起决定性作用的选科纠偏、命题体系重构、招生录取技术、舆论场建设等重点、难点问题,逐一进行分析解剖,并着眼于支撑体系和长效机制建设,力图展示江苏在"破困突围"上的方法路径,在"全流程"招考体系再造上的显著成效,在贯彻国家顶层设计、彰显江苏理念和风格上的系统思考,以及在推动教育考试治理体系和治理能力现代化上的不懈努力,为全国高考综合改革其他省市提供借鉴和参考。

4. 围绕高考核心功能,深入开展"多功能"效应评估

本研究运用江苏 2021 年和 2022 年新高考"教—学—考—招"全过程的数据,围绕高考"立德树人、服务选才、引导教学"三大核心功能,对江苏高考改革在全学科贯彻党的教育方针、落实立德树人根本任务上的成效,在服务国家和高校科学公平选才、促进从"有学上"到"上好学"上的成效,在正面引导高中教学、推进高中育人方式改革、发挥高考正向指挥棒作用上的成效进行实证评估,多方位呈现江苏新高考初步达成的政策效应。

第二章　高考改革的理论基础与评析

"问题是时代的格言,是表现时代自己内心状态的最实际的呼声"[①]。政策研究的起源是时代提出的问题。改革开放以来,是我国加速变革的时期,这几十年的变化超越了过去的数百年,科技革命推进生产力以指数级演化发展,而生产力带来了社会结构变迁,社会阶层和群体发生了剧烈变化。教育是社会阶层变迁的重要渠道[②],而高考政策毫无疑问是我国教育体系中不可回避的最重要的矛盾汇聚点之一,因为高考前的中等教育尽管依然存在一定层次差异,但并没有"有与无"的剧烈冲突,而高考后的高等教育内部层次差异巨大,且"有与无"的冲突贯穿始终,更进一步的是透过高考还可以审视我国的整体教育政策。本章将着重分析高考制度的功能及高等教育发展普及化对高考制度的影响,并从公共政策的角度提出高考综合改革的政策分析模型。

第一节　人力资本理论视域下的高考改革

一、人力资本理论

美国经济学家舒尔茨是人力资本理论的创始人之一。他提出,人力资本是指蕴涵于人自身中的各种生产知识和技能的存量总和,是体现在劳动者身上的以劳动数量和质量表示的资金投入[③]。他认为,"投入与产出的增长速度之差,一部分是由于规模收益,另一部分是由于人力资本带来的技术进步的结果。"人力资本理论不再把"人力"单纯视为非经济因素决定的外生变量,而是将其引入生产函数模型并予以内生化,"其核心存在于教育与劳动力市场的联系之中"。

教育是促进人力资本形成的重要渠道和途径。通过对美国经济增长的实证研究,舒尔茨认为,"教育的经济价值存在于人们通过对自身的投资来提高其作为生产者和消费者的能力,而学校教育则是对人力资本最大的投资"。他非常强调教育特别是正规教育对于人力资本形成的基础作用,认为教育可以提高人

---

① 　中央编译局. 马克思恩格斯全集(第一卷)[M]. 北京:人民出版社,1995:203.

② 　严飞. 分化与流动:我国社会结构与社会心态变迁(1978—2020)[J]. 求索,2021(6):96-103.

③ 　张迎春,宋志海. 人力资本与企业制度创新[J]. 辽宁师范大学学报,2003(5):16-18.

力资本的质量,从而带动国民收入的增长。他指出,"教育远不是一种消费活动,相反,政府和私人有意识地投资,为的是获得一种具有生产能力的潜力,它蕴藏于人体内,会在将来做出贡献"。由此可见,无论是正规教育、在职培训还是其他教育方式,都对人力资本产生了重要的作用和影响[①],可以提高人力资本的质量,进而带动国民收入的增长。

人力资本是体现在劳动者身上的一种资本类型,它以劳动者的数量和质量,即劳动者的知识程度、技术水平、工作能力以及健康状况来表示,是这些方面价值的总和。舒尔茨首次将资本形式分为物质资本与人力资本两种,认为人力资本的投资分为用于教育训练、用于卫生保健、用于国内流动和用于移民入境的支出,并且表示"人力资本是通过投资而形成的,像土地、资本等实体性要素一样,在社会生产中具有重要的作用"。

人力资本存量既包含有先天、个体的成分,又是由于后天的学习和培养所形成的。由此而凝聚在一个人自身身上的知识和技能,就成了一种人力资产。如果这种资产与物质资产在使用中整合起来,能够为人力资产的使用者和所有者带来价值的增值,那么,人力资产就转化为了人力资本。

人力资本的形成,既包括先天的成分,又受后天学习的影响。人力资本生产的实现,是需要多方组织和个人共同竞争、努力、合作的结果。这些组织和个人包括:首先是投资者,即家庭、学校等人力资本生产组织的承担者;其次是管理者,包含生产组织内部和外部的政府等行政部门的管理者;第三是施教者;第四是受教者[②]。

二、人力资本视域下的高考制度

习近平总书记在 2021 年的中央人才工作会议上发表题为《深入实施新时代人才强国战略 加快建设世界重要人才中心和创新高地》的重要讲话,其中指出:"综合国力竞争说到底是人才竞争。人才是衡量一个国家综合国力的重要指标。""国家发展靠人才,民族振兴靠人才。"会议强调,深入实施新时代人才强国战略,对全面建设社会主义现代化国家具有重大现实意义和深远历史意义。

国家的综合实力,很大程度上依赖于人力资源整体素质水平,高素质人才是经济建设的主力军。高等教育作为教育体系的最高层级,所培养出来的高素质人才将直接进入社会的各个专业领域,也会影响到我国高层次人力资本的结构

① 李凤忱,吕文华. 人力资本理论视角下俄罗斯高考制度改革分析[J]. 吉林省教育学院学报,2019(4):42-45.

② 杨小玲. 人力资本视角下的高考制度研究[D]. 西南财经大学,2012.

性优化。高等教育投资的数量和质量将直接影响到我国人力资本总量和结构的高低,进而影响到我国的经济发展和社会进步[①]。

从人力资本角度来看,高考是一种对高等教育资源的分配机制,它能够决定什么样的人才能接受高等教育,以及这样的人是否适合所接受的教育、是否为现实社会所接受并得到相应的回报,即人力资本的内涵结构、投资效率以及投资回报问题。招生考试制度实际上是一种人才选拔的制度,涉及考试标准如何制定、考试如何适应新时期人才选拔的需要、考试如何增强全社会对人力资本投资的热情等一系列全局性的问题,所以高考可以被认为是人力资本生产过程中的选拔制度。

三、高考制度的选拔功能定位

已有的研究认为,人力资本理论对我国教育发展具有重要意义。研究中对于高等教育制度和人力资本之间的关系关注比较高,而忽视高考制度本身对于人力资本内涵决定以及人力资本与高等教育匹配方面的影响[②]。下文从人力资本理论出发,对高考制度在人力资本供给的作用进行总结,并提出其选拔功能定位如下:

1. 高考制度的闸门作用

高等教育提高了人力资本质量,影响了劳动力的素质,而高考制度能发挥在人力资本选拔、培养、开发这一路径上的基础性作用,决定了什么样的人能够接受高等教育。高等教育是非义务教育,目前我国普遍存在免费(军校、师范生等)、家庭和政府共同承担(一般性公办院校)和完全由家庭承担(民办院校)三种不同的高等教育培养机制,即使撤除了学生需要投入的学习时间成本,经济也是其必须要考虑的重要因素,这意味着考虑到高等教育投资的未来回报价值,个体会选择其合适的求学渠道。

由于优质高等教育资源的不足,当出国留学的投资收益率超过参加高考留在国内接受教育的投资收益率时,一部分考生选择出国留学,这部分人回国后将和留在国内参加高考的绝大部分考生流向一级劳动力市场;还有一部分考生受限于经济条件等原因选择放弃高考,未来将和少部分参加高考的考生流向次级劳动力市场。

2. 高考制度的信号作用

高考制度的定位和选拔方式,将直接影响到基础教育良性的发展,选拔的标

---

① 杨小玲. 人力资本视角下的高考制度研究[D]. 西南财经大学,2012.

② 刘海峰. 高考改革:理想图景与现实困境[J]. 辽宁教育,2012(18):17-18.

准必须客观公正。高等教育作为劳动力市场的信号已经被普遍认可,即"学历化社会"的形成,因此高考制度必须保障升学公平,否则将客观上造成劳动力市场的竞争不公平。在我国,影响升学公平的最主要因素与国外可能存在一定差异,很少会因为种族、肤色等受到影响,但受到经济的影响因素很大。我国地区发展不均衡,经济发达地区可以为当地考生提供更加优质的基础教育资源,而经济欠发达地区则不然。我国现行的高考竞争是以省级行政区划为单元的,因此高考制度必须有相应的救济渠道。

3. 人力资本理论下的高考选拔功能定位

高考制度改革,从人力资本理论的角度出发,是改革我国劳动力市场供给能力和结构。将高考制度作为人才制度的重要环节,才能进一步完善高考制度的选拔功能,发挥其在人力资本供给中的基础性作用。因此高考制度改革应围绕以下方面展开:一是分类招生。我国的高等教育资源层次相差较大,要对研究型院校和应用型院校进行分类分层招生。二是保证免费高等教育资源的供给。考虑到我国的经济发展差异,通过一定的免费高等教育资源的供给可确保家庭困难而有能力考生的升学渠道,且保证社会对特殊专业人才的需求。三是改革考试评价。根据劳动力市场对人力资源的需求导向合理设置考试科目、内容及计分方式。四是在制度设计上应有相应的救济渠道,以保障经济欠发达地区考生的升学权利。

第二节　高等教育发展阶段理论视域下的高考改革

一、高等教育发展阶段的特点

自20世纪80年代以来,国内教育界在谈到高等教育发展时,经常引用高等教育发展阶段理论,该理论将高等教育划分为三个阶段,即精英—大众—普及[1]。这一理论的创立者是美国著名的教育社会学家马丁·特罗。划分标准依据接受高等教育的人口比例。具体来说,在18至22岁年龄段的人口中,若低于15%的人接受不同层次和形式的高等教育,则处于"精英阶段";超过15%,则认为高等教育发展进入"大众化阶段";超过50%则可称之达到了"普及阶段"。

特罗指出,在高等教育的三个发展阶段,高等教育对学生及整个社会发挥着不同的作用。精英型高等教育关注的是塑造统治阶级的人格与能力,学生要做

---

① 胡建华. 高等教育普及化的中国特点[J]. 高等教育研究,2021(5):27-34.

好在国家建设和学术专业中充当精英角色的准备。精英型高等教育的典型代表是传统的欧洲综合制大学,如牛津大学、剑桥大学等。在大众型高等教育中,学校要培养的是意义更为广泛的精英,例如经济技术组织中的领导阶层。教育的重心也转向传授具体的技能。这一类型的代表是多元化的巨型大学,如美国的耶鲁大学、斯坦福大学等。普及型高等教育的首要目的不再是为了培养精英,而是为全体公民的成长和发展,为大多数人在发达工业化社会中的生活做准备。它的关注点在尽可能地提高"人们的适应能力,去适应一个以迅速的社会和技术变革为特点的社会"①。这一类型的典型代表如美国的社区学院、日本的专修学校等。

在高等教育发展的三个阶段,作为教育核心功能的教学的要求和特色是截然不同的。精英型高等教育的课程倾向于高度结构化,建立了学位课程的学术性或专业要求的专业性概念。所设课程高度专门化,而且是根据人们对一个有教养的人或一名称职的专家所应具备的素质来加以组织的。而在大众化高等教育中,教学更趋单元化,以半结构化的课程序列为特征。它通过逐步获得学分,使课程间的结合更加灵活,同时也更易于在不同专业领域及学校间的流动。在普及型高等教育中,保留了单元的课程,但教学的结构化更趋减弱,课程之间的界限开始逐步消失。而一旦进入此阶段,由于大多数人都接受高等教育,学习与生活之间的区别更趋减少,整个教学过程中很难再有确定的课程要求。此时,进入高等教育机构学习仅仅是现代社会为个体提供资源,以解决生活问题的方式之一。

伴随课程和教学的变化,教育过程中师生关系也各不相同。在精英型高等教育中,师生之间表现为一种个人关系,典型的是英国大学的导师制。而在大众型高等教育条件下,重点是对学生传授知识,进行正规化教学,所以师生关系开始减弱。到了普及型高等教育中,教学主要依赖于通信、网络、计算机以及其他教学辅助技术,师生之间的个人关系被许多新的方式所代替②。

二、我国的高等教育发展

从发展阶段看我国的高等教育发展可以进行如下的阶段划分:

1. 精英型高等教育发展阶段

从新中国成立初期到 20 世纪 90 年代,我国高等教育资源的总量有限,优质

---

① 高书国.从徘徊到跨越:英国高等教育普及化模式及成因分析[J].外国教育研究,2007(2):57-61.
② 史朝.高等教育发展的整体思路——评马丁·特罗的高等教育发展阶段理论[J].高等教育研究,1999(4):95-99.

资源更是处于稀缺状态。在此时期,伴随着统一高考制度的确立,高校以考生的高考成绩作为生源质量的评价标准,检验考生对学术性知识内容的掌握程度,注重对基础性和综合性文化知识的考查。高考主要目标是选拔优质高分生源,高校以培养精英人才为己任。

2. 大众化高等教育发展阶段

随着20世纪90年代末高校的大规模扩招,我国高等教育步入了大众化阶段。在此阶段,高校对人才的需求表现为多元评价主体的需要,评价标准可以归结为两条:从学术发展的角度,综合型大学以人才的学术水平作为标准,代表了政府利益;从经济发展的角度,就业市场以人才的职业技能作为标准,代表了社会行情。受其影响,此阶段的高考招生目的也转变为测评和辨别考生不同的群体属性和个性特长,招生方式也向着自主招生、分类考试的多元模式发展,录取标准则朝着考试成绩与综合素质评价相结合的方向进展①。

3. 普及化高等教育发展阶段

随着我国高校多年的持续扩招,截至2020年,我国各类高等教育在学总规模达到4183万人,高等教育毛入学率达54.4%②,这意味着我国高等教育已经正式进入普及化阶段,面向所有人开放,成为人人都能享有的终身教育。普及化不仅仅表示高等教育规模的扩张、受教育机会的增加,更意味着高等教育系统性、结构性的转型,整个高等教育系统为适应普及化新形态,教育形式将更加趋于开放、多元,教育过程也将更加人本化、个性化,以满足多样化需求。

三、普及化高等教育对高考制度的影响

普及化赋予我国高等教育发展新的内涵,同时也为我国高校招生制度改革深化提供了难得的机遇。

1. 高考是高等学校人才培养的起点,关系到创新人才的选拔和培养③

若高等学校对学生的质量评价发生了变化,则必然导致高考也需要对考生评价做出新的考量。这包括两个层面的需要:一是更好地评价考生个体。研究型大学需要培养创新性人才,而拔尖创新型人才很难通过一张高考试卷考出来,于是"强基计划"应运而生。二是满足高校分层录取的需求。"转变精英教育阶段单一化的质量观,坚持大众化阶段多样化的质量观。根据各种类型的高等学校及其学科专业,采取不同的考试命题与考试方式,改变一张考卷从清华、北大

---

① 刘亮. 高等教育质量观的发展与高考制度变革[J]. 中国考试,2015(9):22-28.

② 教育部. 2020年全国教育事业发展统计公报[EB/OL]. (2021-08-28)[2021-12-18]. http://www.gov.cn/xinwen/2021-08/28/content_5633911.htm.

③ 刘海峰. 高考改革:理想图景与现实困境[J]. 辽宁教育,2012(18):17-18.

考到高职高专的统一高考,为高职高专选择合适的人才,而不是人为地降低他们的地位。"①

2. 将高考制度单一的结果性评价转变为过程性评价

在普及化阶段应建立结果性评价与过程性评价相结合的高校招生制度,推动高中教育回归育人本原,切实推进素质教育②。一方面过程性评价满足了考生的全面发展需要,从"招分"转为"招人";另一方面普及化的高等教育实际上已经形成高等教育结构性过剩,无绝对门槛的入学成为必然。

3. 高考制度是基础教育的"指挥棒"

高等教育普及化必然会对基础教育产生影响,而其重要的影响通道就是高考制度。高校在招生形式上的多元化需要高考在考试科目上给予考生更多的选择权,而最终通过高考影响高中学校的课程、教学和师资安排。

4. 普及化为践行"适合的教育"提供了有利条件

从个体维度看,"适合的教育"是面向人人、因材施教的教育;从社会维度看,"适合的教育"是适应经济社会发展需要、全社会共同参与的教育③。"普及化下的高等教育有可能使得高校与学生在双向选择上,实践'用适当方式,选适合学生,进适宜高校,达适性发展'的价值理念,调动学生自我发展、自我实现的主动性与自觉性,回归高校招生育人的初心。"④

第三节　公共政策理论视域下的高考改革

作为一项社会公共政策,高考制度体系的产生是由于高等教育资源分配的需要,本节将从公共政策实施的视角,对高考改革的实施进行解读。

一、公共政策理论的分析

20 世纪 70 年代是西方公共政策研究的发展阶段,很多学者在政策执行领域提出了不同的观点。美国学者史密斯提出了包括政策制定和政策执行相互作用的政策执行过程模型。他在《政策执行过程》一书中提出了影响政策执行的四大要素,包括理想化的政策、执行机构、目标群体与政策环境,为进一步解释和

---

①　潘懋元. 中国当前高等教育发展中的若干问题[J]. 大学教育科学,2004(4):1-5.
②　李志涛. 过程性评价纳入高校招生评价体系的国际经验与启示[J]. 中国考试,2021(2):69-76.
③　葛道凯. "适合的教育"才是最好的教育[J]. 教育研究,2021(3):19-22.
④　陈兴德,王君仪. 高等教育普及化背景下的高校招生制度改革探析[J]. 中国考试,2021(12):19-25.

研究政策执行过程,尤其是影响政策执行的相关因素之间的作用提供了科学的框架①。这四种因素之间存在着相互作用关系,其关系的发展方向一定程度上表明了政策执行的结果②。对四种影响因素具体的分析如下。

1. 理想化的政策

理想化的政策要具备以下条件:在政策内容和方向上具有科学的理论基础和规划,符合事物客观的发展规律并能够促进社会发展,能够代表公众的根本利益。政策能够有效实施的依据有:政策内容合理,政策方向合规,计划目标明确,措施流程明晰,政策与实际情况相符,执行机构职责明确。理想化的政策是政策执行的前提,配备充足的政策执行资源,能为政策达到预期目标提供保障。

2. 执行机构

执行机构是指政府机构中承担政策执行主要任务的职能部门或组织。合格的执行机构必须具备组织架构稳定合理、运行规范,执行人员配备齐全且具有政治素质、品德素质、知识素质、能力素质高的特征③。执行机构中领导者的政策研究和管理水平、对政策的重视程度、执行机构组织间的沟通协调等都关系到政策执行的效果。

3. 目标群体

目标群体即政策制定针对的对象、受政策最直接影响的群体或个人。他们对政策作出的反应,是政策有效实施的关键因素之一。一般来说,目标群体会衡量政策为自身带来的收益及针对该政策自身是否需要做出适当的调整。如果目标群体经过研判之后认为该政策对自身存在某一方面的益处,就更容易促进政策执行的成功,反之亦然。

4. 政策环境

根据史密斯模型,影响政策执行的环境因素主要来自三方面:政治体制、经济发展水平、社会文化。只有在风清气正的政治环境中,政策执行的有效性才能得到保障;经济环境也在政策执行中起到重要的基础作用;社会文化环境的背后是精神层面的价值取向,它决定了政策执行的思想基础,因而政策执行也必须考虑特定的社会文化环境④。

根据史密斯过程模型的相关论述,对应到高考改革执行中,主要的影响因素

---

①　易航宇,孟凡坤. 史密斯模型视角下精准扶贫政策执行研究[J]. 农村经济与科技,2018(13):131-132.

②　张子夜. 云南财经大学大学生就业政策执行分析[D]. 云南财经大学,2020.

③　王永军. 山东省创业担保贷款政策执行研究[D]. 山东大学,2020.

④　刘红建. 群众体育政策执行的环境因素及其优化路径研究[J]. 南京体育学院学报(社会科学版),2015(2):49-50.

包括:高考综合改革政策本身对"理想化政策"的追求,各级政府及各级教育行政部门、高等院校、普通高中构成了政策的"执行机构",参加高考的考生作为此政策的"目标群体",高考改革所处的"政策环境"则包括政治、经济、文化等因素。上述四个维度覆盖了高考改革政策执行的各个环节。基于上述四个维度,能够寻找到恰当的角度对政策执行中存在的问题及原因进行合理、有效分析,因此,史密斯过程模型与高考改革政策执行分析具有较好的匹配度①。

二、利益相关者理论的分析

利益相关者管理理论是指企业的经营管理者为综合平衡各个利益相关者的利益要求而进行的管理活动。"政策是对全社会的利益(价值)做权威性的分配。"②"利益相关者"一词最早在 1984 年弗里曼(Freeman)出版的《战略管理:利益相关者管理的分析方法》中被提到。与传统的股东至上主义相比较,该理论认为任何一个公司的发展都离不开各利益相关者的投入或参与,企业追求的是利益相关者的整体利益,而不仅仅是某些主体的利益③。弗里曼提出,"利益相关者是能够影响一个组织目标的实现,或者受到一个组织实现其目标过程影响的所有个体和群体。"利益相关者理论的核心思想是利益协调和利益共赢,在政策改革或变迁过程中,面对政策的复杂性和不确定性,利益相关者理论作为一种独到的分析框架,分析受政策影响的个人和团体对政策在调研、制定、分析、选择、实施和评价的全过程中形成的直接或潜在的影响④。

作为国家重要的人才选拔政策,高考无疑具有公共政策的属性。前文已经使用史密斯模型分析了高考改革中的执行机构和目标群体,这两个群体中执行机构对高考制度执行过程施加影响,目标群体受高考制度影响,都可以认为是高考改革的利益相关者。具体而言,高考改革利益相关者有包括政府、高等院校、中学、考生及用人单位。

1. 政府的利益诉求

政府必须通过政策工具来应对外界条件的变化,政策就是政府调整国民情绪、分配利益甚至是维护自身利益的一种工具⑤。在高考改革中,政府实际

① 孙陆童. 史密斯模型视角下济南市零售药店"双远程"政策执行问题及对策研究[D]. 山东大学,2021.

② [美]戴维·伊斯顿. 政治生活的系统分析[M]. 王浦劬,译. 北京:华夏出版社,1999:4-5.

③ 陈小芳. 浅析如何利用管理手段实现企业内部利益相关者效益最大化目标[C]. 2011 年度中国总会计师优秀论文选,2012:328-332.

④ 廖平胜. 考试学原理[M]. 武汉:华中师范大学出版社,2003:310-316.

⑤ 李峻. 我国高考政策变迁研究[D]. 华中科技大学,2009.

上涉及两个层面:中央政府和地方政府。中央政府负责发布高考改革的大政方针,地方政府负责结合各自的实际情况,制定具体的高考改革文件并落地实施。

孙春兰副总理曾强调:"高考是实现教育公平、社会公平的重要制度。"[①]招生考试改革围绕着有利于科学选拔人才、促进学生健康发展、维护社会公平的原则,使用高考作为一种选才机制,促进社会流动,以免发生阶层固化。考试还是有效地优化资源配置、促进社会经济环境改善的手段。

地方政府在政治利益方面,与中央政府的目标一致,需要追求地区的稳定和发展。在经济利益方面,通过高考扩大本地区接受高等教育的人数和范围,是发展地方经济的有效手段。在社会利益方面,与中央政府一样,同样要考虑本地区社会结构的优化。高考在以国家为导向的宏观背景之下,地方政府往往也会与中央政府协商,在政策范围之内,争取更多的资源,以确保本地区的社会发展。

2. 高等院校的利益诉求

高校作为培养高级专业人才的机构,具有五大功能:培养高素质创造性人才的摇篮,知识创新、发展科学文化的前沿,技术创新、促进科技成果向生产力转化的基地,社会和政府的思想库和智囊团,本国文化与世界文明成果互相交流借鉴的桥梁[②]。人才培养是其存在的目的和价值,也是其最基础、最本质的职能。获取可造之才最直接的途径就是招生,高校招生是事关高校生死存亡的大事,没有足够数量和质量的生源,高校将无法生存。所以,高校最直接的利益诉求是生源,高校通过调整招生计划的规模和分布对招生实施最直接的影响,进而促进高校的发展和社会地位的提升。

3. 中学的利益诉求

中学最主要的任务是培养德智体美劳全面发展的合格的高中毕业生,同时向高等院校输送优质的生源。随着社会对教育认识的提高和对学历认可度的提升,为获得优质高等教育资源的入学机会,考生之间的竞争日渐激烈,并且逐步演变为中学之间的竞争。竞争力的评价指标被不恰当地聚焦在升学率上,高升学率的学校能够拥有相对更好的社会效益,提高知名度和美誉度,吸引更多优质生源,带来巨大的经济效益和资源投入,因此,现实中升学率关系到中学的声誉和生源质量,提高升学率是中学最直接、最普遍的利益诉求。

---

① 人民网.确保高考安全顺利举行 切实维护高考公平公正[EB/OL].(2021-06-03)[2021-11-28]. https://baijiahao.baidu.com/s? id=1701503760750080482&wfr=spider&for=pc.

② 袁靖宇.关于高校产业发展的若干问题[J].盐城师范学院学报(人文社会科学版),2001(3):108-111.

4. 考生的利益诉求

考生是高考制度中最直接的利益相关者。跨过高考的门槛意味着人生轨迹的改变,接受高等教育既可以提高社会地位,获得尊重,也能够提高经济收入。因此,我国的高考制度一定程度上决定了考生的发展前途和命运,涉及每个考生及其家庭的核心利益,考生们希望高考为他们提供公平、公正的升学机会。一方面,接受教育是考生的根本诉求,无论身处任何时代,考生参加高考的直接目的都是为了能够获得接受高等教育的机会,接受高校的系统培养。另一方面,由于高考对社会的影响广泛,考试的程序公平也是考生的重要诉求。程序公平包括命题、考试实施、评卷、录取等环节的规范操作和严格管理。执行严密的管理制度和考试纪律,力求杜绝考试舞弊,从而保证考试的信度,也能够杜绝主观因素和不正之风干扰和破坏政策及规则①。

5. 用人单位的利益诉求

当市场无法在短期内通过自我调节来为大学毕业生提供充足工作岗位的时候,用人单位的偏好与需求将成为学生报考大学和高校选择生源的重要影响因素。用人单位倾向于选择实用性人才,而不是"高分低能"的员工,所以其对高考政策的招生方式具有特定利益诉求②。

三、高考综合改革的政策分析模型

高考制度秉承以考试强化国家意志、传递主流文化、凝聚国民人心的价值取向,利用统一考试选拔人才,促进政局稳定和社会发展;高考制度弘扬了传统考试文化中公开平等、竞争择优的本质精神,通过统一考试内容、程序、方式保持机遇的均等性和优胜劣汰的原则;高考制度还继承了传统考试文化中以考促学、以考督教的传统,促进了整体社会积极向学、读书至上、学优则升、发展教育的良好风气③。

综合上述分析,在高考制度的选拔和评价功能定位基础上,综合考虑高考改革驱动因素,以史密斯模型为基准,融合利益相关者理论,提出高考综合改革的政策分析模型(如图 2-1 所示)。要深入理解高考改革的脉络和发展,就要从高考制度所处的地位和作用出发,清楚地认识和把握高考制度改革的驱动机制。高考改革政策的制定者需要听取各方面声音,了解执行机构、目标群体的想法,充分考虑当地的省情、学情和考情,同时对于政策执行过程中出现的社会反馈应

---

①　边新灿. 关于高考公平性问题的若干思考[J]. 考试研究,2017(6):44-48.
②　明英文. 基于政策网络理论视角的我国高考制度改革研究[J]. 知识经济,2009(5):161.
③　刘海峰. 高考改革:理想图景与现实困境[J]. 辽宁教育,2012(18):17-18.

该及时予以分析和回应。

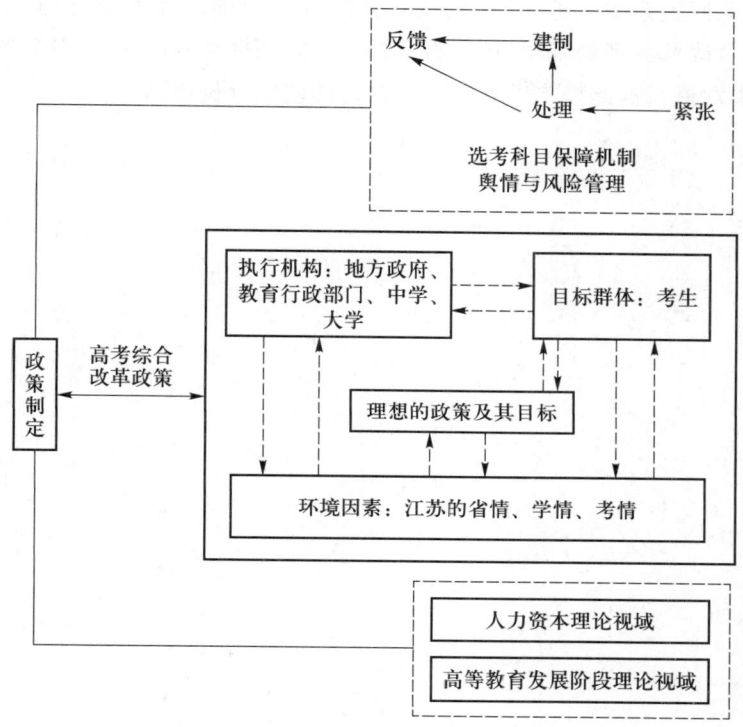

图 2-1　高考综合改革的政策分析模型

本 章 小 结

　　高考是社会关注的焦点,高考已经成为我国最公平的人才培养和选拔机制,也是社会广泛认可的人才流动通道,所以高考不仅仅是一个教育问题,还是社会问题。高考的每次改革都承载着社会对公平的诉求,也是对高等教育资源的重新分配。高考改革对基础教育有引导作用,引导基础教育育人模式的改革,对高等教育的适应性障碍破除有支撑作用,有助于人才培养质量的提升。作为两大教育阶段的衔接点,高考制度承担着选才和育人的双重功能。本章首先立足于人力资本理论和高等教育发展阶段理论剖析高考的功能,指明高考制度在选拔功能上的闸门作用和信号作用,并明确高等教育普及化是我国高校招生制度改革的重要背景。

　　高考本身具有公共政策的属性。基于公共政策的理论,以史密斯模型为基准,从利益相关者的视角审视高考综合改革,有利于利益相关者各自利益诉求的达成和彼此间关系的改善,并在政策变迁的过程中推动高考制度的动态演进。对高考综合改革的理论基础研究,将有助于我们把握高考改革的规律,深刻理解其内涵,本章最后据此提出了高考综合改革的政策分析模型。

第三章 高考改革的政策脉络与评析

教育政策可以简要地定义为一个国家为实现一定历史时期的教育发展目标和任务而制定的关于教育的行动准则①,高考政策是公共教育政策的核心内容之一。一方面,高考政策的每一次改革都会对国家各类教育政策的制定和实施产生影响。另一方面,我国高考政策的演进变迁也受到内部动因和外部环境等多方面因素的影响制约。从内部因素来讲,主要包括教育矛盾运动规律、党和国家教育方针和基础教育课程政策;从外部因素来讲,主要包括经济社会发展需求、社会历史文化基础,以及科学技术的发展。

第一节 高考的政治、经济、文化系统论

高考的运行与演化,在其现实性和历史性上,都是高考与环境互为依据、相互作用的一个动态发展过程。社会环境更是高考存在、运行、发展的基础,制约高考革新发展的进程,甚至决定高考的存亡②。其一,高考职能内涵与外延随外部环境变化而发生改变;其二,高考改革涉及结构性的优化,以及不同因素和变量的重构,一切高考功能都表现为高考的社会功能③。因此,本节将探讨政治、经济、文化等因素对高考改革的影响。

一、政治因素

在中国"言必称尧舜",尧之"试"舜被视为中国考试的本源④。凡国之大柄,莫先择士。教育的相对独立性使其无法摆脱政治和经济发展的影响,高考的兴替、存废与改革同政治环境密不可分,剥离政治环境谈高考改革实则难有实效。⑤ 政治对高考起着支配地位或决定性作用,本质上是对高等教育资源及社会优质资源的控制。高考的创建与实施,体现着国家和政府的意志,体现了政府

---

① 张乐天. 高等教育的发展与政策创新[J]. 高等教育研究,2002(11):11-15.
② 廖平胜. 考试学原理[M]. 武汉:华中师范大学出版社,2003:310-316.
③ 刘宗佳. 高考职能与高考功能关系研究[D]. 南昌大学,2014.
④ 杨学为. 考试的起源(上)[J]. 教育测量与评价(理论版),2008(1):58-61,53.
⑤ 葛新斌,付新琴. 新中国高考制度变革 70 年:回顾与前瞻[J]. 华南师范大学学报(社会科学版),2019(6):55-66,192.

长治久安的目的。高考也许是中国社会"唯——项自建制伊始便被紧紧捆绑在政治'战车'上的教育制度"①。

高考制度是一种公共产品,除政府之外,谁都无法承受变革的巨大成本,也缺乏强大的权力去推动制度改革,所以高考的改革必须由政府通过行政手段来推行。政府利用社会民众舆论来推进高考改革以实现它的社会目的,相应地,民众对自身的利益及对教育、高等教育、考试、高考的认识也就关系着高考改革的命运。政治还通过对高等教育施加影响而间接作用于高考,例如计划经济时代的"统招统分"政策,为高考带来了浓厚的功利主义色彩。随着高校毕业生就业制度的改革,推行了高校内部机制的转换,包括行政管理、教育教学管理、课程和教学内容的改革等,高校要不断扩大自主招生的权利,进而也为高考改革提供政治驱动。

二、经济因素

高考制度具有公共产品的特征。公共产品具有消费或使用上的非竞争性和收益上非排他性的特点。非竞争性是指一部分人对某一产品的消费不会影响另一些人对该产品的消费,高考不会因为一个考生的参加或放弃而影响其他考生,因此具有非竞争性。非排他性是指产品在消费过程中所产生的利益不为某人所专有,不可能把其他人排除在外,不让他们享受产品的利益。就高考制度而言,一个考生并不能把其他考生排除在高考之外,因此具有非排他性。

以经济学的视角看高考,高考制度改革的动力来源于经济环境变革下的相关利益主体获取更多收益的要求。美国著名经济学家舒尔茨曾指出:"随着经济增长对知识依赖性的逐渐增强,人们对高等教育的需求总量也逐渐提高,这就促使高教系统从人才选拔的最初环节进行重大的调整,以适应经济发展的需求。"而高考制度变革就是为满足这些新需求所进行的滞后调整。

在计划经济时代,高考制度造就了一些既得利益者,比如具有较高升学率的中学以及其中脱颖而出的考生。随着从计划经济体制逐渐向市场经济体制转换,原来的就业市场间的壁垒逐步被打破,与人才市场有密切关系的高校会根据市场的需求偏好调整其培养方式和培养目标,进而影响到对生源的选择标准,也就会影响到选拔生源的最直接手段——高考。这一系列变化反映在对高考试题的要求上,就需要从偏重掌握知识的深度和广度逐渐过渡到重视考核运用知识的灵活性和个体能力的差异性;反映在考生方面,便是从服从国家选择到呼吁接受高等教育的机会平等;反映在高等院校的方面,则是对高考命题权和招生权下

---

①   刘海峰,等. 高校招生考试制度改革研究[M]. 北京:经济科学出版社,2009:58-59.

放的越来越强烈的渴望①。

高考政策的变革,反映了我国经济社会发展对人才选拔与培养方式的需求转变②。为适应经济社会发展对人才的需求,满足人民群众对接受高等教育的迫切愿望,1996 年江苏在全国率先实行高校扩大招生。实践证明,这是决定江苏高等教育格局,乃至影响全国高等教育走向的重大探索。1999 年,我国高等教育和高考制度迎来重要转折点,全国高校进行大扩招,高考录取率从 1998 年的 35%骤然提升,至 2020 年首次超过 90%;高等教育毛入学率也从 1998 年的9.8%提高至 2021 年的 57.8%。可以说,40 多年来我国高考政策的演进实质是一个不断解决高等教育由精英化走向大众化与普及化过程中出现的冲突与矛盾的过程。

三、文化因素

文化的本质是一种思维方式和价值观念。有学者认为,中国文化的特质是:天人协调、取象比类、崇德利用、贵和持中③。协调即调和,我们遇到问题时的思路是通过调和各方面利益、关系来解决的;“取象比类”注重的是整体、分类和事物间的联系作用,而不注重分析、演绎,缺乏对本质的追求;同时还很重视伦理关系、自身的品德修养,崇尚中庸之道。这些传统文化的思想观念不仅影响我国社会的变迁,也深刻影响着高考制度的变迁。

我国的科举制度已经有 1300 多年的历史,科举文化不仅仅影响着中国,同时还深深地影响到整个东亚儒家文化圈,甚至有人认为“科举考试西传欧美是中国对世界文明进程的一大贡献”④。高考深受传统考试文化影响,继承了传统考试文化的精髓,也正受困于统一考试的传统束缚。传统考试文化以科举考试为代表,它对高考影响最大的是它的观念文化⑤。

影响中国高考改革的社会历史文化因素,既有追求考试公平的文化传统,如“高考:人生最不看脸的竞争”“分数面前,人人平等”“另起一行,重新书写”;又有重视教育、读书至上的传统理念,如“万般皆下品,唯有读书高”“崇文重教,耕读传家”“知识改变命运,教育创造未来”“金榜题名”“再苦不能苦孩子,再穷不能穷教育”。有调查资料显示,只要有可能,85%的家长都希望自己的孩子上重

点大学,50%的家长都希望自己的孩子上清华北大①。这当然是中国人对优质高等教育资源追求的一个美好向往和缩影,但我们都知道完全实现这一期望是不可能的。所以,国家不断引导人们转变观念,如"学有所教,有教无类""三百六十行,行行出状元",以高考改革推进素质教育,以高考改革发展适合的教育。此外,一些客观存在的、社会反映强烈的考试招生弊端,如"唯分数论"影响学生全面发展,"一考定终身"使学生负担过重等,以及"不能输在起跑线上""只要不学死,就往死里学"等认知,都是高考改革的直接促成因素。

四、技术因素

有研究者预测,下一阶段的高考改革将由技术驱动②。实际上在高考改革的历史中,技术已经成为一个重要的驱动因素。尤其是近年来云计算、物联网、人工智能等新技术的迅猛发展,进一步促进了高考制度在技术层面的改革。曾有学者评价,20世纪80年代以来,高考经历了多次改革,其中与考试技术相关的改革,大部分比较容易取得成功③。例如,光电阅读技术推动了客观题的评卷;图像处理技术推动了主观题的网上评卷;录取系统的应用不仅改变了面对面的录取模式,同时也促进了投档方式从传统志愿向平行志愿转变;志愿填报系统使得动态填报志愿成为现实;人脸识别、网上巡查系统改变了传统的作弊防控体系;AI智能技术已经逐步应用到智能评分评卷中。这些变化无不彰显了信息技术对于维护高考公平、高效选拔人才的积极作用。高考技术创新对于有效推动高考制度一系列突破性改革将发挥重要作用。

第二节　高考政策影响因素认识论

一、教育矛盾运动规律

党的十九大报告指出:中国特色社会主义进入新时代,我国社会主要矛盾已经转化为人民日益增长的美好生活需要和不平衡不充分的发展之间的矛盾。社会基本矛盾仍然是生产力和生产关系、经济基础和上层建筑之间的矛盾。这一重大判断,提供了分析我国教育基本矛盾和主要矛盾的理论依据。

---

① 李晓明. 高考40年反思:如何在夹缝中寻找改革出路[EB/OL]. [2021-04-20]. http://www.bjdcfy.com/qita/gztyjxfs/2017-8/968417.html.

② 边新灿. 高考改革将从文化驱动进入技术驱动阶段[J]. 中国教育学刊,2017(10):102.

③ 刘海峰. 高考改革的回顾与展望[J]. 教育研究. 2007(11):19-24.

1. 我国教育基本矛盾

基本矛盾是贯穿于事物发展始终并且规定着事物发展过程的基本性质的矛盾。新中国成立后,我国教育的基本矛盾大致经历了4次转变。第一个阶段,新中国成立之初,教育的基本矛盾是人民群众对教育资源的需求与供给不足的矛盾。在此期间,教育发展的主要目标是解决"有"和"无"的问题,这体现在高考制度上,则是1952年全国建立统一的高考制度,当时招生5.32万人。到1958年开始,我国高等教育发展进入"大跃进"阶段,高校招生峰值为1960年的28.41万人,但由于招生规模脱离我国高等教育发展实际,到1962年,招生人数迅速跌回到10.68万人。第二个阶段,20世纪80年代至90年代末,我国教育的基本矛盾转变为人民群众对教育资源的巨大需求与供给不足的矛盾。在此期间,我国在1986年确立九年制义务教育制度,在1999年启动高校大扩招。第三个阶段,进入21世纪,我国于2001年实现基本普及九年义务教育和基本扫除青壮年文盲的战略目标,到2004年,我国已建成世界上最大的高等教育体系,中外合作办学快速发展,出国留学方兴未艾。由此,我国教育的基本矛盾转化为人民群众对优质教育资源的巨大需求与供给不足的矛盾。第四个阶段,随着我国高等教育逐步从大众化步入普及化阶段,教育的基本矛盾转变为教育供给的单一、粗放与人民群众对教育需求的多样化、个性化之间的矛盾。与此相适应,以综合评价、多元录取为主体框架的新一轮高考综合改革在全国逐步推开。

2. 我国教育的主要矛盾

主要矛盾是在复杂事物的矛盾体系中处于支配地位、对事物发展过程起着决定作用的矛盾。教育的主要矛盾是教育基本矛盾在某个特殊历史阶段或者某个方面的特殊表现。[①] 与教育的基本矛盾转变大致同步,我国教育主要矛盾的演变也可以分为4个阶段。第一个阶段为新中国成立之初至20世纪60年代。我国教育的主要矛盾可以概括为公平与效率(普及与提高)的矛盾。革命化、大众化、劳动化与知识化、正规化、制度化的冲突贯穿新中国早期教育的历史。这一时期,高考按国家干部标准选拔大学生,计划性强,政治色彩浓厚,对工农子弟有倾斜政策,目的是选拔出大量国家建设急需的人才。第二个阶段为1977年至20世纪80年代,我国教育进入拨乱反正的恢复时期。教育的主要矛盾为办学质量与办学规模的矛盾。在这一阶段,我国高等教育以精英教育为主,指导思想是"稳定规模,提高质量"。第三个阶段从20世纪90年代开始,我国提出"科教兴国"战略,在高等教育领域,1994年启动"211工程"建设计划,1998年启动"985工程"建设计划,至此,我国进入高水平研究型大学的建设阶段。在这一时

---

① 葛道凯.从矛盾变化看新时代教育改革发展的基本走向[J].教育研究,2018(12):4-8.

期,普遍提升与重点突破成为我国教育的主要矛盾,在高等教育领域则表现为教育教学与科学研究功能不对称的矛盾。第四个阶段,也就是当前,我国教育的主要矛盾表现为教育内部关系规律与外部关系规律之间的矛盾,为适应高等教育普及化的需要,高考分类考试、职教提前招生全面展开,产教融合进一步向纵深发展,职业教育成才"立交桥"初步构建。

二、党和国家的教育方针

我国考试招生政策的演进与发展深刻体现了教育政策发展的价值取向。新中国成立后,我国教育方针的演进大致经历了五个阶段。第一个阶段(1949—1958),提出智、德、体、美全面发展,并明确教育要为无产阶级政治服务,要与生产劳动相结合。教育体现出国家利益至上的价值取向[①]。第二个阶段(1958—1978),首次提出"教育方针"的概念和"劳"的要求。第三个阶段(1978—1985),正式提出了教育现代化的任务,同时提出"四有"培养目标和"三个面向"教育发展方向,前者明确了人才培养的要求,后者则提出了人才培养的标准。1985年教育方针的提出,反映了教育在服务国家发展的价值取向中开始蕴含了促进个体发展的价值取向。第四个阶段(1985—1998),中共中央、国务院在1993年2月印发的《中国教育改革和发展纲要》中重申培养社会主义建设者和接班人。第五个阶段(1998—   ),教育部制定《面向21世纪教育振兴行动计划》,勾画了我国21世纪教育改革和发展的蓝图,其中首次将素质教育作为教育方针的基本理念,彰显强烈的重视个体发展的价值取向,完成了教育方针以"为国家发展"与"为个人发展"为主要内容的教育多元价值取向的整合。2021年,我国在修订后的《教育法》中,以法律规范的形式明确了新时代党的教育方针,从"教育为谁培养人、怎样培养人、培养什么人"这一根本问题出发,提出德、智、体、美、劳"五育"并举的人才培养要求,为我国教育发展进一步指明了方向。

随着教育方针的变迁,我国高考政策不断完善。1977年高考制度恢复,破除"文革"后期高校招生中的"自愿报名,群众推荐,领导批准,学校复审"十六字方针,确立"自愿报考,严格考试,择优录取"的基本原则,并对报名条件、考试形式、考试科目等都重新做出规定,这一政策符合当时我国经济社会建设的需要,符合人民群众对接受高等教育的意愿和需求。90年代以来,教育经历了素质教育与应试教育之争,高等教育人才选拔与培养模式不断转变。从"3+X"科目设置改革,到当前新一轮高考改革不断深化,主动对标德智体美劳"五育并举"教育方针、全面落实立德树人根本任务、扭转不科学教育评价导向,都体现了在历

---

① 柴逢国. 对建国后(1949—1999)教育方针价值取向演变的分析[D]. 南京师范大学,2007.

史与时代的互动中，考试招生政策不断顺应教育体制改革的需要，坚持国家发展与个人发展的有机促进以及公平与效率的统一。

三、基础教育课程改革政策

基础教育课程改革政策是规范与推进基础教育领域课程知识选择和管理的政治理念和具体措施。新中国成立后，我国基础教育课程改革政策变迁大致经历了4个阶段。第一个阶段，借鉴苏联时期（1949—1957）。这一时期建立全国统一的课程体系，完成社会改造的"阶级性"价值取向，教育评价以工农业生产为标准。中学"整体水平比之前大体上降低了一个年级的水平"①。第二个阶段，曲折探索期（1958—1985）。前期课程改革主题是扩大规模、缩短学制、精简课程；1978年以后逐步形成以教师、课堂、教材为中心的教学模式。课程改革工具属性强，追求"育才"而非"育人"。第三个阶段，纵深推进期（1986—2000）。1986年确立普及九年义务教育制度，1993年首次提出"全面提高国民素质"的目标，1999年中央对素质教育的深入推进进行全面规划。课程改革体现出社会和谐的"公利性"价值取向②。第四个阶段，创新发展期（2001—　）。2001年《基础教育课程改革纲要（试行）》出台，以促进个体成长为价值追求的新一轮基础教育课程改革全面启动。2014年《关于全面深化课程改革落实立德树人根本任务的意见》明确，将培养"适应终身发展和社会发展需要的必备品格和关键能力"作为课程目标的归宿。本次基础教育课程改革是新一轮高考综合改革的直接推动力，试图通过高考改革"牛鼻子"正向牵引基础教育改革，引导实现应试教育向素质教育转化、减轻学生学习负担、促进学生全面而有个性发展等重要育人理念。

在实践中，高考改革与高中新课程改革都是围绕素质教育的目标和主线进行的，高考改革与高中新课程改革在目标趋向上高度一致。高考对教育的影响是不仅评价教育结果，而且呼应教育目的，引导教育过程。在这种情况下，高考成为影响新课程改革成败的关键因素之一，新课程的实施也必然会遇到未来高考如何改革的困惑③。

---

① 卓晴君，李仲汉.中小学教育史[M].海口：海南出版社，2000.
② 曹茂甲.建国70年来我国基础教育课程改革价值取向的变迁[J].上海教育科研，2019（5）：16-22.
③ 刘海峰，等.高校招生考试制度改革研究[M].北京：经济科学出版社，2009：84.

第三节　高考改革发展历程及趋势

一、高考改革的发展历程

从 1977 年恢复高校招生统一考试制度以来,高考制度进行了 30 多次大大小小的改革①,有制度方面的调整,也有技术方面的创新与改进,最终体现的是对于公平公正和科学高效选拔人才的价值追求。改革开放 40 多年来,我国高考制度改革与发展经历了 4 个主要阶段。

一是制度恢复期(1978—1984)。1977 年我国恢复高考,确立"统一考试,择优录取"的招考原则和高校人才选拔的标准,这既是原有制度的回归(新中国高考制度建立于 1952 年),更是拨乱反正后的新生②。高考政策的调整使我国教育的发展呈现出新的气象,它为在全社会营造尊重知识、尊重人才和"不拘一格降人才"的氛围起到了十分重要的导引作用。与此同时,它也为在社会主义条件下真正实现教育的公平、公正拓开了新路③。

二是改革调整期(1985—1998)。1985 年教育部决定在广东进行标准化考试试验(数学、英语两科),在上海进行高中毕业会考后高考科目设置的试验,标志着高考正式进入改革调整期④。

三是扩招发展期(1999—2013)。1998 年,教育部印发《面向 21 世纪教育振兴行动计划》,该政策的出台有效推动了我国新一轮高考制度改革,人才培养目标开始转向对学生多方面能力与综合素质的考查上。1999 年 6 月颁布的《关于深化教育改革全面推进素质教育的决定》强调,实施素质教育要"以提高国民素质为根本宗旨,以培养学生的创新精神和实践能力为重点",同时还进一步明确,"改革高考制度是推进中小学全面实施素质教育的重要措施,按照有助于高等学校选拔人才"的原则积极推进高考制度改革,科目设置和内容应进一步突出对能力和综合素质的考查。该政策的出台加快了我国招生考试和评价制度的改革进程,对逐步建立具有多种选择、更加科学、公正的高等学校招生选拔机制具有指导意义,逐步扭转了"一次考试定终身"的现状。1999 年 2 月,教育部印

---

①　袁振国,等.高考改革深化研究[M].上海:华东师范大学出版社,2020:1.

②　刘海峰.高考改革论[M].杭州:浙江教育出版社,2013:292.

③　张乐天.高等教育的发展与政策创新[J].高等教育研究,2002(11):11-15.

④　《中国考试》杂志社.恢复高考 30 年:高考改革与发展[M].北京:中国传媒大学出版社,2007:48.

发《关于进一步深化普通高等学校招生考试制度改革的意见》,提出用三年左右时间推行"3+X"科目设置方案,新一轮高考改革正式启动。我国高等教育进入大扩招发展期①。这一时期,我国高考制度的改革在人才培养评价标准上所呈现的特点是,由注重常识性、程序性知识的考查转变为注重基础知识和基本技能及学习能力的考查。在以培养基本知识为主体的前提下,注重对学生学业能力的提升以及德智体的全面考查,其目的就在于打破传统学科知识的界限,全面考查学生的综合能力。该时期我国高考制度不断调试以满足教育改革发展的现实需求,逐步确立了知识立意和能力立意的双重人才培养评价标准,充分反映了人才培养目标的深刻变化②。

四是改革深化期(2014年至今)。2014年9月,国务院颁布《关于深化考试招生制度改革的实施意见》,这是中国恢复高考以来第一次以国务院名义出台关于考试招生制度改革的专门文件,高考综合改革开始试点,考试招生制度改革进入深水区③。

二、高考改革的核心内容

有研究者认为:多年来以高考成绩为评价标准,已经扼杀了学生的创造性,人才培养趋于同质化④。大学阶段沿袭了高中的学习方法,被动接受,不主动思考,习惯于被"填鸭"。有针对中、印、俄三国学生的研究表明:在大学的各阶段,中国学生的批判性思维和学科知识技能都是三国学生中最好的,但到了大学四年级,中国学生的批判性思维水平被俄罗斯学生追上。此外,与大学三年级相比,中、印、俄三国学生在大学四年级时的批判性思维均有下降,中国普通大学下降最明显⑤。随着普及化高等教育发展阶段的推进,单一的以高考成绩为标准的评价方式亟需向多元的评价体系转变,并要解决创新精神和创新能力不足的问题,为此需要在考试形式、内容和录取评价标准上进行有效的改革。同时,高考是对有限的高等教育资源和高校入学机会进行权威分配的公共政策体系,考生对高等教育资源和机会的占有或分配有着自身的利益诉求,这归结到高考中最直接的表现就是招生计划的分配。具体来说,我国历次高考改革的核心内容

---

①　《中国考试》杂志社.恢复高考30年:高考改革与发展[M].北京:中国传媒大学出版社,2007:48.

②　吴霓、郑程月.从高考政策变迁看我国人才培养模式的演进趋向[J].教育学报,2017(4):71-78.

③　杨学为.中国高考报告(2019)[M].北京:社会科学文献出版社,2019.

④　李晓明.高考40年反思:如何在夹缝中寻找改革出路[EB/OL].[2021-04-20].http://www.bjdcfy.com/qita/gztyjxfs/2017-8/968417.html.

⑤　Loyalka P,Liu O L,Li G,et al. Skill levels and gains in university STEM education in China,India,Russia and the United States[J]. Nature Human Behaviour. 2021,5,892-904.

主要涉及考试形式与内容、录取评价标准、招生计划三个方面。

1. 考试形式与内容

高考要起到甄选、评价考生是否具备接受高等教育能力的作用。对高考来说，考试内容要起到检测考生在基础教育阶段的学习效果、文化水平、知识范围、能力素质的作用。考试形式主要体现为四个方面：一是考试的组织形式，如是全国统考，还是地区性统考，或是高校的自主考试；二是考试使用的考查形式，如是笔试还是面试，抑或是机考；三是考试频次，是一年一考，还是一年多考；四是考试科目的设置形式，是统一规定的科目组合形式，如文理分科的科目组合，还是体现高校或考生灵活选择权的科目形式，如"3+X"的科目组合形式①。

考试的形式和内容与考生和中学直接相关，决定了考生要"学什么"，中学要"怎么教"，这也是高考对基础教育"指挥棒"作用的直接体现。随着高考报考规模的增加，考生要凭借更高的成绩获取有限的高等教育资源，特别是优质高等教育资源，考试竞争愈加激烈，这就对考试命题提出了更高的要求。高等教育的发展促进高考科目和内容的改革，语文、数学和外语科目由国家统一命题，确保命题质量和核心导向；选考科目则打破由国家统一命题的方式，交由各省命题。命题标准力求对内有效兼顾高校人才培养要求和考生的学科潜质，对外回应对个性化人才培养的诉求，进而出现了各具地方特色的考试科目设置和考试内容。②

2. 录取评价标准

录取是对考生进行选拔的具体操作环节。如果说考试决定了考生是否具备接受高等教育的资质，那么录取就是完成高等教育资源分配的最后过程，决定了考生能否获得高校的入学机会。录取评价直接的相关者是高校和考生，高校在录取环节中的选人标准反映了人才选拔的价值取向。考生成绩是录取环节重要且基本的评价依据。

为适应高等教育发展和经济体制改革对人才评价的需要，在把文化成绩作为评价标准中的基础性依据的同时，需要建立"德智体美劳"多元化的评价标准。例如，作为人才培养机构的高校参与到人才评价中来，"自主招生""综合评价""强基计划"等录取形式的出现，是考试评价制度改革的结果。新一轮高考综合改革中强调的多元录取也体现了多方面考查选拔考生的价值取向。

新一轮高考改革考虑到国家对专业人才的需求，打破了以往志愿设置到院校的规则，考生可以直接填报到专业组或专业，可以让考生优先从专业的角度选

---

① 王龙. 利益相关者理论视域下中国高考制度的演进[D]. 南京师范大学,2016.

② 廖平胜. 考试学原理[M]. 武汉:华中师范大学出版社,2003:310-316.

择高校并填报志愿,提高考生对于招生录取的满意度。

3. 招生计划

高考制度中的招生计划本身就是对高等教育资源分配的一部分,它提供了高等教育资源供给与分配的规则,将高等教育物质化资源进行量化配置,是高校依据国家发展和实际供给能力确定的具体的计划数量、计划形式以及计划分布等方面的规划体系。

招生计划的制定本质上是高等教育资源的分配,涉及中央政府、地方政府及高等院校之间的博弈。中央政府从国家的政治、经济利益出发,通过调节高校招生计划来控制对高等教育资源的投入,地方政府和高等院校都希望能够获得尽可能多的计划。地方政府可以通过招生计划为本地区的考生争取更多的高等教育入学机会,而这将有利于为地方培养更多的高级专门人才,优化当地的社会结构。例如,教育部近些年来一直在倡导招生计划增量向中西部地区和考生大省倾斜,以便促进区域间的协调发展。而面向边远、贫困、民族等地区的各类专项计划,也更好地体现了促进教育公平的政策初衷。

三、从高考改革历程看人才培养趋势

纵观我国历次高考改革的缘起和发展过程,无论是制度方面的调整,抑或是技术方面的创新与改进,最终体现的都是对于公平公正和科学高效选拔人才的价值追求。随着改革的不断推进,体现出人才选拔和培养模式的转变,即:人才选拔从精英教育阶段的高校单向选拔优秀新生向高校与学生双向互动选择转变;对人才的评价从分数面前人人平等的一元评价到对人的能力、学识和潜质的综合评价转变;考核的内容从以知识体系为主线的学科知识考查向以核心素养为主导的创新能力和应用能力的考查转变;入学的通道从"一考定终身"式的高考"独木桥"向建立高等教育"立交桥",为学生提供适合的教育转变。

1. 从单向选拔到双向选择

精英教育阶段,高等教育资源难以满足人民群众的教育需求,高考以"统一考试,择优录取"为原则快速高效地选拔人才,上大学是少数优秀高中毕业生的机会。随着高校扩招,高等教育进入大众化阶段,大部分高中毕业生都有机会进入大学接受高等教育,此时,"适合的教育"逐步进入大众视野,并成为共识。从高校的角度来说,不同层次和类型的院校提出相应的人才选拔要求,提供能鉴别人才能力、素质的手段和方法,以选拔到符合培养要求、有发展潜力、有创新潜质的最合适的生源;从学生的角度来说,他们希望根据自身的兴趣、特长、能力和对未来的规划,选择适合自己的学校和专业。新的发展阶段下,高考作为连接高校和学生的桥梁和纽带,不再只是应对高校单方面的选拔要求,而是需要满足高校与学生双方的需求,为二者共同的发展提供双向互动选择的机会和更加科学有效的手段①。

2. 从一元评价到多元评价

进入大众化阶段,多元化、多样化发展成为高等教育发展的趋势,这为高考改革提供了有利的外部环境。传统的以高考分数作为人才选拔的唯一标准,看似给高校人才选拔提供了一个公平、公正的竞争环境,但一把尺子量到底的表面公平难以掩盖实质的不公平,也无法满足时代和高等教育发展的要求,更不符合学生个性化、多元化的发展需求。2020 年中共中央、国务院印发的《深化新时代教育评价改革总体方案》,强调要改进结果评价、强化过程评价、探索增值评价、健全综合评价,这是对未来教育发展趋势的回应,也是高考改革的趋势。德、智、体、美、劳"五育并举"的人才培养目标要求高考对于人才的评价不仅要从学力,还要从能力、潜质、素养等更多维的视角综合考量;考试不仅要为学生提供分数,更要通过考试的数据,"让考生了解自己的强项和弱项,使考生知道今后往哪个方向发展,才能使个人得到更好的发展"②。

3. 从知识考查到素养考查

最初的高考,囿于我国基础教育现状和命题水平的限制,考试内容侧重对学科知识体系的考查,对于能力的考查有限,随着布鲁姆测量理念的引入,高考考试内容逐步开始注重学科知识与测量理念的结合。1990 年国家教委高校学生司《关于征求在会考基础上改革高考科目设置及录取新生办法意见的通知》中指出,"新的高考科目组在注重基础学科的同时,应侧重对考生能力的考查,即通过考试将某一学科方向有特长和发展潜力的学生选拔出来",对能力的考查逐步受到重视。到 20 世纪 90 年代末,高考命题更加关注能力和素质,并通过综合试题的设计突出对于实践能力、创新精神的考查。新一轮高考综合改革,构建了"一核四层四翼"中国高考评价体系,进一步在评价理念上实现了由传统的"知识立意""能力立意"评价向"价值引领、素养导向、能力为重、知识为基"综合评价的转变,并建立起集考查内容、考查要求和考查情境于一体的多维命题模型③,使高考更具科学性、公平性、权威性。

4. 从"高考独木桥"到高等教育"立交桥"

2019 年,随着高等教育毛入学率突破 50%,我国进入高等教育普及化阶段。

①   潘懋元,覃红霞. 高考:从选拔性考试到适应性考试[J]. 湖北招生考试,2003(12):22-23.
②   刘海峰,等. 高校招生考试制度改革研究[M]. 北京:经济科学出版社,2009:234-235.
③   为何考 考什么 怎么考——专家解读《中国高考评价体系》. (2020-01-08)[2021-4-25]. http://www.moe.gov.cn/jyb_xwfb/s5147/202001/t20200108_414689.html.

"接受高等教育已经不再是少数人的事情,而是广大适龄青年甚至任何一个公民的基本权利"①,高等教育发展也呈现出多样化、学习化、个性化、现代化等特征②,研究型大学、应用型大学、高等职业院校的多样化发展,客观上对高校招生考试也提出了多样化的要求。同时,随着教育愈来愈重视促进个体发展,"以人为本"的理念也逐步渗透到高考之中,一方面要求从高校和学生实际出发,为高校"量身"设计考试,选拔适合的生源,实现高校与学生的相互适应;另一方面,在招生录取机制上,建立多元的升学通道,在用制度刚性保障学生平等受教育权利的同时,为学生提供与个性需求相适应的弹性教育供给和发展性的教育政策支持。

本 章 小 结

作为公共教育政策的核心内容之一,一方面,高考政策的每一次改革都会对国家各类教育政策的制定和实施产生影响,另一方面,教育矛盾运动规律、党和国家教育方针、基础教育课程改革政策都对高考政策的改革产生直接影响和制约。从内部因素来讲,主要包括教育矛盾运动规律、党和国家教育方针和基础教育课程政策;从外部因素来讲,主要包括经济社会发展需求、社会历史文化基础,以及科学技术的发展。基于内外部因素的影响,自1977年恢复高考以来,我国高校考试招生制度一直处于动态改革中,改革内容覆盖了考试科目及内容、招录办法等。无论是制度方面的调整,抑或是技术方面的创新与改进,高考制度的每一次改革体现的都是对于公平公正和科学高效选拔人才的价值追求,也反映出高等教育在人才选拔和培养模式上的转变,即:人才选拔从高校单向选拔优秀新生向高校与学生双向互动选择转变;对人才的评价从以分数为标准的一元评价到对综合素质的评价转变;考核的内容从以知识体系为主线的学科知识考查向以核心素养为主导的创新能力和应用能力的考查转变;入学的通道从高考"独木桥"向建立高等教育"立交桥",为学生提供适合的教育转变。

---

① 潘懋元. 高等教育普及化时代高考改革走向[J]. 内江师范学院学报,2022(1):1-3.

② 潘懋元,贺祖斌. 高等教育普及化背景下的大学治理[J]. 广西师范大学学报(哲学社会科学版),2021(9):120-128.

第四章　江苏高考改革的历史抉择

　　江苏不仅是中国高考改革的受益者,也是中国高考改革的重要推动者。从1996年开始,江苏在全国高校中率先扩招。2000年,江苏高等教育毛入学率达到15%,实现了由"精英教育"向"大众化教育"的历史性跨越,奠定了江苏"高教大省"的地位。到2008年,江苏高等教育毛入学率已达到38%,在全国率先进入高等教育"后大众化"阶段。2015年,高等教育毛入学率达52.3%,江苏的高等教育已经进入普及化阶段,位于全国前列①,超出国家同期平均水平12.3个百分点。在此期间,高考为高校公平、科学、高效地选拔人才发挥了关键的作用。

　　进入21世纪以来,江苏高考改革在社会期待与争论中一路逶迤前行。2018年,江苏正式启动新一轮高考综合改革。江苏新高考方案的制度设计有三个主要来源:其一,价值取向来自顶层设计,体现了党和政府的政治理念;其二,方案完善得益于兄弟省市的经验,体现了博采众长的实践智慧。其三,制度嬗变基于江苏既有的实践基础,体现了传承创新的科学方法。

第一节　国家意志和江苏期待的顶层设计

　　新一轮高考改革,是贯彻党的十八届三中全会关于"深化教育领域综合改革、推进考试招生制度改革"的精神,由国家统一部署,自上而下,各省市分批试点、逐步推进的教学、考试、招生的全景式综合改革。江苏新高考方案的灵魂,体现在两个方面,一是深刻把握和落实习近平总书记提出的"健全立德树人落实机制,扭转不科学的教育评价导向""从根本上解决教育评价指挥棒问题"的指导思想;二是深刻把握和落实国务院关于建立"分类考试、综合评价、多元录取"的高校考试招生制度的总体要求。新方案有助于增加学生的选择性,有助于促进高中办学多样化,有助于倒逼高校优化专业。

一、新一轮高考综合改革的总体目标

　　《国务院关于深化考试招生制度改革的实施意见》中明确,新一轮高考综合

---

　　① 数说江苏70年:教育事业跨越发展 教育公平全面推进[EB/OL]. (2019-09-06)[2021-4-28]. http://tj. jiangsu. gov. cn/art/2019/9/6/art_4031_8705029. html.

改革的总体目标是：2014 年启动考试招生制度改革试点，2017 年全面推进，到 2020 年基本建立中国特色现代教育考试招生制度，形成分类考试、综合评价、多元录取的考试招生模式，健全促进公平、科学选才、监督有力的体制机制，构建衔接沟通各级各类教育、认可多种学习成果的终身学习"立交桥"。具体而言，可以概括为三方面内容：

1. 以立德树人为根本任务，促进公平科学选才

公平性和科学性是高考改革一直以来不懈追求的两大主题。新一轮高考综合改革将立德树人作为改革的根本任务，将促进公平公正和科学选才作为基本价值取向，在延续现有政策的基础上，进一步完善公平举措，通过改进招生计划分配方式、规范高考加分、完善和规范自主招生、改革监督管理机制等措施，增强高考公平在教育公平中所发挥的作用；同时通过建立"两依据一参考"的高校人才选拔模式，以及增加高校和学生的双向选择机会，保障学生平等参与、平等发展的权利，努力构建以权利公平、机会公平、规则公平为主要内容的制度体系，以及更加科学高效、公平公正的招考环境。

2. 引导素质教育，促进学生全面而有个性的发展

新时期教育改革的最终目的是培养德智体美劳全面发展的社会主义建设者和接班人，这也同时决定了高考的根本任务和目标。新一轮高考改革，通过增加学生选择权、取消文理分科、实行统考加选择性考试的"3+3"科目设置、改革高考评价体系、深化考试内容改革，以及将综合素质评价信息作为考生升学的重要参考依据等措施，建立综合评价、多元录取的考试招生模式。改革直指"唯分数论"的弊端，使高考在引导素质教育、促进学生全面发展中产生积极的导向作用，促使高中学校将教育的重心从"单纯育分"逐步转变为"全面育人"，在尊重学生个性发展的同时，促进每个学生核心素养和关键能力全面发展，帮助他们健康成长，获得发展自身、奉献社会、造福人民的能力。

3. 教考招联动，助推教育改革

新一轮高考综合改革是对"教—考—招"领域进行的全方位改革，提出分类考试与多元录取，不仅明确了考什么、怎么考，也关注了成绩怎么用、考生怎么录的问题，使高考与教育、高考与选才实现了有机的结合。同时以改革为枢纽，促使高考发挥对于基础教育教学和高校人才培养的助推作用。一方面，向下引领高中教育教学改革，依据普通高中课程方案和课程标准开展教学，科学组织高中生涯规划教育，积极开展综合素质评价，坚持把学生放在中心地位，尊重学生、教师、学校的自主选择权，推动基础教育与新高考的有机衔接；另一方面，向上推动高校人才培养模式改革，引导适应改革后学生基础知识多样化的特点，调整人才培养规格和标准，鼓励大学和高中学校联合育人计划，实现高校人才培养模式与

新高考的有机联动。

二、新一轮高考改革的主要内容

此次高考改革主要围绕"分类考试""综合评价""多元录取"三个方面进行,具体包括五方面内容:

1. 取消文理分科

高考总成绩由语文、数学、外语 3 个统考科目成绩和高中学业水平考试 3 个科目成绩组成(即 3+3 或 3+1+2),旨在完善学生知识结构,培养综合素质。

2. 实施学业水平考试选考政策

计入高考总成绩的高中学业水平考试科目,由学生根据高校要求和自身特长,在思想政治、历史、地理、物理、化学、生物等科目中自主选择(即 6 选 3 或加技术科目 7 选 3),以此增加学生的选择权,发挥学生学习兴趣和特长。

3. 采取等级分计分方式

计入高考总成绩的高中学业水平考试选考科目采取等级分计分方式,避免分分计较,保证学业水平选考科目成绩计入高考总分时具有可比性和可加性。

4. 实施一年两考

学业水平考试及外语科目可提供两次考试机会,缓解一考定终身的压力。

5. 改革招生录取机制

建立"两依据一参考"的多元录取机制,即依据统一高考和高中学业水平考试成绩,参考综合素质评价,破解唯分数论,引导素质教育。

综观以上改革内容,本次高考改革是以立德树人为导向,重点突破考试内容改革,稳妥推进高考综合改革,着力增强改革的系统性、整体性、协同性,形成突出全面发展、综合考核和公平选拔的考试招生评价制度,实现学生成长、国家选才、社会公平的有机统一。

第二节　前期改革省份的有益探索

江苏新高考方案,是在一定历史条件下综合比较得失利弊、权衡诸多可能后的较优选择。上海、浙江第一批改革试点省市,北京、天津、山东、海南第二批改革试点省市,先后出台试点方案,在科目设置、赋分办法、录取制度等方面进行了积极探索、主动创新的先行实践,给江苏推进新高考改革提供了可资借鉴参考的范本。

一、第一批高考改革试点方案的主要内容

2014 年,作为首批改革试点省份之一,浙江省公布新高考改革方案,方案主

要包括以下内容：

1. 学业水平考试科目"7选3"，增加学生选择权

浙江高考科目设置可以概括为"3+7选3"，即统考科目包括语文、数学、外语3门，选考科目为从思想政治、历史、地理、物理、化学、生物、技术（含通用技术和信息技术）7门中选择3门。语文、数学、外语每门满分150分，以原始分计入考生总成绩；选考科目按等级赋分，每门满分100分，以高中学考成绩合格为赋分前提，根据事先公布的比例确定等级，每个等级分差为3分，起点赋分40分。考生高考总成绩满分750分。其中，语文、数学成绩当次有效，外语和选考科目成绩2年有效。之后，方案有所调整，从2021年1月起，外语和选考科目成绩调整为当年有效①。

2. 实施一年两考，减轻一考定终身的压力

一是外语每年安排2次考试，一次在6月与语文、数学同期进行，考试对象限于当年高考考生；另一次在10月与选考科目同期进行。二是学业水平考试选考科目每年安排2次考试，分别在4月和10月进行。考生的外语和选考科目可报考2次，选用其中1次成绩。

3. 改革录取办法

高校根据自身办学定位和专业培养目标，分专业类或专业确定选考科目范围，但至多不超过3门，并在招生2年前向社会公布；考生选考科目只需1门在高校选考科目范围之内，就能报考该专业（类）。高校没有确定选考科目范围的，考生在报考时无科目限制。高校可对考生高中阶段综合素质评价提出要求，作为录取参考。考生志愿由"专业+学校"组成，一个学校的一个专业（类）为1个志愿，考生最多可填报80个志愿。录取不分批次，实行专业平行投档。填报志愿与投档按考生成绩分段进行。

结合新高考实施后的实际情况，浙江省从2018年起陆续对原方案中的部分政策，如成绩有效期、选考科目等级赋分规则、学业水平合格性考试时间安排等进行了微调。

较之浙江方案，上海的新高考方案相对简单易行②，主要内容包括：一是在考试科目上设置为"3+6选3"，即语文、数学、外语3门为统考科目，选考科目从思想政治、历史、地理、物理、化学、生物6门中选择3门；二是外语科目考试一年举行两次；三是高考成绩总分660分，其中，语文、数学、外语每门满分150分，3

---

①　2020年，浙江省对高考政策进行微调，一是从2021年1月考试起，外语和选考科目成绩从2年有效改为当年有效；二是从2022年1月选考起，选考科目在原基础上进一步细化赋分，分差由3分改为1分。

②　上海市深化高等学校考试招生综合改革实施方案[EB/OL].（2014-09-23）[2021-04-26].http://www.moe.gov.cn/jyb_xwfb/moe_2082/s7866/s8367/201409/t20140923_175288.html.

门普通高中学业水平等级性考试科目每门满分 70 分,按等级分计入高考总分;四是设置院校专业组,以平行志愿投档和录取。

参与首批高考改革试点省份的方案比较如表 4-1 所示。

表 4-1   首批高考综合改革省份方案比较

方案设置		浙江方案	上海方案
学业水平考试（合格考）	考试科目	13 门 外语首次考试"一考两用",成绩既用于评定学业水平等级,又可用于高考	13 门 语文、数学、外语可用统一高考成绩替代
	考试机会	每科 1 次,不合格者可继续报考	每科 1 次,不合格可补考 1 次
	考试安排	每年 2 次 高一第一学期不得参加学考 高一第二学期参加学考的科目不多于 3 门 高三第一学期结束前完成各科目学考 2020 年对考试安排进行调整①	高中三年随教随考随清 4 月、6 月合格考 高一第二学期末:信息、地理和生命科学至少选择 1 门报考 高二第二学期末:思想政治、历史、物理、化学、地理、生物、信息 高三第一学期末:语文、数学、外语 4 月:高三在校生、已预报名当年秋季高考的考生补考
	成绩评定	等级制:A-E 五个等级,E 为不合格。以卷面得分为依据,A、B、C 等按实考人数 15%、30%、30%最接近的累计比例划定,E 等比例不超过 5%。同时提供个人成绩诊断报告	合格/不合格 笔试合格分数线以卷面成绩的标准分值划定

---

① 浙江省从 2020 年入学的高一学生开始,学考按年级定时定科统一安排,同一年级统一科目统一时间开考。各科目考试时间根据必修课程教学安排和"学完即考"的原则安排。普通高中在校生均须在规定时间参加相关科目的考试,每科考一次。如果某科成绩等级不合格,可申请再次考试。高一下学期考历史、地理、化学、生物;高二上学期考物理、思想政治;高二下学期考语文、数学、技术;高三上学期考外语,此次外语成绩既用于评定学业水平等级,又可用于高考。外语卷面分值为 150 分,其余学科科目为 100 分。

续表

方案设置			浙江方案	上海方案
统一高考	统考科目	科目及分值	语文、数学、外语,各 150 分	语文、数学、外语,各 150 分
		考试机会	外语每年 2 次机会(1 月、6 月),成绩 2 年有效(2021 年 1 月起改为当年有效)	外语每年 2 次机会(6 月、1 月),最多可参加 2 次
	学业水平考试(等级考试)	考试科目	7 选 3(政治、历史、物理、化学、生物、地理、信息技术),共 35 种组合	6 选 3(政治、历史、物理、化学、生物、地理),共 20 种组合
		考试机会	每科 2 次机会(1 月、6 月),成绩 2 年有效(2021 年 1 月起改为当年有效) 2017 级起,学考与选考分卷考试	1 次考试机会
		考试安排	1 月、6 月	5 月中下旬 考生在高二第二学期可参加地理、生命科学的等级考试
		成绩评定	等级分。满分 100 分。合格考合格赋 40 分,不合格赋 0 分,其余 60 分,分 21 个等级,每等级 3 分(从 2022 年 1 月起,选考科目等级赋分的分差由 3 分改为 1 分①)	等级分。满分 70 分。合格考合格赋 40 分,其余 30 分,位次由高到低分 A⁺－E 共五等 11 级,相邻两级分差为 3 分
录取办法		录取办法	平行志愿,分段填报,分段录取	平行志愿
		录取批次	不分批次	提前部分和普通部分 本科普通批次设置 2 次征求志愿
		志愿设置	专业平行志愿,一个学校的一个专业(类)为 1 个志愿 最多可填报 80 个志愿	院校专业组 最多可以填报 24 个志愿

---

　　①　从 2022 年 1 月选考起,浙江省选考科目等级赋分的分差由 3 分改为 1 分。在原 21 等级基础上划分为 20 个赋分区间,将原第 1(1%,100 分)、第 2(2%,97 分)两个等级合并为一个赋分区间,其余不变。各对应区间内按等比例转换,四舍五入将卷面得分转换为等级分。

二、第二批试点省份方案比较

2018年初,第二批试点省份——北京①、天津②、山东③、海南④先后公布改革方案。从总体目标和内容来看,4省(市)均根据《实施意见》的要求,在充分参考浙江、上海方案的基础上,结合各省实际,对高中学业水平考试、统一考试招生、综合素质评价办法、高校自主招生、高职提前招生等方面作出规定。

1. 普通高中学业水平考试(合格考试)

在考试科目方面,4省(市)均提出全科学考的要求,天津在物理、化学、生物中单设现场实验操作考核。另外,天津、海南在方案中提出语文、数学、外语3门可以由统一高考的成绩替代合格考试的成绩。

在考试机会方面,除山东省外,其余3省(市)均为每门科目1次机会,不合格者可以补考;山东省规定,学生在校期间可以有多次考试机会,在校期间有未合格的,允许在离校两年内继续参加合格考试。

在考试安排上,北京、山东每年有2次合格考,分别安排在上、下半年;天津、海南在每学年末安排一次考试。根据4省(市)考试安排来看,学生最早允许参加学业水平考试的时间为高一下学期,天津、海南对高一允许报考的学业水平考试科目数量做出了限制。

在成绩评定方面,4省(市)均以合格或不合格评定,但海南同时还将学业水平考试的原始成绩记入综合素质评价中,提供给高校作为录取的参考。

参加第二批试点省份的方案比较如表4-2所示。

表4-2   4省(市)普通高中学业水平考试(合格考试)方案比较

	北京	天津	山东	海南
考试科目	13门	14门	14门	14门
考试范围	必修课程要求	必修课程要求	必修课程要求	必修课程要求
考试机会	当次考试不合格,可参加下一次同科目合格性考试	每科1次,不合格可补考1次	在校期间有多次考试机会,在校期间未合格的,可在离校两年内继续参加合格考试	每科1次,不合格可补考1次

---

① 北京市教育委员会关于印发《北京市深化高等学校考试招生制度综合改革实施方案》的通知[EB/OL].(2018-08-23)[2021-04-28].http://jw.beijing.gov.cn/xxgk/zxxxgk/201808/t20180823_1446933.html.

② 天津市完善普通高中学业水平考试的实施办法[EB/OL].(2016-04-28)[2021-04-28].http://jy.tj.gov.cn/ZWGK_52172/zcwj/sjwwj/202011/t20201111_4061864.html.

③ 省政府办公厅关于印发山东省深化高等学校考试招生综合改革试点方案的通知[EB/OL].(2018-03-27)[2021-04-28].http://edu.shandong.gov.cn/art/2018/3/27/art_12032_991708.html

④ 海南省教育厅关于印发《海南省普通高中学业水平考试实施办法》的通知[EB/OL].(2019-12-30)[2021-04-28].http://edu.hainan.gov.cn/edu/0503/202007/c6d9a4f489ce4e09ae011627be876426.shtml.

续表

	北京	天津	山东	海南
考试时间	语文、数学、外语每门 120 分钟，其余科目 90 分钟	语文、数学 90 分钟，其他科目 60 分钟；物理、化学、生物 3 科单设实验操作合格性考查，现场进行实验操作并完成实验报告，30 分钟；信息技术 60 分钟	语文 120 分钟　数学、外语、政治、历史、地理、物理、化学、生物：90 分钟　信息技术：机考，40 分钟　通用技术：基础知识测试+技术实践能力评定。基础知识测试考试时间 40 分钟，满分 100 分，机考首次安排在高二下学期	语文 120 分钟　数学、外语 90 分钟　政治、历史、地理、物理、化学、生物 60 分钟　信息技术和通用技术合卷考 90 分钟
考试安排	除体育、艺术外，其余 11 门科目合格性考试每学年组织 2 次，分别安排在每学期末；首次参加时间为高一第二学期末，随教、随考、随清	分散在高中三年，每学年末全科开考　高一：信息技术、通用技术选 1 门，政治、历史、地理、物理、化学、生物最多选 3 门　高二：高一未考科目（含语文、数学、外语）　高三第一学期：音乐、体育、美术	每学年组织 2 次，分别安排在每学年上、下学期末　考试时间不得早于高一下学期末	7 月 7、8 日　高一：政治、历史、地理、物理、化学、生物、技术（信息技术和通用技术合卷）中不超过 3 门　高二：其余科目考试　高三下学期：不参加高考的学生参加语数外合格考
成绩评定	合格/不合格	合格/不合格	合格/不合格	合格/不合格　成绩提供给招生高校参考使用

2. 统一高考方案

关于统考科目的考试机会，4 省（市）均提出了外语一年多考的要求，但做法略有不同。其中海南的方案中明确为外语提供 2 次考试机会[①]。天津英语为 2

[①]　王贤. 以生为本，科学设计，稳步推进——海南省高考综合改革方案解读[J]. 中国考试，2018（05）：13-19.

次考试机会,第一次考试在春季,含 2 次听力;第二次在 6 月高考期间,不含听力,最终成绩取笔试和听力各两次考试中较高成绩计入总分。北京、山东、海南仅有外语听力有 2 次考试机会,北京英语听力实行机考,一年两次考试,安排在每年 12 月和次年 3 月进行;山东听力考试时间安排在 1 月 8 日进行。

关于学业水平考试选考科目,在考试科目设置上,4 省(市)均为 6 选 3,即从政治、历史、物理、化学、生物、地理中选考 3 门。需要注意的是,在山东省的文件中提出"条件成熟时,可纳入技术(信息技术、通用技术)等科目";海南省提出"力争从 2020 年秋季入学的高一新生开始将信息技术和通用技术两个科目纳入等级性考试"。此规定为上述两省未来的进一步改革留出了空间。在选考科目考试机会安排上,4 省(市)均规定为 1 次考试机会。

关于高考成绩构成,4 省(市)方案中统一高考的成绩均由 3 门统考科目成绩和 3 门学业水平考试选考科目成绩构成,总分分别是:北京、天津、山东为 750分;海南省所有科目均以标准分形式呈现,总分转换后可超过 750 分。

除海南省外,其余 3 省(市)的学业水平选考科目成绩均以等级分形式呈现,但各省(市)的等级赋分办法有所不同,具体见表 4-3。

表 4-3　4 省(市)学业水平考试选择性考试科目赋分办法比较

省份	赋分办法
北京	等级分。满分 100 分,起点赋 40 分 按原始分划五等,分别占 15%、40%、30%、14% 和 1%,在五等基础上,进一步细化为 21 级,按最接近的累计比例划定,每级分差为 3 分
天津	等级分。满分 100 分,E 计 40 分。A-E 共 21 等(A-D 各分五等,E 一等),相邻等级分差 3 分
山东	等级分。卷面满分 100 分,转换为等级分,满分 100 分 原始成绩分为 A-E 八个等级,参照正态分布原则,确定各等级人数所占比例分别为 3%、7%、16%、24%、24%、16%、7%、3%。等级考试科目成绩计入考生总成绩时,将 A 至 E 等级内的原始成绩等比例转换到 100—21 八个分数区间,得到考生的等级成绩
海南	标准分。根据各学科的质量因素对考生成绩先行校准等值处理后再进行标准分转换

3. 录取方案

4 省(市)均采取平行志愿录取。天津、山东设春季高考,春季高考以高职(专科)招生为主,天津将逐步探索应用型本科在春季高考录取;夏季高考为本科招生。

在志愿设置方面,北京、天津、海南为院校专业组,山东为"专业(类)+学校"。从志愿数来看,实施新高考后,考生可以填报的志愿数均大于改革前。

4省(市)的录取方案如表4-4所示。

表4-4　4省(市)录取方案比较

	北京	天津	山东	海南
录取办法	平行志愿投档	平行志愿投档,探索双向选择录取模式	平行志愿投档	平行志愿投档
录取批次	2019年将本科一批与本科二批合并为本科普通批	逐步合并批次 春季高考以高职(专科)招生为主,探索应用型本科在春季高考录取	夏季:除提前批外,同一批次录取 春季:以高职(专科)招生为主	2020年开始分本科批次、专科批次
设置方式	院校专业组+专业	院校专业组+专业	专业(类)+学校	院校专业组+专业

三、前期改革省份在新高考改革中面临的挑战

1. 选择性扩大之后,学校办学资源供求矛盾加剧

前期改革省份方案中对学业水平考试等级性考试科目的安排,除浙江为从思想政治、历史、地理、物理、化学、生物、技术(含通用技术和信息技术)7门中选择3门(以下简称"7选3")外,其余均为从思想政治、历史、地理、物理、化学、生物6门中选择3门(以下简称"6选3"),这意味着,除浙江省的科目组合为35种,其余5省(市)均为20种。在新方案下,高中学校为尽可能满足学生的选科需要,在教学中大多采用选课走班的形式,由此对教师、教室的需求相应增加,学校硬件设施和师资配备压力增大,这在县镇和城市薄弱学校尤为突出,资源丰富的名校和普通学校、城市高中与农村高中的差距进一步增大,同时也引发了师资结构性"潮汐"问题,加之每届学生的选择不同,也使得学校的教师引进政策面临尴尬的局面,加大了教师的工作压力①。

2. 实施一年两考,对高中教学管理带来挑战

新高考改革后,上海考生高中阶段需要参加14~15次考试(含学考、选考、统考、2次外语考试),浙江考生则需要参加19~22次考试(含学考、2次选考、统

---

① 华东师范大学教育学部.江苏高考综合改革整体初步方案论证报告[R].2018.

考)①。为了方便学生选课和准备高二的等级考,争取更多备考时间,一些学校教学安排"前紧后松",高一集中安排全部考试科目课程,高三则决战语文、数学、外语,同时还出现了压缩学习课时、抢赶教学进度和反复停课集中复习备考等现象。部分学校在统筹三年教学安排时,为确保学生每门学科都有两次考试机会,获得更理想的成绩,采用按考试时间倒排课表。选修课、拓展课以及非等级考科目受到了削弱。这给教学秩序带来了较大冲击,在一定程度上增加了学生课业负担,应试压力不减反增。

3. 学生选科存在功利性现象,物理等课程受到削弱

在前期试点省份中,由于多数高校没有提出选考科目要求,而物理课程学习难度相对较大,出现了物理选科人数大幅减少的趋势。同时,跟其他学业水平考试科目一样,改革后物理科目总分、区分度、难度都明显下降,学生学习物理的积极性和投入度都大幅降低,由此可能对学生科学素养的培养造成影响,也引发了社会的普遍担忧。为此,首批试点的上海、浙江先后出台针对物理科目的保障机制,以遏止选考人数非正常下降趋势,稳定考生预期,促进选课平衡。

4. 计分方式尚有进一步优化的空间

新高考改革增加了学生的选择权,与此相适应的是改革后选择性考试科目采用等级分计入高考总分。此举原意是解决因不同选考科目试卷难度差异所导致的不公平问题,让不同科目成绩具有一定的可比性和可加性,但学术界对前期省份公布的赋分办法的科学性仍存在一定质疑。首先是实施一科两考后,同一科目的考试成绩等值问题。由于两次考试的难度不能绝对等值,每次考试的人数也不固定,因此其原始分数和等级分数都无法对考生的真实能力进行准确评估。其次是不同科目考试成绩的等值问题。虽然每名考生都选考 3 门科目,但这 3 门科目的选考人数,以及考生能力水平存在差异,难以满足等级分的理论前提,由此也对等级分的科学性造成影响。第三,等级分区分度不够,优势学生无法脱颖而出。如上海方案中,每门等级考科目总分从 40 分到 70 分,即在每一科中,所有学生的区分度只有 30 分。这就意味着,在等级考科目上学得再好,也拉不开优势。这也是部分学校和学生大幅降低物理等科目学习难度和时间的主要原因。

5. 高校参与改革的意识与能力不够

高校是高考改革极为重要的参与方。前期改革省份方案也在制度上给高校相当大的空间,但从试点情况看,不少高校并未提出科学合理的选考科目要求。

---

① 厦门大学考试研究中心. 江苏高考综合改革整体初步方案论证报告［R］. 2018.

招生院校中,有半数以上专业没有限制选考科目要求,且比例逐年提高。不限科目专业的增加反映出多数高校害怕限选科目会导致生源数量的减少以及质量的降低,这也限制了多数高校招生权的行使。

由于多数高校不愿或不能限制科目,对于高校的人才培养将产生巨大的影响。按照录取规则,一般学校专业选考科目要求范围为"不限"的,表示没有设限选考科目;2门或3门的,考生的选考科目只需符合其中1门即可报考,这也意味着即使学校有充分发挥招生自主权的机会,但因为录取规则,自主权仍将受到限制,造成的局面很可能是人才培养上的不足。如学校的临床医学专业,选考科目要求是生物、化学和物理,但学生很可能选考的是物理、历史和地理,由于只需要符合其中一门即可报考,因此学生的专业背景千差万别,化学、生物等必修科目将可能面临必须补课或不同层次授课的问题。对此,秦春华教授认为,"从表面上看,新高考改革方案似乎给了高校一定的选择权——高校可以根据自身人才选拔和培养需求,预先提出招生录取的相应科目需求。但实质上,高校在两年之前提出科目要求之后,就完全丧失了主动选择学生的任何可能性。它最终见到的仍然是'分'而不是'人'"①。高校未能用好或难以真正享受改革"红利",对选考科目要求不够重视,或不得不放弃提出选考科目要求,使得招生最终依然聚焦在对高分生源的争夺,将不利于学科专业人才的培养和学科专业建设。

随着高考综合改革的不断推进,前期改革省份也在结合改革实践中发现的问题对方案进行调整和完善,这也为改革进一步深化,以及后续改革省份方案的研制奠定了坚实的基础。

第三节 江苏高考改革的现实基础

根据1999年教育部《关于进一步深化普通高等学校招生考试制度改革的意见》中确定的"3+X"高考科目设置改革的总体目标,同时,贯彻落实国家"鼓励有条件的省级人民政府进行多种形式的高考制度改革试验"要求,江苏从2000年起,对高考模式进行了一系列的改革,先后实行了"3+文科综合/理科综合""3+文理综合""3+1+1""3+学业水平测试+综合素质评价"的考试模式。前期的改革,既付出了巨大的努力和代价,也积累了丰富的经验和深刻的教训,这是江苏平稳推进新高考改革的社会基础。

① 浙江新高考后,教育界正激烈讨论些什么? [EB/OL]. (2016-10-27) [2021-04-30]. http://www.360doc.com/content/16/1027/08/10675824_601684144.shtml.

一、江苏高考改革历程

改革开放 40 多年来,江苏高考改革经历了 4 个发展阶段。一是恢复调整阶段(1978—1982)。实行单一的国家任务招生计划形式,恢复了"文革"前所形成的招生制度和办法,并进行了局部调整和改进。[①] 二是改革发展阶段(1983—1993)。1983 年,在全国率先试行委托培养招生,开始试行"考试与推荐相结合"的招生办法,标志着江苏高考进入第二个发展期。实行标准考试,以及"根据志愿、按比例投档"和"学校负责、招办监督"的录取体制,同时,以计算机为主的现代化管理手段在招生工作中得到广泛应用。三是提高完善阶段(1994—2013)。1994 年,江苏取消自 1981 年以来实行的高考预选办法,实行在高中会考基础上按新的考试科目进行高考,完成普通高考与高中会考制度的衔接。本专科全部实行招生计划并轨、收费标准并轨和录取标准并轨。改革高职教育招生考试科目,实行文化课和专业课相结合的考试考核办法,试行单独招生。四是深化改革阶段(2014 年至今)。2019 年 4 月江苏正式进入国家第三批高考综合改革推进省份,改革内容包括完善普通高中学业水平考试制度、深化统一高考考试科目改革、建立健全综合素质评价制度、改革统一高考招生录取模式和推进高等职业院校分类考试招生。江苏始终坚持在国家顶层设计框架下积极探索实践,在每一阶段相较于全国步伐都走得更早、更前一步。

自恢复高考以来,江苏所使用过的高考方案如表 4-5、表 4-6 所示。

表 4-5　1977—1999 年江苏高考方案

时间	考试科目	组织方式
1977—1980	文史类:政治、语文、数学、史地; 理工类:政治、语文、数学、理化; 报考外语专业的要加试外语	由省拟题,县(区)统一组织考试
1981—1993	文史类(包括外语):政治、语文、数学、历史、地理、外语; 理工农医类:政治、语文、数学、物理、化学、外语; 农、医院校和有关专业加考生物	国家统一命题,省组织考试、评卷
1994—1999	文科考:语文、数学、外语、政治、历史; 理科考:语文、数学、外语、物理、化学	国家统一命题,省组织考试、评卷

注:这一时期的江苏高考方案均为国家统一方案。

---

① 刘炳贵. 江苏招生考试二十年[M]. 南京:河海大学出版社,1997:2-4.

表 4-6　2000 年以后江苏高考方案

时间	模式	分值	拟解决的老问题	产生的新问题
2000—2001	3+小综合（文科综合/理科综合）①	710	解决不考生物和地理的问题；大幅度减少死记硬背知识考查	高考要求与教育实际存在阻隔；增加学生学习负担和心理压力；造成学生文理偏科现象
2002	3+大综合（文理综合）②	750	解决文理偏科问题；考查运用文理知识综合分析和解决问题的能力	较大地增加了学生负担；学生对知识理解有广度无深度
2003—2007	3+1+1③	750	体现基础性与选择性的统一；减轻学生学习负担；有利于高校根据要求选拔人才	教学秩序较为混乱；与贯通文理设计初衷相背离；不同选考科目考分简单相加不科学也不公平
2008—2020	"08 方案"（3+学业水平测试+综合素质评价）	480（艺术、体育类440）	探索多元录取机制；创立选考科目等级计分方式；变一次性考试为多样化考试	总分偏低造成成绩区分度较低；学业水平选测科目等级化粗颗粒评价与高考选拔属性相悖；出现功利性选科和精准"教""学"现象，造成学生科学素养一度下滑
2021—	3+1+2	750	解决"08 方案"总分偏低、选考科目粗颗粒评价等突出问题；解决前期改革省份物理选科人数下降、科目组合过多与区域基础教育资源不匹配等问题	再选科目选考人数不够均衡；考生综合素质评价尚未发挥作用

注：教育部 1999 年印发"3+X"科目设置方案，当年 7 月 26 日，教育部印发《关于山西、吉林、江苏、浙江省 2000 年高考试行"综合科目"考试的通知》，故江苏 2000 年开始试点进行高考"3+X"科目设置、考试内容和形式改革。

---

① 文科综合指政治、历史、地理综合卷，理科综合指物理、化学、生物综合卷。
② 文理综合指政治、历史、地理、物理、化学、生物 6 科综合卷。
③ "1+1"指考生可在政治、历史、地理、物理、化学、生物 6 科中任选 2 门。

二十多年来,江苏高考先后进行了 5 次主要的改革实践,是一个以问题为导向,"实践—认识—再实践—再认识"的过程。具体来看,江苏高考改革的理念主要体现在以下方面:一是增加学生的选择权;二是倡导文理融合;三是减轻学生学习负担;四是淡化分分计较,遏制应试教育影响;五是改变高考"一考定终身"的弊端。改革的核心内容主要集中在高考科目设置、计分方式和高校招生模式方面。在科目设置上,经历了"固定科目—自由选科—指导选科"的过程,逐步实现考生选考与高校人才选拔与培养的匹配性。在科目计分方式上,江苏选考科目计分方式经历了"原始分—等级—等级赋分"的过程,逐步探索计划方式的科学性。在高校招生模式上,通过开展高职院校提前单招录取、综合评价招生试点、"自主招生录取"试点等,逐步实现分类考试、综合评价、多元录取改革总目标,多设跑道,增加学生选择权,引导学生良性竞争,促进学生德智体美劳全面发展。江苏高考改革理念如表 4-7 所示。

表 4-7　二十多年江苏高考改革理念

改革理念	模式				
	第一次改革 "3+小综合" (2000—2001)	第二次改革 "3+大综合" (2002)	第三次改革 "3+1+1" (2003—2007)	第四次改革 "08 方案" (2008—2020)	第五次改革 "3+1+2" (2021—)
增加选择性	/	/	选考科目组合 15 种	选考科目组合 8 种	选考科目组合 12 种
倡导文理融合	/	主要解决文理偏科问题	打破文理界限选科,强调文理贯通	在指导下打破文理界限选科	可破文理界限选择再选科目
减轻学生学习负担	/	/	大幅减少高考科目	选修科目覆盖必修内容;减少学生考试科目和次数	语文、数学、外语统考科目可用高考替代合格考;选择性考试与统一高考同期安排
淡化分分计较遏制应试教育	/	/	/	学测按等级计分解决不同选考科目考分简单相加不公平问题	选考科目计原始分或等级分,解决中学精准"教""学"的应试教育问题

续表

改革理念	模　式				
	第一次改革"3+小综合"（2000—2001）	第二次改革"3+大综合"（2002）	第三次改革"3+1+1"（2003—2007）	第四次改革"08方案"（2008—2020）	第五次改革"3+1+2"（2021—）
改变"一考定终身"	/	/	/	变一次性考试为多样化考试	推进分类考试、综合评价、多元录取

二、江苏"08方案"评析

江苏从2008年开始实施的高考方案（简称"08方案"）实行"3+学业水平测试+综合素质评价"的模式,其指导思想与新一轮高考改革的核心理念总体吻合,其间所累积起来的经验与教训,客观上为实施新高考提供了先期样本。[①]

1."08方案"的创新之处

一是考试科目设置体现选择性。将语文、数学、外语作为统考科目,实行统一考试,增强了高考与高中学习的关联度,把3门统考成绩作为划线、投档和录取的主要依据,保证了考分等值;将历史或物理明确为选测科目之一,突出了历史和物理分别在文科和理工科专业中的基础地位[②],同时使文科和理工科学生的选测科目组合相对集中;由学生根据个人优势和爱好等自主选择除物理、历史之外的选测科目,一定程度满足了考生个性和特长发展的要求,体现了考生的选择权,同时也为高校的人才选拔提供了较为理性而多元的科目组合方式[③]。"08方案"吸收了2003年实施的"3+1+1"方案中对选择性理念的尝试,探索了将"有限选择"与"自由选择"相结合的科目构成模式,为稳步推进新一轮高考综合改革提供了一定的借鉴。

二是创新高考成绩表达方式。"08方案"一方面将3门统考科目成绩以原始分相加,确保分数的可比性;另一方面,将学业水平测试结果以等级呈现,淡化了学生之间的分数差异,缓解了"分分计较"对学生造成的心理负担。选测科目按学生成绩分布比例来转换,既体现了选拔性的作用,又较好地避免了学科之间

①　鞠勤、张斓.高考模式下科学素养培养的困境与思考——基于江苏高考改革实践的思考[J].华东师范大学学报（教育科学版）,2018(3):25-32.

②　龚放.对江苏2008年高考新方案的质疑和思考[J].湖北招生考试,2007(2):7-11,25.

③　吴根洲.论江苏新高考方案的创新之处[J].教育与考试,2011(5):20-22.

可能出现的分数不等值问题。录取考生必测科目等级必须达到 4C1 合格,保证了学生必须具备一定科学或人文方面的基本知识和基本素养,有助于学生的全面发展。

三是人才选拔更加关注全面发展。"08 方案"中明确提出将综合素质评价结果作为高考录取的评价参考之一,体现了促进学生德智体美劳全面发展的价值取向,有利于引导全社会科学评价学校和学生,推动中学全面实施素质教育,逐步引导高校摒弃"唯分录取",注重选拔综合素质优秀的人才,更好地促进学生全面发展。这个方案体现了人才选拔和评价标准从一元向多元迈进,是对新高考"两依据一参考"的较早探索。

四是招生录取扩大高校自主权。不同层次的院校,可以根据自身的办学定位和专业培养目标,在录取中对学业水平测试成绩提出不同的科目要求和等级要求,在其他改革试点项目中学测成绩的效用也各不相同。自主招生试点院校对确有学科专长和创新潜质的考生,不拘一格选人才;南京师范大学等省属 12 所综合评价录取改革试点院校,通过建立"多位一体"的综合评价体系,将学测成绩和综合素质评价结果作为评价指标直接参与录取;高职提前单独招生院校将学测成绩作为考生录取的主要依据;注册入学试点院校,则可直接录取学测成绩比较突出的考生。"08 方案"既满足了高校多元化选才的要求,又为扩大高校招生自主权的改革拓展了空间。

2. 问题与不足

(1) 方案本身存在缺陷与不足

① 改革理念过于超前,脱离现实场域。一方面,"08 方案"的设计遵循了新课改的要求,同时借鉴了国外先进的考试招生经验,理念虽有诸多创新但过于超前,在仍以高考分数论成败的环境中,学业水平选测科目采用等级计分、高考总分以"分数+等级"的方式呈现等改革举措超出了大部分社会成员的认知范围,难以被广泛理解和接受。另一方面,"08 方案"在科目设置、等级划分、录取规则等方面都较为复杂,在实际操作过程中也缺乏必要的舆论宣传,起步时没有达到预期的效果。

② 多元的成绩表达方式在招生实践中带来新的问题与矛盾。一是高考总分扁平化,区分度低。高考总分只计取语文、数学、外语三门科目的成绩,文理科总分只有 480 分,总分值偏低,分数扁平化现象严重。由于每个分数段的考生人数非常密集,给高校人才选拔带来困难,人才选拔效力不足。二是总分与等级存在不匹配。以高考总分和选测科目等级"双指标"作为填报志愿和高校录取的门槛,将一些"高分低等"的考生排斥在名校之外,如 2020 年的

"白湘菱现象"①便为一例,由此也引发了社会的热议。

③ 综合素质评价难以落实,使用效度有限。综合素质评价体系涉及思想品德、公民素养、创造力、沟通合作能力等,大都难以量化和考评,且"08 方案"中对于综合素质评价的途径、操作规则和监督机制等制度设计粗放,在社会诚信机制尚不健全的环境下,使综合素质评价结果难以真正在大规模招生中发挥作用。

（2）方案实施中的功利化倾向导致科学素养下降

"08 方案"实施以后,始终存在着"是否弱化学科地位""是否影响科学素养培养"的争议。争议的出现,源于方案中被认为对科学素养的培养最为重要的学科,如物理、化学等都是作为学业水平测试的选考科目,且最终成绩以等级形式呈现,由此在科目报考、高中学科教学方面带来一系列问题,相应地对高中学生科学素养的培养以及学生升入高校后的后续学习带来一定的影响。

① 考生功利化的选科导致部分理科人才流失。江苏"08 方案"中,选测科目成绩以等级的形式呈现,等级是按同一学科内选科总人数比例进行划分,即考生的成绩高低不是基于学生对于学科知识的掌握程度,而是依赖于参加同一学科考试的人数和他们的水平。由于各学业水平选测科目本身的难度差异和报考相应科目的考生群体的差异,为了能在高考中取得相对好的成绩,学生在选科中必然存在避难就易的现象,导致选择"物理－化学"组合的人数逐年下降。以江苏十多年高考选测科目报考情况来看,"物化"组合 2008 年占考生总数(不含体育、艺术类考生)的比例为 33.42%,之后逐年减少,至 2020 年选择"物化"组合的考生仅占考生总数的 16.7%,十多年间,考生比例下降了 16.72%;相反,报考"物理－生物""物理－地理"组合的考生比例则大幅增长,2008—2020 年间,"物地"组合报考比例增加了 13.32%,"物生"组合报考比例则增加了 22.67%。

对于在选科中出现的功利性表现,北京大学考试研究院院长秦春华曾评论:"根据我们所做的实证研究,近年来江苏籍学生进入大学之后的数理水平呈现出越来越明显的下降趋势,在参加物理、化学等国际奥赛的顶尖学生中,已渐渐难觅江苏籍学生的身影……如果因为招生考试制度改革而影响到江浙学生对数学、物理、化学等基础学科的兴趣,进而削弱其能力,对于中国未来长远发展将产

---

① "白湘菱现象":2020 年是江苏"08 方案"实施的最后一年,考生白湘菱以 430 分成为江苏省高考文科"状元",但其两门选测科目中有一门等级为 B+,未达到相关高校对选测科目等级的招生要求,她因此无缘北京大学、清华大学等名校。此事引起社会广泛关注。在江苏实施"08 方案"的十余年间,类似的情况曾多次出现,以高考总分和选测科目等级"双指标"作为填报志愿和高校录取门槛也成为"08 方案"中争议较多的一项制度设计,尤其是选测科目等级化评价与高考选拔属性相悖的问题更是其中的焦点。

生难以估量的影响。"①

② 部分中学以功利的态度对待高考,科学类课程被"边缘化"。一些中学习惯于用应试教育的办法应对高考,为了追求语文、数学、外语高分或必测科目加分而出现课时安排无规律、教学秩序不规范、师资配备不平衡、部分课程的教学质量得不到保证的现象。

从课时安排上来看,有的中学在高二时停课补习必测科目,高三时只进行语数外和选测科目的教学,阻断了学校教育的连续性,割裂了三年的系统学习。如江苏省某四星级高中②一名教师曾对"08 方案"实施期间的物理教学状况作出如下描述:学校安排给物理的学习时间明显减少,课时安排甚至只有过去的一半,学校物理老师闲置较多。对学生而言,上课几乎没有压力,学习缺乏动力,效率低,课后也基本不花时间消化探究。对教师而言,时间紧、任务重,上课只能是"满堂灌"。这样的教学违背新课程理念,陷入恶性循环。

化学教学更是窘迫。从江苏学业水平测试选考科目的单科报名情况来看,6门选测科目中,化学科目报名人数降幅最为明显,2020 年较 2009 年化学科目的考生比例下降幅度已超过 16%,并有继续下降的趋势。考生人数的下降直接导致学校化学教学与教研遇到诸多困难和挑战,一些优质教师闲置,学校对化学的软、硬件配置增速放缓,学生对待化学学习的态度则日益淡漠,把时间放在更为"重要"的语数外上。

从教学情况来看,一些中学对选考科目采取精准教学的策略,有针对性地帮助考生达到相应的等级要求,在知识的广度和深度上以高考的考试标准为依据,而对于科学探究的方法、科学态度、价值观等看似与高考联系并不紧密的内容则基本不涉及,这既违背了教育规律,无形中弱化了选测科目的教学,更是削弱了学生对于科学学习的兴趣和热情,对于学生科学素养的培养和未来的发展都是极为不利的。

(3)高校减少选测科目限制,在招生中存在功利化倾向

招生是高校人才培养的起点。江苏"08 方案"最初要求"普通类考生必修科目测试等级均需达到 C 级及以上等级(技术科目必须合格);普通类考生填报本科院校志愿,选修科目测试等级均需达到 B 级及以上等级",在执行中因出现高考总分与选测科目等级要求不匹配,存在大量高分低等的情况,社会矛盾较为

① 秦春华.我对浙江高考改革试点方案的忧虑[EB/OL].(2015-02-02)[2021-04-30].http://zqb.cyol.com/html/2015-02/02/nw.D110000zgqnb_20150202_1-10.htm.

② 四星级高中是江苏省教育评估院对普通高中实施的一种最高等级鉴定。该类学校有一流的办学条件、师资队伍和管理,文化底蕴深厚,在国内有很高的知名度,并与国外名校有很好的合作。

突出,后调整为"选修科目测试等级要求由高校自主确定,考生按统考成绩和高校选测等级要求自主填报志愿",即取消了对于填报本科志愿时选测科目等级"双 B"的底线要求。政策调整后,在一定程度上缓解了考分与测试科目等级不匹配的矛盾,但在实际的操作中,部分高校为了获得更大的招生空间,大多采用放宽科目限制的办法。一方面,一些高校对于选测科目的等级要求有所降低;另一方面,在选测科目上,除方案中指定的物理或历史外,多数高校对另一门科目基本不作限制。2008 年为实施"08 方案"的第一年,共有 77 所院校提出了选测科目的要求,到 2020 年时,仅有 28 所院校在招生专业中对除物理或历史外的另一门选测科目以"建议"的形式提出了要求,其余高校则未提出科目要求,其中不乏一些医药类、化工类等对于人才特质性要求较高的院校或专业。这固然是高校在生源与专业培养之间努力寻找平衡的无奈选择,但这种放宽科目限制的做法,不能向中学和学生释放高校对于专业人才培养要求的真实信号,同时也出现了诸如没有选考化学而被录取在化学专业的现象,导致了一些高校,尤其是理工类院校在学生进校后反映有些学生理科基础知识不足,知识结构有所欠缺,需要补学相关课程的问题。

一系列状况表明,当前科学教育,尤其是物化教育不容乐观,提升科学素养、改变中学教育状况刻不容缓。

三、江苏"08 方案"与新高考改革理念比较

作为一种考试招生制度,江苏的"08 方案"在设计理念上较以往的高考方案有较大的创新,尤其在科目设置、录取机制等方面做了全新的探索,应该说,江苏"08 方案"的指导思想与整体思路与当前国务院深化考试招生制度改革的精神是一致的,充分体现了"文理融合、增加选择权、淡化分分计较、缓解一考定终身"等改革理念,对建立"两依据一参考"的招生模式作出了有益探索(详见表4-8)。

表 4-8 江苏"08 方案"与新高考改革理念的比较

新高考改革	江苏"08 方案"
文理融合	选测科目可打破文理界限,在规定科目范围内任选
增加选择权	计入高考总分的选测科目共有 8 种科目组合方式
淡化分分计较	学业水平测试科目按等级计分

续表

新高考改革	江苏"08 方案"
缓解一考定终身	招生录取中扩大高校自主权,不同层次的院校,可根据自身办学定位,在录取中对学业水平测试成绩提出不同等级要求,满足高校多元化选才的要求
建立"两依据一参考"的招生模式	以统考科目成绩、学业水平测试科目成绩作为高校录取的主要依据,同时参考综合素质评价

　　由于理念一致,加上江苏"08 方案"实施十年积累的经验,为江苏新一轮高考综合改革方案的研制奠定了实践基础。在方案研制前期召开的调研座谈会中,江苏社会各界普遍认为应对高考改革持慎重推进的态度,希望新高考方案能与"08 方案"平稳过渡,体现改革的连续性,不做颠覆性的改变;同时建议应合理引导选考科目设置,以国家发展战略、人才选拔和培养规律为指引,针对考生选科提出指导性意见,并着力解决好"08 方案"下学生科学素养下降的问题。这也成为制定江苏新高考方案的基础。

第四节　江苏高考改革的传承与创新

一、江苏新一轮高考改革政策框架

　　江苏省新一轮高考综合改革是针对"教-考-招"领域进行的全方位改革,包含普通高中学业水平考试、统一高考考试科目、普通高中综合素质评价制度、统一高考招生录取模式、高等职业教育分类考试招生制度等多项改革任务。[①]

　　1. 完善普通高中学业水平考试制度

　　一是明确学业水平考试的组成及作用。明确从 2018 年秋季入学的高一年级学生开始,将普通高中学业水平考试分为合格性考试和选择性考试。合格性考试的目的是检查高中学生是否达到了普通高中课程方案和课程标准规定的基本学业要求,其成绩是高中学生毕业、高中同等学力认定的重要依据;选择性考试的目的是在"强化基础"的前提下,凸显不同高中生的学科特长,其成绩纳入

---

　　① 林伟.统筹推进　协同育人　公平选才——江苏省高考综合改革方案解读[J].中国考试,2019
(6):5-10.

统一高考总分,是普通高校招生录取的组成部分。

二是明确考试科目和内容。方案中,合格性考试包括国家《普通高中课程方案》设定的所有内容,具体有语文、数学、外语、思想政治、历史、地理、物理、化学、生物、信息技术、艺术(音乐、美术)、体育与健康、通用技术以及理科实验,考试范围为各学科课程标准确定的必修内容;选择性考试科目包括思想政治、历史、地理、物理、化学、生物 6 门,考试范围为各学科课程标准确定的必修和选择性必修内容。

三是明确考试时间。合格性考试每年 1 次,时间安排在 1 月。普通高中在校学生在高二第一学期末可首次参加合格性考试,考试科目在思想政治、历史、地理、物理、化学、生物、信息技术 7 门中选择;普通高中在校学生在高三第一学期末,可参加语文、数学、外语及上述 7 门科目,共 10 门科目的合格性考试。合格性考试成绩长期有效。选择性考试每年 1 次,时间安排在 6 月,与统一高考科目同期进行,考试成绩当年有效。

四是明确成绩呈现方式。合格性考试成绩以"合格""不合格"呈现;选择性考试成绩以分数呈现。

2. 深化统一高考科目改革

一是明确科目设置。统考科目为语文、数学、外语 3 门,不分文理,使用全国卷;学业水平考试选择性考试科目由学生根据高校选科要求,结合自身特长兴趣,首先在历史和物理中选择 1 门,再从思想政治、地理、化学、生物中选择 2 门。即"3+1+2"模式。

二是明确成绩构成及计分方式。高考总分设置为 750 分。统一高考的语文、数学、外语 3 门科目以每门 150 分计入总分,其中外语科目含听力考试 30 分;选择性考试科目每门 100 分,其中,物理、历史科目以原始分计入总分,思想政治等 4 门再选科目以等级分计入总分。

对于某一再选科目,考生该科目的合格性考试成绩达到合格后,转换时赋分起点为 30 分。转换时首先按照考生原始分从高到低划定为 A、B、C、D、E 共 5 个等级,各等级人数所占比例分别约为 15%、35%、35%、13% 和 2%;再将 A 至 E 5 个等级内的考生原始分,依照等比例转换法则,分别对应转换到 100～86 分、85～71 分、70～56 分、55～41 分和 40～30 分 5 个分数段,即将等级转换成等级分。分数转换后,考生在相应科目群体中的位次不会下降。

3. 规范普通高中学生综合素质评价

综合素质评价内容包括:思想品德、学业水平、身心健康、艺术素养、社会实践、自我认识与生涯规划 6 个方面,评价内容涵盖了学生德智体美劳,以及社会责任感、创新精神和实践能力等全方位的发展情况。在评价的实施和结果呈现上,建立全省高中学生综合素质评价电子化管理平台,通过真实记录、整理遴选、公示审核、形成档案 4 个程序,客观真实地记录学生成长过程中的重要活动和典型事实材料,着力关注实施过程的规范、公平、可行和结果的客观、真实、准确。

开展综合素质评价,改变了以考试成绩为唯一标准评价学生的做法,高中学校可以利用综合素质评价,对学生成长情况进行科学分析,全面优化课程建设,引导学生发现自我、做好自我成长规划,促进学生全面而有个性的成长。同时,高校根据学校办学特色和人才培养要求,制定科学规范的高中学生综合素质评价使用办法,并提前向社会公布,评价结果作为招生录取的重要参考。在考生分数相同时,可作为优先录取和优先安排专业的依据。在统一高考招生录取、综合评价录取、高职院校分类考试录取中,可依据综合素质评价档案材料形成考生综合素质评价等级或成绩,并在考生录取总成绩中占一定权重。

4. 深化普通高校统一招生录取模式改革

普通高校招生录取依据统一高考成绩和学业水平考试成绩,参考综合素质评价,即"两依据一参考"录取模式。具体来说:

一是明确选择性考试科目要求。高校根据专业人才培养对学生学科专业基础的要求,科学合理设置学业水平考试选择性考试科目要求,并提前向社会公布。学生的选择性考试科目须符合高校要求,方可报考相关专业(类)。

二是明确录取方式。按照物理等科目类、历史等科目类,分开计划、分开划线;实行"院校专业组"的志愿填报方式,以平行志愿方式投档。

三是合并本一本二录取批次。在条件成熟后,探索投档模式改革试点,进一步增加高校招生和考生录取的双向选择机会。

录取方式的改革,一方面有助于提高考生的兴趣志向和最终所录专业的契合度;另一方面也促使高校主动作为,聚焦专业培养目标,探索与高中教育教学的联系与衔接,提高考生选考科目与高校招生专业选考要求的匹配度,使学校招录到有相应学科特长和兴趣的考生,有利于进校后人才培养和学校自身的发展。

5. 推进高等职业教育分类考试招生改革

按照因材施教、多次选择、面向人人的原则,突出职业教育人才选拔和培养规律,着力构建以"文化素质+职业技能"为主的评价方式和选拔制度,分别面向普通高中毕业生、中等职业学校毕业生、社会人员 3 类人群实施相应的考试招生办法,拓宽各类人群接受高等职业教育的入学途径,为每个孩子提供适合的升学途径。

对于普通高中毕业生而言,就读高职院校主要在春季进行招生录取。高职院校依据考生普通高中学业水平考试的合格性考试成绩,参考综合素质评价,结合职业适应性测试、本校专业培养要求等多项指标,按照向社会公布的招生章程中确定的录取办法,综合评价、择优录取。普通高中毕业生参加普通高考但未被本科院校录取的,也可以参加高职统招批次录取。

对中等职业学校毕业生而言,可通过参加对口升学统一考试报考省内部分应用型本科院校,也可以报考江苏省内高职院校;未参加对口升学统一考试的,可以凭中职学业水平考试成绩参加高职院校录取。

二、江苏新一轮高考改革的传承与创新

江苏新一轮高考综合改革实施方案严格遵循国家顶层设计的框架体系,把中央对考试招生制度改革的目标要求贯穿于方案制定的全过程,确保江苏高考改革方案符合国家的改革精神和任务要求,同时积极回应调研中群众关心的问题,立足省情,结合江苏实际,科学合理确定各项改革措施,既突出了改革理念的思想性、引领性,又有很强的针对性和操作性,体现了江苏特点。[1]

1. 传承并深化选择性理念

从 2003 年实行的"3+1+1 方案"开始,江苏就已在高考方案中逐步凸显选择性理念,开启新一轮高考综合改革,选择性理念已成为新高考的核心亮点之一。一方面,在考试科目上,延续了江苏"08 方案"将"有限选择"与"自由选择"相结合的做法,学生先通过"有限选择"在物理、历史中选择 1 门,再通过"自由选择"从思想政治、地理、化学、生物中选择 2 门。这既体现了高校人才培养要求,规避了前期改革省份中"弃选物理"的风险,也满足了学生多样化成长发展的需要,充分体现了以人为本、学其所好、考其所长的原则。同时,"1+2"的选科设计,为学生提供 12 种科目组合,有利于中学对优质资源的整合优化,使中学办学的硬件条件、教学组织、师资队伍等能在较短时间内适应改革的需要,降低对高校选才和高中教学的冲击,实现改革的平稳过渡。另一方面,在招生录取机制上,赋予高校根据自己的办学定位和专业培养要求确定高考科目的权利,聚焦专业培养目标,充分发挥高校在选拔中的主动作用,在操作层面上进一步探索和完善更加科学、公平的测评体系和人才选拔标准,实现考生与高校彼此契合的双向自主选择,为高中教育和高等教育人才培养体系的衔接创造了有效机制。

2. 优化科目赋分方式

江苏新一轮高考改革对"08 方案"中多元化的成绩表达方式进行改革,采取

---

① 林伟.优化制度设计　公平科学选才——江苏高考综合改革实践与思考[J].江苏高教,2019(6):12-18.

"原始分+等级分"的赋分方式,一是提高成绩区分度,有效化解"08方案"中高校录取分数扁平化,以及由此带来的"同分千人、分分必争"的现象。二是调整赋分属性。将物理、历史科目以原始分计入高考总分,并在录取时按物理、历史分开划线、分开投档,既保证了公平,也进一步强化了2门学科的基础性地位,有助于避免中学精准教学带来的学生学科素养下降的问题。三是提高赋分方式的相对公平性。在4门再选科目原始分不具备可比性,无法直接相加计入高考总分的情况下,将原始分按统一规则转换成等级分,能较好地解决不同再选科目之间成绩的可比性和可加性问题,在一定程度上保证了计分方式的相对科学与公平。

3. 深入推进综合素质评价

推进综合素质评价,实施"两依据一参考"是新一轮高考改革探索综合评价、多元录取的关键。在"08方案"对综合素质评价进行10年探索的基础上,江苏新高考对其在程序与内容上做了进一步的升级,"评价内容渐趋稳定、评价程序走向规范、评价结果使用逐渐明朗"①。在评价内容上,除思想品德、学业水平、身心健康、艺术素养、社会实践的基础外,增加了"自我认识与生涯规划"的考察内容,体现了在普遍性基础上的特色化制度设计;在评价程序上,将过去的等级改为真实记录的综合素质档案,并完善了各级电子平台的使用,从制度层面保证了评价过程的规范与公平,明确了综合素质评价的"育人"和"评价"双重目的。

本 章 小 结

江苏新高考方案有三个主要来源:一是国家顶层设计,二是前期改革省市的试点经验,三是江苏自身的改革实践经验。本章全面介绍了新一轮高考综合改革的国家顶层设计,详细阐述了前期改革省份的改革方案和经验挑战,并系统梳理了自改革开放以来江苏的高考改革历程,对其中使用时间最长、知名度最高的江苏"08方案"做了重点回顾和剖析。尽管江苏"08方案"客观上存在改革理念过于超前,多元成绩表达在招生实践中引发矛盾,综合素质评价难以真正落实,学生功利化选科导致科学素养下降等问题,但江苏"08方案"所体现出的"文理融合、增加选择权、淡化分分计较、缓解一考定终身"等改革理念,与2014年国务院启动的新一轮高考综合改革高度一致,客观上为平稳推进新高考改革提供了

---

① 郑若玲,孔苓兰.综合素质评价方案的特征、困境与突围——基于对第三批新高考综合改革方案的分析[J].河北师范大学学报(教育科学版),2020(1):19-27.

先期样本和丰富的实践经验与基础。最后,本章具体介绍了江苏新一轮高考综合改革的政策框架,以及对选择性理念、科目赋分方式、综合素质评价的传承和深化,彰显了以人民为中心的改革立场,体现出了江苏特点。

第五章　高考改革选科问题与破解

公共政策的制定没有万全之策。江苏新一轮高考综合改革方案总体上领导认可、群众欢迎、百姓满意,但在推进实施过程中,也出现了诸如中学教学资源跟不上、考生对改革政策理解不到位等问题,其中最为突出的当属选科偏差问题。新高考赋予了考生 3 门科目的自主选择权利之后,引起了部分科目考生报考人数畸多或畸少的问题,主要表现为物理、化学选考"遇冷"。高考报名人数在一定程度上反映了社会对于高等教育的规模需求,而考生选科的结构比例在一定程度上反映了社会对于高等教育的结构需求。有人曾经讽刺,富裕成了学习动机的敌人。20 世纪七八十年代,正是日本制造业迅猛发展,把美国打得措手不及的时代。当时的日本大学生选择数学、科学和工程学的人数是美国的 4 倍,而当时日本的总人口只有美国的 40%①。反观我们的现实处境,似乎出现了"未富先奢"的现象。我国尚属于发展中国家,实体经济在我国发展中具有基础性地位。而制造业是实体经济的基础,这决定了我国的人才培养必须以理工科为主。现在,我国经济社会发展和民生改善比过去任何时候都更加需要科学人才。

在高考综合改革第一、二批改革省市,选科问题主要表现为物理选考"遇冷"。以上海市为例,新高考实施前,全市选考物理的考生比例大致稳定在 28%左右,但实施新高考"6 选 3"模式后,2017 届考生物理选考比例下滑至 16%②。从浙江省的数据来看,2016 届选考理科综合的考生占 63%,而 2017 届新高考选考物理的考生占比 35.78%、2018 届占比 30.0%,是 7 门科目中选考人数最少的科目③。

鉴于先期改革省市出现的问题,第三批高考改革省市在增加学生选择权上做了较为重要的调整与改进。将物理、历史科目作为首选科目供学生"2 选 1",将思想政治、地理、化学、生物作为再选科目要求学生"4 选 2",旨在通过分步骤实现"6 选 3",重点保障物理科目的选考规模。但是,在通过"限选"解决了物理选考问题的同时,化学考生却因限选物理而出现了一定的"挤出效应"。以江苏省为例,方案公布不久,有些地区和中学就将化学科目"妖魔化",认为选考化学

①　克莱顿·M.克里斯坦森,等.创新者的课堂:颠覆式创新如何改变教育[M].周爽,译.北京:机械工业出版社,2020:51.

②　袁振国,等.高考改革深化研究[M].上海:华东师范大学出版社,2020:13.

③　刘希伟.试点省市高考改革研究[M].杭州:浙江教育出版社,2017:157.

的学生会吃亏,阻拦学生选考化学,对学生自主选科造成了很大的干扰。不同学校类型选考化学偏好差异明显,高品质示范高中选考比例显著高于四星级高中,四星级高中显著高于其他普通高中。此外,虽然相较于先期高考改革省市,物理选考规模得到较大程度保障,但全省首选历史的考生人数较往年增长明显,部分地区和学校出现了历史科目选考比例超过物理科目的"倒挂"现象。

江苏高考改革的舆论环境本就不宽松,加上浙沪因物理选考人数低于高校选拔需求,故相继出台托底保障措施,第三批改革省份湖南在公布方案时也表达了托底保障的意向,使得江苏的选科问题引发社会关注,焦点之一即为是否应对化学科目出台保障机制。正如于涵所指:"到目前为止,高考综合改革在试点中遇到的困难,比如不同科目之间考试成绩的可比性、选考科目考生人数的不均衡、选考给中学教学带来的压力等,使得现实与理想之间的差距始终存在,也成为在考试招生制度改革中贯彻选择性教育理念的难点。"①

第一节　选择性教育理念与等级赋分方案

一、选择性教育理念贯穿高考改革始终

高考的每一次改革,必然承载国家阶段性发展目标对于教育提出的外部需求,也坚守着教育发展的内在价值,这两方面的高度融合就表现为"选择性"。高考的历次改革都可以找寻到对"选择性"的不懈探索和实践。

1990年,国家教育委员会发布《关于改革高考科目设置的通知》,将高考科目分为4组,第一组,政治、语文、历史、外语;第二组,数学、语文、物理、外语;第三组,数学、化学、生物、外语;第四组,数学、语文、地理、外语。各高等学校暨系科、专业可根据高考科目组的设置情况及各自特点,选择一组高考科目作为考生的应试科目;同时,考生可根据各省级招生委员会办公室公布的各高等学校暨系科、专业的考试科目组和本人志向,选择一组作为应试科目。然而,由于多方面的原因,这一渗透着选择性教育理念的高考改革在试点阶段就被叫停,后被"3+2"高考方案所替代。

1999年,教育部出台《关于进一步深化普通高等学校招生考试制度改革的意见》,开始推行"3+X"科目设置方案。其中,"3"为语文、数学、外语必考科目,"X"是指由高等学校从政治、物理、化学、生物、历史、地理6个科目或综合科目中自行确定一门或几门考试科目,考生根据自己所报的高等学校志愿,参加高等

①　于涵. 稳步推进高考综合改革 彰显内涵更加丰富的"选择性"[J]. 中国考试,2019(5):1-5.

学校(专业)所确定科目的考试。时任教育部有关司局负责人表示,高考科目设置改革,其中最重要的是高等学校要有自己选择考试科目的权利,学生相应地要有选择应试科目的权利,这是今后改革的主要方向。[①] 该方案在坚持统一性的前提下,较为充分地体现了高校和学生的双向选择。在这一时期,江苏在国家"3+X"的顶层设计框架内,先后推行了"3+文科综合/理科综合""3+文理综合""3+1+1""3+学业水平测试+综合素质评价"等高考改革方案,不断丰富和发展科目选择性。

2014 年,国务院发布《国务院关于深化考试招生制度改革的实施意见》,将高校招生制度改革升级为高考综合改革,在充分考虑基础教育的承受度和高等教育人才培养匹配度的基础上,进一步深化了对"选择性"教育理念的认识与实践,创造性地建立了国家选才、高校选科和学生选考"三选"模式。对学生来讲,学业水平考试科目"6 选 3"制度设计使其科目选择权得以增加,促进学生全面而有个性的发展。对高校来讲,其选择性主要体现在,按照教育部《普通高校本科招生专业选考科目要求指引》(以下简称《选科指引》)要求,结合高校办学特点和专业学习需求,提出本校每个专业(类)对考生的选考科目要求。从国家立场来看,一方面,《选科指引》体现了人才培养的国家意志,体现了教育与产业界的集体智慧;另一方面,国家的经济社会发展的规模和质量,教育发展的实力和水平,也制约着学生和高校的选择空间。

二、新高考选考等级赋分制度

新高考坚持总分录取,对选考科目分数的可加、可比性提出强制要求,先期改革省份普遍使用等级赋分制度。所谓"等级分",是指按照统一规则将原始分进行等级划定后,再由等级转换而来的分数。从测量学上来讲,新高考选考科目可比关系的建立,本质上是一个量表化的过程,即将数字或其他有序指标与考生在教育测验上的表现建立联系的过程,主要目的是使分数之间可以相互比较而不会改变其意义。[②] 量表化可以保障考生的选择权,从"非理性选考"转变为"理性选考"。也就是说,等级赋分是在考试招生制度改革中贯彻选择性教育理念的重要和必要支点。等级赋分的本质是通过相应的技术处理,使得不同学科的成绩具有相同的分布、难度和标准差,以达到不同科目在分数使用上的等效,最终得到一个相对可比的总分。[③]

① 郭小川. 带着读者的疑问听瞿司长讲那高考的事(J). 高校招生,2002(2):6-7.
② 袁振国,等. 高考改革深化研究[M]. 上海:华东师范大学出版社,2020:105.
③ 章建石. 关于选考科目等级赋分的改进:历史经验、现实限制与可能方向[J]. 华东师范大学学报(教育科学版),2018(3):79-86.

1.第一批改革试点省市选考赋分办法

上海市普通高中学业水平等级性考试成绩在计入高考总分时,分为 A+、A、B+、B、B-、C+、C、C-、D+、D、E 共 11 个等级,分别占 5%、10%、10%、10%、10%、10%、10%、10%、10%、10%、5%,其中,A+为满分 70 分,E 计 40 分,相邻两级之间的分差均为 3 分,如表 5-1 所示。

表 5-1　上海市选考科目等级赋分参数设置

序号	1	2	3	4	5	6	7	8	9	10	11
等级	A+	A	B+	B	B-	C+	C	C-	D+	D	E
比例	5%	10%	10%	10%	10%	10%	10%	10%	10%	10%	5%
最低百分等级	95	85	75	65	55	45	35	25	15	5	0
赋分	70	67	64	61	58	55	52	49	46	43	40

根据以上赋分办法,考生在选考科目上的得分,与该试卷的难易度无关,而是取决于他在该科目分数上的排位。只要成绩的排位(百分等级)相同,最后的得分就相同。这种办法在平衡选考科目难度的同时,也抹平了不同选考科目考生整体能力的差异,因此带来了相应的问题。突出表现在两个方面:一是对科目整体能力较高的考生不利,容易直接导致物理等较难科目选考的人数下降;二是有效分数区间太小,(40,70)的全距为 30 分,仅为必考科目 150 分全距的 1/3,标准差和区分度严重下降,使得选考科目变得"不重要"了。

浙江省 2014 年公布的选考科目赋分办法与上海市相似,主要区别在于按比例赋等时,将考生成绩划分为 21 个等级,将分数全距设置为(40,100),有效分数区间达到 60 分,如表 5-2 所示。

表 5-2　浙江省选考科目等级赋分参数设置

序号	1	2	3	4	5	6	7	8	9	10	11	12	13	14	15	16	17	18	19	20	21
比例	1%	2%	3%	4%	5%	6%	7%	8%	7%	7%	7%	7%	7%	7%	6%	5%	4%	3%	2%	1%	1%
赋分	100	97	94	91	88	85	82	79	76	73	70	67	64	61	58	55	52	49	46	43	40

2.第二批改革试点省市选考赋分办法

在新高考第二批试点省份中,北京、天津选考赋分方案与浙江基本相同,只是在按比例划等时,各等级人数比例略有差别。而山东方案在等级比例设置和赋分转换环节作了重要调整,参照正态分布的形态将考生原始分划分为 8 个等级,将 8 个等级内的考生原始分依照等比例转换法则分别转换至 8 个分数区间,从而得到考生的等级分,如表 5-3 所示。

表 5-3　山东省选考科目等级赋分参数设置

序号	1	2	3	4	5	6	7	8
等级	A	B+	B	C+	C	D+	D	E
比例	3%	7%	16%	24%	24%	16%	7%	3%
最低百分等级	97	90	74	50	26	10	3	0
赋分区间	100~91	90~81	80~71	70~61	60~51	50~41	40~31	30~21

　　相较于第一批改革省市,山东方案具有明显的改进优势。一是赋分空间进一步增大,全距达到 79 分。二是划等比例更为科学,参照正态分布的比例进行设计,更加符合考生成绩的实际分布形态,可以有效减少分数转换的扭曲情形。三是有效改善了"同等同分"的不合理现象,通过采用"1 分 1 级"的模式,使得同一等级内部考生原始分的差异被等距地映射,保证了较高的区分度,有利于高校人才选拔和培养。但同时,此方案仍然存在一些问题。一是与标准分存在的问题类似,不同选考科目考生的整体能力差异被抹平,仍然会滋生选科博弈现象。二是对考生的成绩分布实行强制正态,当实际分布呈现负偏态分布时,考生分数转换可能出现"高分转低分"的问题。

　　海南省学业水平等级性考试各科成绩以及高校录取总成绩均以"标准分"呈现。所谓"标准分",是以标准差为单位表示一个原始分数在团体中所处位置的相对位置量数,具有较强的可比性、可加性和稳定性。海南自建省以来一直使用标准分制度,30 年来得到了考生、家长和社会的广泛认可和接受。在海南省高考综合改革方案的制定过程中,经广泛征求专家、各界代表、普通高中师生和家长的意见,得到继续使用标准分的普遍认同。在实际使用过程中,由于等级性考试选考科目群体不同,为确保标准分的转换更加科学合理,根据各学科质量因素对考生成绩先行校准、等值处理后再进行标准分转换,以确保公平公正。①

　　3. 第三批改革试点省市选考赋分办法

　　以江苏为代表的第三批改革省市,因将选考科目分为首选科目和再选科目,因而选考赋分办法也发生了较大变化。选考科目每门 100 分,其中,物理、历史

---

　　①　海南省高考综合改革方案解读[EB/OL]. (2018-05-02)[2021-04-20]. http://ea.hainan.gov.cn/ywdt/ptgkyjszsb/201805/t20180502_60603.html.

2 门首选科目以原始分计入总分,思想政治、地理、化学、生物 4 门再选科目以等级分计入总分。

对于某一再选科目,考生该科目的合格性考试成绩达到合格后,转换时赋分起点为 30 分、满分为 100 分。具体转换规则和步骤为:第一步,按照考生原始分从高到低划定 A、B、C、D、E 共五个等级,各等级人数所占比例分别约为 15%、35%、35%、13% 和 2%,从而将考生的原始分转换成等级。第二步,将 A 至 E 五个等级内的考生原始分,依照等比例转换法则,分别对应转换到 100~86、85~71、70~56、55~41 和 40~30 五个分数段,从而将考生的等级转换成了等级分,见表 5-4。

表 5-4　江苏省选考科目等级赋分参数设置

序号	1	2	3	4	5
等级	A	B	C	D	E
比例	15%	35%	35%	13%	2%
最低百分等级	85	50	15	2	0
赋分区间	100~86	85~71	70~56	55~41	40~30

等级分转换公式如下:

$$\frac{Y_2-Y}{Y-Y_1}=\frac{T_2-T}{T-T_1}$$

其中:Y_1,Y_2 分别表示原始分区间的下限和上限;

T_1,T_2 分别表示转换分区间的下限和上限;

Y 表示原始分;

T 表示转换分。

考虑到高考分数都以整数呈现,故上述公式的计算结果需要进行"四舍五入"处理。

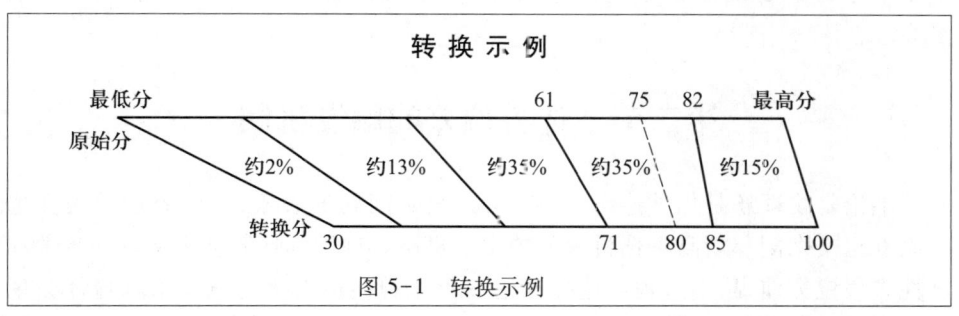

图 5-1　转换示例

　　　如图 5-1 所示,假设某考生思想政治科目合格性考试成绩达到合格,选择性考试科目原始分 75 分。第一步,将该科目选择性考试原始分从高到低进行排序,按照规定的等级比例将该考生划定为 B 等级,该科目 B 等级的原始分分布区间为 82~61(仅是示例,实际原始分分布区间不固定)。第二步,根据分数转换参数设置,将 B 等级内的该考生原始分,依照等比例转换法则,转换到 85~71 分数段,根据转换公式,该考生思想政治科目转换分为:

$$\frac{82-75}{75-61}=\frac{85-T}{T-71}$$

解得

$$T=\frac{1687}{21}=80.\dot{3}$$

经四舍五入取整,该考生思想政治科目等级分为 80 分。

　　　这一方案主要借鉴山东方案的原理,方法和公式均与山东方案一致,是对山东方案的合理性延续,但着重在“赋分起点、等级数量、等级比例、赋分区间”4 个关键参数上做了改进优化。在赋分起点上,综合考虑起点赋分值的意义、转换分的提升度、提升幅度的均衡性、尽可能大的区分度等因素,最终确定了起点赋分值为 30 分。在等级数量上,统筹考虑国家政策要求、高校人才选拔需求、分数分布平滑性等要素,确定划分 5 个等级。在等级比例和赋分区间上,从大规模选拔性考试考生成绩一般呈现负偏态分布的实际情形出发,确定各等级考生比例和赋分区间。因此,该方案具有显著优势:一是可以有效规避考生“高分转低分”“大分差变小分差”“小分差变大分差”等敏感问题;二是可以保证分数转换后,考生成绩整体提升,易于被社会接受。但该方案也存在一些潜在风险。一是可比、可加性建立在“强假设”之上。等级赋分的理论假设是不同再选科目的选科群体学业水平分布大致相当,一旦前提条件不能满足,将可能产生公平性问题,灵活性、适应性不够。二是选科失衡问题仍然不能解决,不能杜绝考生因追求高分而引发的投机行为。三是对经验式命题提出更高要求。等级赋分的实际效果受制于考试难度设计和考生的成绩分布,对命题难度、区分度的精准性要求更高。

第二节　选科偏差的触发机制

　　　不论是物理还是化学选考“遇冷”,这只是问题的表象,本研究选用理性选择制度主义来阐释新高考选科偏差的发生机制。理性选择制度主义以经济学的理性人假设为前提,引入理性选择理论下个体利益最大化的假设来解释社会现象,并且将个体行为如何与制度互动作为分析的核心内容①。它强调个体以理性的方式谋求效用最大化,但个体层面的理性很有可能导致集体层面的非理性,主张通过有意识的制度设计来规制和引导个体行动和个体间的互动。选考制度作为新一轮考试招生制度改革的重要组成部分,参与者众多且立场各异,制度实施中出现的问题是各行动者与行动情境互动的必然结果②。理性选择制度主义引入"行动舞台"这一比喻作为分析载体,由行动者(个体或团体行动者)和行动情境(条件变量的组合)构成。

由图5-2可知,从行动者及其所处的行动情境出发,可以分析新高考选考制度实施中各利益主体的行动偏好和行动依据,揭示不同利益主体在特定条件下产生特定行为结果的过程,从而阐释新高考选科偏差的发生机制。

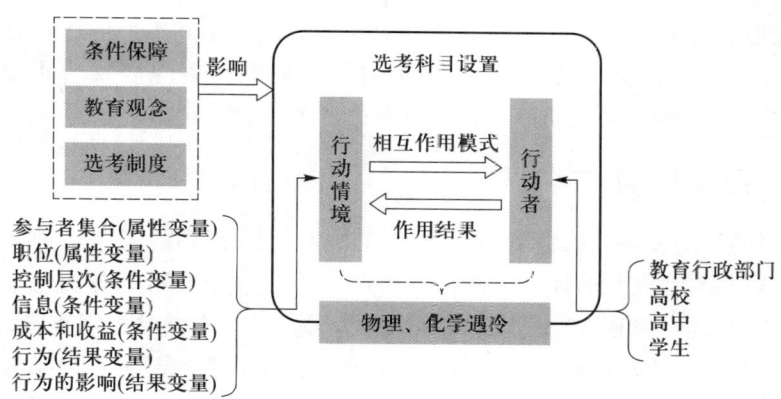

图5-2　理性选择制度主义视域下物理、化学"遇冷"的分析框架

一、行动者的偏好利益

在选考制度实施的"行动舞台"上,主要有教育部门、高校、高中、考生四类具体的行动者,各自的偏好利益不尽相同。

从教育部门来讲,代表党委和政府行使着制定和实施公共政策的权力,承载着国家意志和公共利益。新高考选考制度设计主要有三项预期:一是坚持以人为本,通过增加学生选择权,促进学生全面而有个性的发展。二是坚持全面发展,通过有效落实"文理不分科",提高学生的基础素养,培养其综合能力。三是加强招生培养沟通衔接,通过高校对学生高中学业水平考试提出选考科目报考

①　曹芳.理性选择制度主义方法论评述[J].学术论坛,2009(11):48-53.
②　黄凌梅,钟秉林.新高考选科"遇冷"的制度主义分析[J].教育学报,2021(01):100-109.

要求,体现高校招生自主权,促进学段间人才培养的有机衔接,形成人才培养与招生良性互动。

从学校来讲,不论是高校还是高中,其利益偏好集中体现在对优质生源(进口)和人才培养质量(出口)的追求上,这是学校生存和发展的必然选择。具体到新高考这个枢纽环节,高中学校旨在不断提高学生的高考分数和录取率,从而提高学校声誉,形成促进中考招生的良性循环。高校的利益偏好则是一对矛盾体,既要通过科学合理设置选科组合,提升人才选拔质量,促进学段间人才培养的有机衔接,又要顾及投档线、录取分数线等表征学校竞争力的显性指标,部分高校会通过模糊或降低选考科目要求等方式来达到吸引生源的目的。

考生,是政策实施的主要目标群体,其利益偏好始终是在高考中考出好成绩,被理想的大学和专业录取,实现自己乃至家庭的理想和价值。在当前我国高等教育已经进入普及化的新时期,考生的利益偏好更多地表现为不仅"有学上",还要"上好学",对优质高等教育资源的渴求更加凸显。

二、行动者的行动依据

不同的行动者所处的情境不一样,在对决策的控制程度、对信息的掌握和处理能力、对成本和收益的计算上都各不相同,这些变量既是行动者做出行动的重要依据,也是其视域和行动受限的关键之处。其中,对决策的控制程度,主要是指在政策制定和执行过程中的话语权。新高考选考制度的制定与实施由教育部门主导,因此教育部门拥有很高的话语权,对决策的控制程度最高,在信息获取方面也具有天然的体制优势,对信息的掌握最为全面。

高校,作为学术研究机构,起到一定的智库作用,拥有一定的政策建议权。作为招生主体,在政策形成的过程中也拥有一定的话语权,并被赋予了依据高校人才培养要求设置选考要求的决策权。在信息的掌握上,和教育行政部门进行"有限共享",在招生和录取环节部分开放与学校利益密切相关的信息。

中学,作为高等教育人才的供给侧,在政策形成过程中具有一定的话语权,特别是教育发达地区的学校和名校长,在关键制度设计上具有较强的建议权。在信息的掌握上,和教育行政部门进行"有限共享",将一些必要的敏感信息进行模糊化处理后部分开放共享。

考生,经常被作为政策制定和实施的调研对象,有效的意见建议会得到一定程度的采纳,但总体来看话语权较小。鲍威等指出,新高考复杂的制度设计导致信息占用成为新的升学竞争点,升学信息支持进一步扩大了阶层差距,传统意义上的父母升学参与趋于失效,且进一步催生了市场化升学咨询产业的扩大①。可见,考生在信息获取和处理方面,基本处于被动地位。

而行动者对成本和利益的计算,是基于有限的信息获取与处理能力、不同程度的政策话语权基础上进行的个体利益最大化的考量。

三、行动者的行为分析——物理、化学为何"遇冷"?

个体利益最大化的理性选择缘何导致物理、化学选考问题成了集体困境?本研究将采用分析叙述法对不同主体在行动情境中的理性选择过程做深入探讨。

1.考生的"理性选择"

考生是选考制度的核心行动者,其选考行为也是与其他行动者和行动情境互动的结果。考生不愿意选考物理、化学首先与学科本身有一定的关联,见表5-5。

表5-5　考生选科的学科视角

考生为什么不愿意选物理、化学?②	考生为什么愿意选地理?
抽象概念占比高,导致难以被理解	地理学科的本质是人地关系,相关产业发展和就业前景看好
物理和化学的许多理论采用数学公式呈现,导致难上加难	在2017版课程方案和课程标准设置上,地理教学内容先易后难,考生高一结束进行选科时,尚未接触最难的部分
物理和化学的前后关联度较高,一旦掉队难以追赶	地理知识多而杂,关联性略弱,学生掉队一段时间仍有可能再赶上
物理和化学需要更大的学习投入	

其次,等级赋分制是直接原因。如前所述,等级赋分在平衡选考科目难度的同时,将不同选考科目考生整体能力的差异也抹平了,当不同科目考生的能力结构和实际水平出现不一致时,就会出现"同分不同值""得分高低主要看赛道"的现象,就会滋生"选择大于努力"的投机行为。此种情形下,从个体利益最大化的角度,学生自然会根据自身的兴趣特长,反复考量在每一选考科目上的得分难度,而且会综合考量选考群体的整体实力,以评估在哪几门科目上有可能取得最优成绩,避免与高手竞争吃亏。这类选科思维在江苏"08方案"中已经显现,即

---

① 鲍威,金红昊,肖阳.阶层壁垒与信息鸿沟:新高考改革背景之下的升学信息支持[J].中国高教研究,2019(5):39-48.

② 潘苏东,岳晓婷.别因为所谓难易而功利选科,影响未来大学学业[N].文汇报,2020-1-17(11).

"同等不同值"问题,因而存在运行惯性。只是在新方案中,再选科目计分方式由"等级"变成了"等级分",竞争性进一步增强,选科偏差进一步加剧。这种"理性选择"从本质上来讲,是人类趋利避害的本能在应试教育和高考中的集中反映,升学机会不是靠提高自己的学习成绩来获得,而是通过"田忌赛马"等投机的行为来获取。

2. 中学的"理性选择"

根据新方案,上海选考科目组合达 20 种之多、浙江达 35 种、江苏为 12 种。如果要完全满足学生的自主选择,势必会对学校的空间资源、师资结构、实验设备、课时安排、学生管理、教师评价等多方面带来挑战。在资源短缺的现实条件下,学校只能优先满足大部分学生的选科需求,"套餐化"的有限选考组合应运而生。隋丽君通过调查认为,近 10% 的高中生曾面临学校无法满足选科需要的问题,31.93% 的高中生表示希望提供充足的选科条件①。同时,从学校利益最大化的角度出发,为了追求更高的升学率,学校往往会有选择地引导学生选科,避免在选考时给物理、化学等尖子生群体"当分母"。江苏 2019 年选科舆情中,信访群体的一个主要诉求就是反映学校干扰学生自主选科。

3. 高校的"理性选择"

通过高校对学生高中学业水平考试提出选考科目要求,体现高校招生自主权,促进学段间人才培养有机衔接,是高考综合改革的关键环节之一。这与高校追求优质生源的利益偏好是一致的。但现实情况往往是,高校如果真正根据人才培养需求提出明确的选考要求,有可能会让潜在生源减少,从而影响录取分数线。另一方面,倘若高校提出多种多样的选考要求,也就意味着在正式录取时会出现与不同"院校专业组"相对应的多条录取分数线,"优势"专业组与"弱势"专业组之间的差距就会被放大,甚至有可能对学校今后"弱势"专业招生计划的完成产生威胁。在高校人才培养"出口"考核较为宽松的现实情形下,绝大部分高校迫于投档线和录取线的压力,基于中学生选考的实际和偏差,不得不考虑成本与收益,选择以合法化的方式放松选考要求,"沉迷"于亮眼的分数线。这一现象直到教育部出台《选科指引》才有所缓解,该文件要求高校以本科专业类为单位,设定选考科目要求。后又相继出台《普通高校本科招生专业选考科目要求指引(3+1+2 模式)》《普通高校本科招生专业选考科目要求指引(通用版)》,但前两版《选科指引》对物理、化学提出的选考要求偏软,"必须选考"的专业比例很小,绝大部分专业的选考科目可以"2 选 1"或"不作要求",对高校实际发挥的制约作用十分有限。

---

① 隋丽君. 新高考背景下高中生选科困境与突破[D]. 山东师范大学,2020.

综上所述,在既有利益的驱使下,各行动者都通过理性选择尽可能实现了个体利益最大化,各行动主体的理性选择造成了物理、化学"遇冷"这一集体非理性结果,使政策效果与政策设计和预期之间出现了偏差。

第三节 再选科目保障机制设计及实施

在理性选择制度主义的分析框架下,影响"行动舞台"的因素包括参与者共同商议的需要遵守的强制性规定,行动舞台外部的资源、条件及其属性,团体共同认可和践行的文化、价值观念①。江苏面对新一轮选科困境,准确抓住问题的实质,从深化顶层设计入手,在新高考首届学生选科调整的最后窗口期内,果断出台再选科目保障机制,及时解决了可能影响改革全局的重点问题,为稳步推进高考综合改革提供了关键的制度保障。同时,从配套措施、宣传引导等多个方面打出了政策组合拳,最终顺利实现了破困突围。

一、出台再选科目保障机制,深化顶层设计

1. 多科目选考分数校准的国内外比较(见表 5-6)

表 5-6 分数校准的匡内外比较

考试名称	分数校准办法
英国 A-level 考试	(1)各科成绩采用并列报告的形式 (2)科目内模块化分数通过制式分(UMS)实现科目内模块间的校准;专家委员会在划定与校准特定分数段等级中发挥重要作用
澳大利亚新南威尔士州高中毕业证书考试	(1)通过平均分量表(AMS)方法校准各选考科目成绩 (2)合成各科的 HSC 总成绩,并进行排名,得出学生的 ATAR 成绩,大学据此成绩录取
香港中学文凭考试	(1)各科成绩采用并列报告并赋分的形式 (2)科目内模块化分数通过"百分位等值法"实现科目内模块等值;使用"组间能力指数"校准分数段等级

---

① 保罗·A.萨巴蒂尔.政策过程理论[M].彭宗超,钟开斌,等,译.北京:生活·读书·新知三联书店,2004:57-58.

续表

考试名称	分数校准办法
上海高考"3+1"模式	（1）根据文理分科,基于语文、数学成绩,实现 1 门选考科目校准 （2）选考科目调整分与统考科目原始分相加
江苏"08 方案"	（1）选测科目采取按比例赋等 （2）选测科目等级与统考科目成绩采用并列报告的形式
新高考一、二批试点方案 （不包括海南省）	（1）选考科目采取等级赋分制,物理科目启用保障机制 （2）选考科目等级分与统考科目原始分相加
新高考第二批试点海南方案	（1）根据各学科质量因素对选考科目考生成绩进行校准、等值处理 （2）对选考科目成绩进行标准分转换 （3）选考科目标准分与统考科目标准分相加

通过对国内外高考实际采取的分数校准办法进行系统梳理发现:第一,多科目选考在计分方式中普遍存在分数校准的功能设计,以实现不同选考科目之间的可比性。第二,主要存在"统计校准模式"与"非统计校准模式"两种分数校准模式。

专家学者普遍建议,在"总分录取""考生群体发生变化"的前提下,要实现新高考选考科目的可比性问题,基于统计方法的校准模式具有较强的针对性。而从高考历史上的改革经历来看,在 1985—2006 年间,我国许多省份在高考中采用了平均分为 500、标准差为 100 的标准分,在没有选考科目的情况下,这是校准各科难度差异的科学做法,但最终因社会理解程度低等原因退出了历史舞台。2019 年浙江英语加权赋分事件发生之后,统计校准在国内所面临的舆论环境更为严峻和苛刻。正如美国学者布鲁贝克有一句名言:"就像战争意义重大,不能完全交给将军们决定一样,高等教育也相当重要,不能完全留给教授们决定。"虽然"统计校准模式"从理论上讲似乎更具针对性和科学性,但从目前的社会舆论和大部分社会群体的接受度来看,尚缺乏足够的可行性。

2. 江苏保障机制的关键设计及主要创新

基于"非统计校准模式"最具可行性这一基本判断,江苏综合运用政治学、高等教育学、社会心理学、统计学等学科知识,先后研究了锚定法、均衡法、分值等级法、托底法等多种解决方案,经反复权衡利弊得失,最终确定使用保障机制解决选科问题。这是在一定历史条件下综合比较得失利弊、权衡诸多可能后的次优选择。

(1) 定义、目标与原则

所谓再选科目保障机制,是指在实施新高考方案("3+1+2"模式)过程中,如某一再选科目考生选考比例出现严重失衡情况,从满足国家对该学科人才显性和隐性要求以及保证高考公平公正的角度出发,经充分论证、合理确定适合的比例,用于该学科实际参加普通高考群体等级赋分的总基数。

研制目标:一是稳定大局,营造更好的高考改革环境。二是均衡选科,创设更佳的赋分基础条件。三是回归理性,构建更优的基础教育生态。四是面向未来,培育更广的学生发展空间。

研制原则:一是有利于更好地满足国家人才需要。二是有利于高校科学选才和人才培养。三是有利于基础教育健康生态的形成。四是有利于维护高考的公平正义。

研制再选科目保障机制,本质上是高考综合改革的细化和完善,是对选考制度顶层设计的深化。

(2) 关键设计

理论基础:政治学的团体模型理论认为,公共政策是利益集团之间的一种平衡。当特殊利益集团获得或者失去影响时,政策会发生变化。高考改革是高利害、高风险、高成本的改革,牵一发而动全身。出台保障机制,既要满足选考化学群体的预期诉求,又要兼顾其他选考群体对选考化学的社会预期,也就是说,要保证所有考生的利益,达到不同选科群体预期的基本平衡。

设计理念:一是国家发展战略的需要。制造业是实体经济的基础,实体经济在我国发展中具有基础性地位。这决定我国的人才培养必须以理工科为主。二是人的全面发展的需要。各级各类人才均需要具备科学思维和科学素养。三是素质教育实施的需要。不仅要体现对选科偏少群体的保障和救济,还要促进学科均衡发展,更要体现素质教育正向引导。

测算依据:国家人才培养对学生选考科目的要求。对于本科层次,依据教育部办公厅 2019 年出台的《普通高校本科招生专业选考科目要求指引(3+1+2 模式)》(以下简称《选科指引》)进行测算。《选科指引》是教育部在广泛征求高校各专业教学指导委员会、省市、高校及中学意见基础上形成的,具有全局性、科学性、前瞻性和针对性,体现了人才培养的国家意志,体现了教育与产业界的集体智慧,体现了对第三批高考综合改革省份的指导,因此保障机制选择根据教育部《选科指引》进行测算。

以再选科目中的化学为例,《选科指引》对化学选考提出了六类要求。第一类,规定"化学类"等 5 个专业类,高校须提出"考生必须选考化学方可报考"的要求(以下简称"5 个专业类")。第二类,规定"数学类"等 21 个理学、工学专业类,高校可提"考生必须选考化学方可报考"的要求,也可不提再选科目要求(以下简称"21 个专业类")。第三类,规定"海洋科学类"等 20 个专业类,高校再选科目应设置为"化学、生物"等,再选科目要求如图 5-3 所示,高校可选择四种要求中的一种(以下简称"20 个专业类")。第四类,规定"临床医学类"等 10 个专业类,高校再选科目应设置为"化学、生物"等,再选科目要求可设置为图 5-4 中①、②、③三种要求中的一种(以下简称"10 个专业类")。第五类,"公安技术类"规定高校再选科目应设置为"政治、化学、生物",再选科目要求可设置为图 5-4 中四种要求中的一种。第六类,"自然保护与环境生态类"规定高校再选科目应设置为"生物、化学、地理",再选科目要求可设置为图 5-3 中①②③三种要求中的一种。

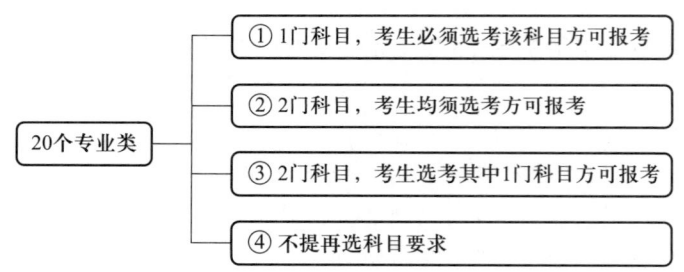

图 5-3　"20 个专业类"的再选科目要求

对于专科层次,参照教育部本科《选科指引》,研究测算江苏普通高职院校专科专业选科要求。

测算分三个步骤(见图 5-4):

第一步,根据《选科指引》对化学提出选考要求的理论概率,以江苏省2015—2019 年招生计划,计算化学的理论选考计划。需要说明的是,高校根据《选科指引》对化学提出选考要求时,各种选择的理论选取概率并不相同。比如,数学类专业,高校有"必考化学"和"不提要求"2 种选择,但实际上高校选择"不提要求"的可能性会大于提"必考化学"要求。本研究仍然采用相等概率来反映选科的可能性。

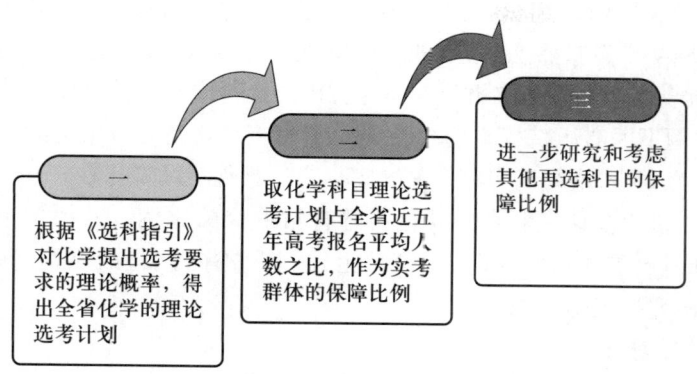

图 5-4　测算步骤

本科层次：

近年来江苏省本科招生计划数基本保持稳定。以江苏省 2019 年 200065 个本科招生计划为样本进行统计，化学科目"5 个专业类"共涵盖 6146 个计划，"21 个专业类"共涵盖 65601 个计划，"20 个专业类"共涵盖 16910 个计划，"10 个专业类"共涵盖 10456 个计划，"公安技术类"共涵盖 707 个计划，"自然保护与环境生态类"共涵盖 55 个计划，合计涵盖 99875 个招生计划。按照化学选考要求的理论概率，2019 年江苏省本科高校化学的理论选考计划为 $6146 \times 1 + 65601 \times 5/8 + 16910 \times 9/16 + 10456 \times 2/3 + 707 \times 19/48 + 55 \times 4/9 = 63933$。依此类推，通过计算江苏本科高校 2015—2019 年各年度的化学理论选考计划及总的加权平均数，得出江苏省本科高校化学的理论选考计划为 62742 人。该数值是教育部《选科指引》规定的高校对化学人才需求的理想值，既包含与化学直接相关的显性需求，又包含与科学思维、科学素养相关的隐性需求；既符合目前选考化学群体的社会预期的下限要求，又兼顾其他选考群体对选考化学的社会预期的上限要求，是坚持保障机制研制三项原则下的理想状态，可以作为化学科目本科层次选科保障的基数。

专科层次：

因江苏省高职类院校与本科高校的专业结构及招生计划结构高度相似，按照"专科专业参照本科选科指引"的要求进行等比例测算，得出全省高校专科层次化学的理论选考计划为 24483 人（按专科近五年实际执行计划平均数 78039 人统计），该数值可以作为化学科目专科层次选科保障的基数。

第二步，取化学科目理论选考计划占江苏近五年高考报名平均人数之比作为实考群体的保障比例，全省高校化学的理论选考计划为 62742（本科）+24483（专科）= 87225 人，占全省近五年高考报名平均人数（351572 人）的 24.81%，取整为

25%。同时,经对 2019 年高考选科数据的测算,虽然高职院校提前招生会录取一部分生源(2019 年高职院校提前录取 43340 人),导致全省高考报名群体与实考群体有一定差异,但各科目报名群体与实考群体的选科比例差异极小。因此,上述测算的保障比例不因高职院校提前招生而受到影响。新高考方案化学科目选科保障比例可设为 25%,最终以实考人数的 25% 来计算化学保障基数。

第三步,进一步研究和考虑其他再选科目的保障比例。其他再选科目如果出现类似选科严重失衡的情况,也遵循上述"四个有利于"的原则,参照化学科目的思路,研究确定适合的保障比例。

（3）主要创新

一是满足国家人才强国建设的学科需求保障——保障理工人才、注重结构优化。国家实体经济和制造业发展战略决定了我国的人才培养必须以理工科为主。江苏作为化工大省,转型发展面临的突出问题就是人才问题。江苏坚持问题导向和目标导向,根据省情率先在全国第三批高考综合改革省市中建立化学等再选科目保障机制,确保高中阶段各基础学科特别是理化科目的选拔数量,将对优化我国高等教育人才选拔结构、提升人才培养质量发挥关键作用。这既体现了人才培养的国家意志和时代使命,有利于更好满足国家人才培养战略需求;又体现了人才培养的地方需求和江苏特点,有利于更好满足全省产业结构调整对人才的客观要求,是战略性人力资源管理的重要实践。

二是促进人的现代化和全面发展需要的重要设计——实现公平赋分、提升科学素养。各级各类人才均需要具备科学思维和科学素养。再选科目保障机制有助于引导学生更加理性选科,达到全省不同再选科目选考人数基本平衡的目标,实现不同科目之间的公平赋分,解决选考较难科目学生的后顾之忧,为学生理性选科赋能,真正达到提升学生科学思维和科学素养、促进学生全面发展的设计初心。相较于保障机制出台之前,全省选科纠偏成效明显,物理选科比例提高了 1.25 个百分点,化学选科比例提高了 4.78 个百分点。

三是推动教育治理体系和治理能力现代化的重要内容——深化高考制度改革、维护社会和谐稳定。出台再选科目保障机制,有效抓住了江苏新高考首届学生选科调整的最后窗口期,适时提出以当年高考实考人数的 25% 作为化学科目的保障比例,及时解决了可能影响改革全局的重点问题,满足了不同选考群体的心理期待,为稳步推进高考综合改革提出了切实可行的政策性建议,其本质是对高考综合改革制度的深化和完善,为维护高考公平正义与社会和谐稳定、推动教育治理体系和治理能力现代化作出了重要贡献,体现了江苏研制的智慧和水平,得到了各级党委政府、学校和社会的一致认可,并对全国高考综合改革其他省份产生了示范引领效应。

浙江保障机制与江苏保障机制的异同

相同点：高考综合改革方案具有科目选择性，具体实践中，国家人才需要、高校培养供给与广大家长学生自主选择之间存在不匹配和不均衡的现象。两个保障机制的目的都是解决高考科目选择极端的不匹配不均衡问题。

不同点：①主要矛盾不同。浙江实行"3+3"方案，主要矛盾是物理选科人数占比较低，难以实现与高校招生70%理工科类计划的匹配，化学选科情况相对较好。江苏实行"3+1+2"方案，物理成为首选科目，物理选科人数得到保障，主要矛盾是再选科目的化学选科占比不匹配。②保障基数和保障比例的差别。浙江与江苏在考生人数和招生计划数上不同，保障基数也应不同。（2019年浙江考生31.5万人，其中参加普通高考26.56万人，保障基数设为6.5万人，比例为24.5%；2019年江苏参加普通高考考生33.98万人，保障比例拟设为25%，按报名人数计算，基数为8.5万人，按实考人数计算，基数为7.36万人。）

二、创新开展高中选科评估和指导，抓好关键节点

新高考通过增加学生选择权、加大选择空间、前置选择时间，为高中生创造了难能可贵的个性化发展机会，可以有效促进学生对自我的探索及对学业生涯的思考、规划和决策。但同时，也使得原本缺乏选择教育和选择能力的高中生更加迷茫和困惑。刘宝剑对浙江省240所普通高中23511名参加新高考的学生调查发现，高中生在高考科目选择时存在非理性现象，表现为一定的盲目性和随意性。一是选择速度快，超过70%的学生高一已选好3科，约20%的学生高一已选好2科；二是选择过程相对简单，先根据文理确定大方向，再结合学科成绩和兴趣全选或去掉一科，较少考虑与未来的学业和职业关联[①]。高中生处于高中与高校的"高高"衔接阶段，其核心发展任务之一是通过系列重要学涯选择逐步确定未来发展方向。这反映了当前我国高中生在选择意识和选择能力上的缺失，尚不能充分考虑"外部因素"与"长远目标"来进行学涯选择。

无论是从当前的高考综合改革及高中生的特殊性需求出发，还是站在生涯理论与实践发展的历史与国际交汇点上来考量，学涯教育都具有积极丰富的现实意义。顾雪英等在《新高考背景下高中生学涯发展支持系统研究》中指出，新高考改革背景下，高中生学涯发展分为三个关键时点，分别是入学的适应阶段、选科的决策阶段、专业的定向阶段。在这三个关键时间节点对学生进行学涯教

---

① 刘宝剑. 关于高中生选择高考科目的调查与思考[J]. 教育研究,2015(10):142-148.

育指导,对学生的学业发展有着重要价值。

2019 年 12 月,江苏省教育行政部门针对出现的选科偏差问题,在综合研判高考综合改革的推进形势,准确把握改革中出现的偏差和误区的基础上,创造性地启动了"高中选科评估和指导"工作,集中开展对选科决策关键节点的指导和引导。

1. 内涵、目标和标准

所谓高中选科评估和指导,是指在当前新高考首届学生选科出现较大偏差的特殊形势和关键节点上,由党委和政府牵头开展的一系列高中选科评估、纠偏和指导工作。选科评估和指导标准如表 5-7 所示。

工作目标和要求:通过对新高考首届学生选科做认真细致的评估和指导,使得思想政治、地理、化学、生物 4 门再选科目的选科比例回归正常范围内,不出现严重偏差。要保证战略性新兴产业和江苏化工大省对大批相关高层次人才的需求,确保高考改革平稳推进,确保社会大局稳定。

表 5-7　高中选科评估和指导标准

评估维度	具体要求
学习培训是否到位	各地各高中学校对高考综合改革政策文件精神领会到位,能够精准把握选科工作目标和要求,平稳推进选科工作有序进行
选科方案制定是否规范	一般来说,各学校的选科指导方案要包含 12 种选科组合及走班教学的计划安排与保障措施。当前受办学硬件与师资条件制约影响的四星级高中至少要提供 10 种、三星级高中至少要提供 6 种选科组合。选科指导方案内容要具体、完整,具有可操作性
引导学生选科是否合理	全面加强对选科指导方案的宣传、培训、解读,印制《选科指南》确保学生人手一册,广泛开展学业发展指导和生涯规划教育,提高学生自主选科的能力,引导学生根据兴趣、特长、志向、学习优势和职业倾向,结合《选科指引》,自主、理性确定选考科目
学校选科操作是否规范	不得在高一年级第二学期结束(6 月底)前进行选科分班。要规范设计选科登记表,由学生和家长共同签字确认,由学生和学校各保存一份留用。要允许学生经过一段时间学习后,重新选择选考科目,对调整选科的学生,要帮助制订文化学习补修方案,开展针对性补偿教学与学习辅导

注:根据《省教育厅关于进一步做好普通高中选科工作的通知》(苏教基函〔2020〕1 号)进行整理。

2. 主要推进举措

一是统一部署推进。由当前教育系统的最高议事协调机构——省委教育工作领导小组召开扩大会议进行专题部署,省委常委、宣传部部长和分管副省长亲自作动员讲话,要求各地全面贯彻中央和省委省政府的部署,强化担当意识,科学研判形势,扎实推进高考改革维稳与风险防控工作,科学规范推进高考选科评估和指导工作,保证高考综合改革平稳推进。

二是组织驻点督导。根据省领导要求,省教育厅成立 13 个选科评估与指导工作组,分赴各设区市开展为期一周的驻点督导。教育考试部门以省内 75 所本科院校提前向社会公布的专业选考预要求为依据,以 2019 年各校在江苏招生的普通类计划数据进行模拟测算研究,得出 4 条重要结论和 3 条重点提示(见表 5-8),供驻点督导人员参考使用。

各工作组通过与各地政府、教育行政部门及学校负责同志座谈,听取情况汇报,召开形势分析会,查阅有关资料等,深入了解各地各校高二学生高考选科情况,重点对历史类、物理类选科比例倒挂,地理、化学选科比例偏离常态等问题,有针对性地深入交流研讨、商议对策、研究改进措施。要求各地各校进一步提高政治站位,坚持目标导向、问题导向、结果导向,充分利用好本学期结束前后的"窗口期",采取"一地一策、一校一案"的办法,积极优化选科结构和人数比例。其间,教育行政部门主要领导分别与各驻点督导组、各设区市教育局负责人进行点对点沟通,全面了解选科评估与指导工作推进进展,针对突出问题进行指导,确保工作成效。

表 5-8　江苏高考综合改革招生计划组合的模拟测算研究

重要研究结论	重点提示
(1) 物理类招生计划比例较大(75.8%),且院校层次越高,物理类专业计划比重越大。部属院校物理类招生计划达 86%、省属院校达 75%、原"985"院校达 83%、原"211"院校达 80%	(1) 化学是部分理工类专业学习的基础,也是"4 选 2"中高校提出要求最多的科目,选考化学几乎可以报考所有的招生专业。"院校专业组"录取模式下化学可以单独排队,高水平大学提出化学选考要求的比重最大,选考化学升学就业竞争力最高
(2) 高校对再选科目的要求主要集中在化学上,对其他科目提出的要求较少。部属院校对化学提出的要求高于"双一流"院校,省属公办院校对化学提出的要求高于民办机制独立学院	
(3) 从考生可以报考的招生计划覆盖率来看,化学选科计划覆盖率最高,可达 97.82%,地理选科计划覆盖率最低,为 85.11%	(2) 全省物理类、历史类计划比例大约为 7:3,按照目前掌握的全省高二学生首选科目的选考数据,若维持现状,全省物理类考生的录取机会将远大于历史类考生

续表

重要研究结论	重点提示
（4）录取投档时选考化学单独排队的计划比重较大。省内 53 所本科院校设置了"物理+化学"招生专业组，约占物理类选考总计划的 10%，近 1 万名化学考生可以单独排队参加录取，化学还有 6000 多的"有限"竞争计划。其他再选科目单独排队和"有限"竞争参加录取的招生计划比例较低	（3）建议地区和学校合理运用本次研究成果进一步精准指导学生选科。选科评估与指导工作应坚持学生立场，根据学生实际，帮助学生分析利弊，提出合理化建议，由学生自愿选择、自主决定

　　三是加强培训引导。通过江苏省"名师空中课堂"网络端、电视端同时播出新高考方案解读、学生生涯规划教育、物理和历史等 6 门学科学习与选科指导专题讲座，供全省普通高中学校的师生和家长观看，确保全省师生准确理解新高考方案核心内容、招生录取关键环节，培育自主选择的意识和能力。省教育厅、省教育考试院主要负责同志亲自赴重点设区市做现场辅导报告，以新方案的优势和实施中遇到的问题为切入点，帮助各地进一步理解新方案中有关选科选考的关键设计，如等级赋分、《选科指引》、高校选考要求等内容，并从模拟测算研究的视角分析当地高考选科存在的问题，给出基于实证模拟演练的意见建议，指导当地妥善纠正选科出现的严重偏差。运用官方微信和主流媒体（见表 5-9），通过"大学校长话新高考"、资深媒体人谈选科、"两会"教育界代表给建议、报道中学生涯教育和自主选科优秀案例等形式，引导广大考生和家长理性选科、科学选科。

表 5-9　官方微信、主流媒体的宣传报道

标题	主要内容	发表平台
校长说新高考：选考这个科目，可以报考苏大 103 个专业！	由苏州大学校长熊思东教授解读化学学科及苏大选科要求	省教育考试院官方微信公众号"江苏招生考试"
"为爱而学"，选科自主，省锡中这样开展"生涯教育"	报道江苏省锡山高级中学采用选科组班和选课走班的模式开展自主选科工作的优秀案例	省教育厅官方微信公众号"江苏教育发布"和江苏教育报刊总社《江苏教育报》官方微信
懂自己 明发展 选科更容易	南京师范大学教科院顾雪英教授指导考生正确面对今后几年的选科、选专业、选工作	省教育考试院官方微信公众号"江苏招生考试"

续表

标题	主要内容	发表平台
三个"关注",放眼长远,省常中的生涯教育让学生坚守所爱	报道江苏省常州高级中学开设生涯规划辅导课程引导学生根据兴趣、不功利化地合理选科的优秀案例	省教育厅官方微信公众号"江苏教育发布"和江苏教育报刊总社《江苏教育报》官方微信公众号
江苏新高考方案全解读(三):考生怎么确定自己的选科?	引导考生确定自己的选科,了解高校的选科要求	省教育考试院官方微信公众号"江苏招生考试"
认识自我,规划人生,这所学校的职业体验课程让学生更好选择未来	报道南师附中江宁分校用生涯教育引导学生理性科学选科、合理规划职业发展,规避了功利性、投机性的选科现象	省教育厅官方微信公众号"江苏教育发布"和江苏教育报刊总社《江苏教育报》官方微信公众号
校长说新高考:新高考下,如何就读南工大优势专业?	南京工业大学校长乔旭教授介绍南工大化学相关学科及有关招生情况	省教育考试院官方微信公众号"江苏招生考试"
新高考解读:比新高考选科更重要的是生涯规划	引导学生在新高考背景下,从不同的选科组合中找到最适合自己的方式,找到自己的生涯发展方向	"交汇点"发布稿件
生涯规划教育应成中学生"必修课"	省"两会"四位教育界代表委员的建言,呼吁家校合力唤醒学生的主体意识,更主动地认识自我发展潜能	《扬子晚报》刊发稿件
"强富美高"新江苏建设的教育声音	采访来自教育界的省人大代表和政协委员,就新高考背景下的学生生涯规划进行探讨	《江苏教育报》刊发省"两会"综述
选好科,上好课,东台中学的生涯规划教育让学生成为更好的自己	报道在高考综合改革背景下,东台中学激发学生学习动机,明确选科规划,特别是重视学好化学、生物	省教育厅官方微信"江苏教育发布"和江苏教育报刊总社《江苏教育报》官方微信

续表

标题	主要内容	发表平台
高考新政下,物理化学最易被弃选? 专家:别被一个"难"字,耽误了未来大学学业!	呼吁考生在决定选考科目时,结合自己未来的专业选择,理性思考	"文汇网"发布稿件
江苏新规杜绝"包办"高中选科	传播了过早分班不利于综合素质培养的科学理念,报道了江苏省多措并举保障学生选择权利的做法	《科技日报》刊发稿件
V观两会:新高考选科,这些"金点子"你一定要听	报道省"两会"教育界代表委员呼吁考生选科时必须注重综合考量,要将个人兴趣、职业生涯规划和家国情怀结合起来考虑	"我苏网"发布视频新闻
未来在哪里? 邳州二中:兼顾兴趣与能力,引导学生做好人生规划	报道邳州市第二中学分阶段地对学生进行职业生涯规划指导,帮助学生认识专业选择,引导和教育学生规划自己的人生,结合自己的兴趣爱好以及自身学科优势,合理填报院校和专业	省教育厅官方微信公众号"江苏教育发布"和江苏教育报刊总社《江苏教育报》官方微信公众号
专访资深教育记者戚若予:新高考改革是"两大板块间"一场可以预见的碰撞和融合	南京教育资深记者戚若予呼吁考生选科时应基于理想和兴趣特长,不可过于功利	"荔枝新闻"发布报道
张家港:校校都有生涯规划指导课	报道张家港市每所高中都开设了学生学习生涯规划指导课程,并都建立了学生选科工作指导小组,在生涯指导课程基础上为学生进行有效的选科指导,做到了一人一策	省教育厅官方微信公众号"江苏教育发布"和江苏教育报刊总社《江苏教育报》官方微信
校长说新高考:今天,这位校长分享了他的自身经历	江苏大学校长颜晓红教授介绍江苏大学相关学科及有关招生情况,重点阐明了该校本科专业和一流本科专业在招生录取时,对首选物理科目和再选化学科目的具体要求与总体安排,并结合自身求学经历,希望有更多的高中生深入学习物理和化学知识	省教育考试院官方微信公众号"江苏招生考试"

续表

标题	主要内容	发表平台
南审校长谈科学选科：理性而不盲从	邀请南京审计大学校长刘旺洪教授阐释了高中生应该科学选科、重视职业规划的观念，要全面地了解心仪的大学所发布的各专业关于科目选择的要求，对待选科应该理性不盲从	省教育厅官方微信公众号"江苏教育发布"和江苏教育报刊总社《江苏教育报》官方微信公众号

注：根据《省高考综合改革推进和选科评估与指导工作日报》进行整理。

四是建立常态化长效机制。江苏在出台再选科目保障机制后，持续开展了选科评估和指导工作，重点在几个方面发力。第一，以建立再选科目保障机制为契机，引导学生大胆选考化学，推动再选化学比例不断优化，促进各再选科目选考比例趋向平衡。第二，进一步宣传理科招生计划维持在 70% 左右的客观事实，引导有意愿、有潜力的考生选报物理。第三，在开展再选科目保障机制培训的基础上，允许高二学生及家长在新学期正式开学后一周内再次调整和确认选科，做好对改报科目考生针对性的学习辅导和教学支持服务。其间，省教育厅再次组建 13 个督查组，对全省所有设区市推进高考综合改革和选科评估指导等工作进行专项督导检查，重点督查学校开展选科保障机制相关政策的培训解读情况，组织学生开展选科调整的情况，以及对调整选科的学生开展补习辅导服务的情况。

3. 主要成效与创新

一方面，再选科目保障机制的政策红利得到释放，为理性选科赋能。各地各校及时制订新一轮高考选科评估指导与督查工作方案，在做好政策解读的同时，对高二学生摸排梳理、分类指导，提供个性化的选科指导意见。对明确改选意愿的学生，及时制订补偿教学计划，帮助学生尽快适应改选后的科目学习。保障机制出台后，选科评估和指导工作成效明显提升，全省物理选考比例相较于评估前增长了 1.26 个百分点，全省化学选考比例相较于评估前增长了 4.62 个百分点。全省 13 个设区市中，有 11 个设区市四星级高中均为学生提供了 10 种及以上选科组合；全省所有三星级高中均为学生提供了 6 种及以上选科组合；全省高一提前选科的行为已被全面禁止。

另一方面，精准实施选科补偿教学方案，为理性选科保驾护航。针对改选物理和化学科目的高二学生分别补偿教学 140 和 50 学时的教学任务，各地各校本着"先易后难、先慢后快、先基础后提高"的原则，及时制订补偿教学服务方案，科学、合理安排教学进度和教学内容，帮助学生尽快适应改选后的学习。全省 527 所高中学校均对调整选科学生开展了补偿教学服务。

三、加强高中教育资源建设,提升供给水平

教育资源是最基本的办学要素,是实现教育现代化的基础条件,也是办人民满意教育的重要保障。而普通高中新课程改革、高考综合改革对高中资源建设提出了更多、更高的要求。从浙江与上海两地的高考综合改革实践来看,多数高中都或多或少面临教室、实验室、教师数量不足的困难①。据试点省市学校测算,从行政班教学走向走班教学,教室数量大约需要增加 1~2 倍。江苏又面临着学龄人口快速增长、普职比连年提升的特殊省情,这与新高考、新课程改革因素交织叠加,对高中资源建设提出严峻挑战。省委原书记娄勤俭强调,要持续扩大优质教育资源供给,不辜负崇文重教的江苏人民、聪颖勤奋的江苏孩子。为此,江苏在深入开展全省普通高中办学状况专题调研的基础上,积极研究,强力推进,加强师资、经费、设施等要素保障。

一是加强政策供给。制定《省教育厅关于高考综合改革背景下加强普通高中教学组织管理工作的意见》,培养充实以班主任为核心的选课指导服务;指导各地充分利用学校功能室场等资源开展走班教学,一室多用,提高室场使用率;鼓励各地充分利用技术手段实现选课、排课、管理、评价,提高管理效率。制定《关于新时代推进普通高中育人方式改革和资源建设的实施意见》,将每年建设任务逐一分解到市、县(市、区)和项目学校。

二是实施专项行动。2017 年起建立基础教育资源预警制度,有效引导各地动态调整布局规划,加快资源建设。在强化预警预测的基础上,出台江苏省《普通高中资源建设三年行动计划(2020—2022 年)》,提出以设区市为规划建设主体,加快推进江苏普通高中新建校和改扩建校建设,科学调配农村或城郊结合部闲置教育资源,推动高中资源整合与优化,扩大普通高中资源总量,增加学位供给。将普通高中资源建设列入省政府为民办实事项目,作为厅长攻坚项目,落实市、县(市、区)、学校责任,协同化解建设中的困难和问题。2020 年、2021 年连续两年召开高中资源建设推进会。编制、发改、财政、人社、自然资源、住建等部门全力支持高中教育发展,强化各设区市政府的主体责任,社会和学校等多元参与、共同推进。省人大每年组织开展重点督办活动。

三是加大经费投入。完善以财政投入为主、其他渠道筹措为辅的普通高中投入机制。落实生均公用经费拨款标准每年达 1000 元以上,并建立动态调整机制。进一步完善成本分担机制,按照规定程序适当调整学费标准。省级财政进一步整合现有教育专项资金,加大奖补力度,每年设立 2 亿元专项资金奖补普通

---

①   刘希伟.试点省市高考改革研究[M].杭州:浙江教育出版社,2017:145.

高中资源建设。

四是创新师资力量供给。建立省域编制动态调剂机制,仅 2020 年就调剂了 1 万名编制给苏州等 5 个编制严重紧缺的设区市,加快适应选课走班教学需要。出台高中招录紧缺学科教师"先上岗后考证"政策,2020 年全省招聘高中新教师 5944 人,为历年最高。完善培训体系,创新培训方式,重点提升教师新课程实施、教育教学改革、学生发展指导和走班教学管理的能力。加强新教师培训,增强其对新教材新课程的理解能力,提升学科素养,提高课堂教学的实施能力,满足新高考背景下学校教学组织的教师需求和能力要求。

截至 2021 年底,全省普通高中新建改扩建任务超额完成。普通高中学位数近 3 年增加超过 21 万,较好满足了人民群众对普通高中教育的需求。优质资源不断丰富,星级高中、高品质示范高中建设扎实推进,江苏学生 90% 在优质高中就读。同时,师资配备、育人方式改革等取得积极进展。

本 章 小 结

选科不平衡问题是新一轮高考综合改革推进实施过程中出现的最突出问题。第一、二批改革试点省市主要表现为物理选考"遇冷",第三批改革省市如江苏主要表现为化学选考"遇冷"。尽管表现形式不同,但成因本质大致相似。从理性选择制度主义的视角来看,在既有利益的驱使下,"行动舞台"上的各行动者,通过理性选择尽可能实现了个体利益最大化,却造成了物理、化学"遇冷"这一集体非理性结果,致使政策效果与政策设计和预期之间出现了偏差。面对困局,江苏在多方研判的基础上,从顶层设计、配套措施、宣传引导等多方面聚力攻关,通过出台再选科目保障机制、创新开展高中选科评估和指导、加强高中教育资源建设,打出了一套政策组合拳,顺利实现了对选科偏差问题的"破困突围"。

第六章　高考改革的命题体系重构

在高考制度体系中,高考命题是一个相对独立的体系,其主要作用是考查考生能力、生成考试分数、区分考生群体。在高考综合改革中,高考命题面临三个维度的新组合挑战。第一个维度是考试科目的新组合。新高考设置"3+1+2"考试科目,科目组合更加复杂,文理交织更加深入,科目的分数权重出现重大变化,特别是再选科目从原有的等级呈现变为分数呈现,各个科目成绩计入总分的高利害,带来了选科群体的剧变,传统的命题生源预估模型失灵。第二个维度是计分系统的新组合。高考科目的计分方式,既有原始分,也有等级转换分,更有保障机制下的等级转换分,加之考试时长急剧缩短,传统的命题难度控制机制失效。第三个维度是命题标准的新组合。"08方案"期间的高考命题依据旧版课程标准和考试大纲(说明),这是一个"宏观指导+微观指导"的稳定组合。新高考命题依据新版课程标准和中国高考评价体系,这是一个"宏观指导+宏观指导"的新态组合,同时新版课标与旧版教材异步错位,不同科目由教育部和江苏分别命题,传统的命题参照标准体系失范。

应对新组合挑战,高考命题需要在改革中重构新体系,用以解决既有的现实问题和新增的潜在问题。江苏从2019年开始进行新高考命题的研究设计、探索试验,重点关注了三个维度下的三个重点问题:"08方案"下的教学考试向新高考方案下的教学考试转变的系统适应问题,选科群体剧变与等级赋分机制下的试题试卷难度控制问题,以及新的教学评价理念下的素养考查问题。通过深入的科学研究和精细的操作实践,探索出一条适应江苏实际、反映江苏质量、体现江苏风格的命题新路。

第一节　高考命题的"统分"史

一、全国高考命题的演进

1. 全国高考命题的组织模式

1977年恢复高考以来,高考命题经历了统一、分省、统分结合的历程。

1985年以前,全国实行统一高考命题。1985年,上海市实行自主命题,成为首个高考自主命题省市。2002年,北京市实行自主命题。2003年,四川省南部县发生高考试卷被盗事件以后,分省命题陆续推开:2004年,天津、辽宁、江苏、浙江、福建、湖北、湖南、广东、重庆9省市实行自主命题;2005年,安徽、江西、山东3省份实行自主命题;2006年,四川、陕西2省份实行自主命题。截止到2006年,实施高考自主命题的省市达到16个。

2014年,《国务院关于深化考试招生制度改革的实施意见》出台,明确提出"2015年起增加使用全国统一命题试卷的省份",分省高考自主命题省市陆续开始使用全国卷:2015年,辽宁、江西、山东3省份开始使用全国卷;2016年,安徽、福建、湖北、湖南、广东、四川、重庆、陕西8省市开始使用全国卷;2021年,江苏开始使用全国卷。至此,全国高考自主命题的省市仅有北京、上海、天津、浙江4省市。

高考综合改革落地以来,2017年第一批上海、浙江2省市实行自主命题。2020年第二批北京、天津2省市实行自主命题,山东、海南2省份既使用语文、数学、外语3个科目的全国卷,也分省自主命制思想政治、历史、地理、物理、化学、生物6个科目的等级考试卷。2021年,第三批河北、辽宁、江苏、福建、湖北、湖南、广东、河北、重庆8省市,与山东、海南一样使用统分结合的试卷。现在,全国形成了全国卷、高考自主命题、自主学考命题的高考命题形式。

2. 全国高考试卷的使用状况

组织模式的统分,意味着高考试卷的统分。全国卷并不是一张试卷,分省命题也不是全部科目的自主命题。

2014年以前,全国卷通常包括新课标全国Ⅰ卷、全国Ⅱ卷、大纲卷、海南卷。当时16个分省命题省份中,江苏等11个省市自主命制全部科目试卷;辽宁等5省市自主命制部分科目试卷,部分科目使用全国卷;大部分省市英语科目听力部分使用全国卷听力试题。

2020年,第二批省市新高考落地后,教育部开始提供新高考全国卷,供山东、海南使用。2021年,第三批省市新高考落地后,教育部继续提供不同版本的新高考卷,供10个省市使用。新高考卷分为新高考Ⅰ卷、新高考Ⅱ卷,同一卷种也有个别试题不同。

二、江苏高考命题的发展

1. 江苏高考自主命题的发展脉络

从2004年至2020年,江苏高考自主命题历经17年,大致经历了模仿、创新和收官三个阶段,发展脉络如表6-1。

表 6-1 江苏自主命题发展脉络（2004—2020）

阶段	时间范围	主要特征	命题依据	选择性	命题立意	指导教学
第一阶段	2004—2007	起步模仿	国家大纲	—	知识为主兼顾能力	—
第二阶段	2008—2017	推进创新	考试说明	选修选考选做	能力立意兼顾知识	试题分析
第三阶段	2018—2020	调整收官	考试说明	选修选考降低选做	立德树人能力立意兼顾知识	试题分析高考评价

2. 江苏高考自主命题的考查演变

（1）考查重点的演变。从知识立意到能力立意的演变，考查目的更加突出表现为从关注知识本身到关注知识的应用。2007 年普通高中课程改革后，为完善适合学科的测量目标，拓展能力考查的内容，增加对创新意识、探究能力的考查，研究探究型、开放性试题的命题方法，强调要有利于培养和选拔具有学习潜能和创新精神的考生。

2004 年与 2020 年历史学科同一知识点的不同试题对比

2004 年江苏高考历史卷第 1 题：

完整地说，我国的"青铜时代"应包括

A. 夏、商　　　　　　　　B. 商、周

C. 西周、春秋、战国　　　D. 夏、商、周

2020 年江苏高考历史卷第 1 题：

近年江西新干出土了一批商代青铜农具，有犁、耙、斧、铲、镰等，种类较为齐全。某些类型的农具还是首次发现，更无使用之痕。不少农具铸有云纹、兽面纹、蝉纹等具有神秘意义的纹饰，绝非一般农具所能铸刻。这反映出

A. 青铜农具最早出现于江西新干

B. 成套青铜农具有利于精耕细作

C. 青铜农具基本不用于农业生产

D. 全国经济重心已经转移到南方

注：同为试卷第 1 题，考点均为"青铜文明"，但考查重点明显不同。2004 年的试题，设问直接，属于识记层次的考查；2020 年的试题，设置情境巧妙，创设出认知冲突，更能考查出关键能力。

（2）考查内容的演变。2007年普通高中课程改革的最大特点就是体现课程内容的选择性，高考方案与高考内容体现了2007年课程改革的选择性。思想政治、地理、化学、生物科目成为可选。文、理科考生分别加试语文附加题、数学附加题。物理等科目设置了选做题。

（3）题型结构的演变。不同学科根据学科考查规律确定题型比例，学科不同，题型结构可以不同。如，英语卷增加阅读量，语篇长短不一。数学卷取消选择题，提高填空题分值，逐步形成了前易后难的试卷结构。

三、高考命题依据的脉络

1. 高考命题的政策脉络

高考命题既是一项学术性的活动，更是一项政策性的活动。高考命题的国家政策是一个从无到有、因时而进、逐渐明晰的演进过程。早期，高考命题政策以选拔人才为主要导向，以学术性、学科性层面的政策为主。随着高中阶段教育、高等教育的大众化、普及化发展，高考命题的国家政策逐步细化、渐成体系。

高考综合改革以前，《国家中长期教育改革和发展规划纲要（2010—2020年）》（2010年）、《中共中央关于全面深化改革若干重大问题的决定》（2013年）、《教育部关于全面深化课程改革落实立德树人根本任务的意见》（2014年）、《国务院关于深化考试招生制度改革的实施意见》（2014年）、《教育部关于普通高中学业水平考试的实施意见》（2014年）、《国家教育事业发展"十三五"规划》（2015年）等文件，从国家全局、规划高度，明确了高考及普通高中学业水平考试制度，要求在考查内容和考查要求层面进行改革探索，即：考查内容层面坚持高校人才选拔要求和普通高中课程标准，考查要求层面着重考查学生分析、解决问题的能力。

高考综合改革以来，《普通高中课程标准（2017年版）》（2018年）、全国教育大会（2018年）、《国务院办公厅关于新时代推进普通高中育人方式改革的指导意见》（2019年）、《教育部关于加强和改进新时代基础教育教研工作的意见》（2019年）、《中国高考评价体系》（2020年）、《深化新时代教育评价改革总体方案》（2020年）、《革命传统进中小学课程教材指南》（2021年）、《中华优秀传统文化进中小学课程教材指南》（2021年）、《"党的领导"相关内容进大中小学课程教材指南》（2021年）等文件与会议精神，更加深入明确提出了评价理念、评价方式、考查内容的具体要求，突出了立德树人导向、考试内容优化、试题形式创新、情境设计增强等考查要求，增加了试题的综合性、开放性、应用性、探究性要求。

2. 教学依据的发展脉络

　　高考的主要对象是普通高中毕业生,普通高中教学依据是高考命题的关键指引。普通高中教学依据不断重塑升华,教材体系不断调整完善,很大程度上影响了高考命题。

　　(1)课程改革的理念脉络

　　课程改革的主线是从教书到育人,从"双基"、三维目标到学科核心素养。课程改革理念脉络如表6-2。

表6-2　课程改革的理念及规范性文件

理念	阶段	年份	规范性文件
基础知识与基本技能	V1.0	1952年	中学教育暂行规定
知识与技能、过程与方法、情感态度价值观	V2.0	2001年	基础教育课程改革纲要 普通高中课程标准(实验)
学科核心素养	V3.0	2014年	普通高中课程标准(2017年版)

　　(2)教材体系的统分演变

　　2003版课程标准实施前,普通高中教材统一使用人教版教材。

　　2003版课程标准实施后,全国陆续使用高中课标教材,出现了"一纲多本"现象,不同省市不同学科使用了不同版本的教材。如,江苏使用了人教版、人民版、苏教版、鲁教版、湘教版等版本的教材。

　　2017年,国家教材委员会成立,教育部设立教材局,加强教材管理。当前,全国陆续使用2017年版高中课标教材。其中,思想政治、语文、历史统一使用国家统编人教版教材,其他科目实行"一纲多本"。江苏省从2020年秋季学期起,使用新教材。

　　3.命题依据的发展脉络

　　高考命题依据是高考命题的核心准则。高考命题依据也经历了一个因势而行、因时而进的发展历程,指导了不同时期不同阶段的高考命题。

　　考试大纲及考试说明阶段。20世纪80年代初,教育部考试中心推行"标准化考试",陆续出台各学科考试大纲,全国高考命题全部依据考试大纲。教育部考试中心和各省市依据考试大纲和教育教学实际,制定了考试说明,规范全国卷和分省卷的命题工作。2020年,教育部考试中心不再制定考试大纲,各省市考试机构相继宣布不再制定考试说明。

　　课程标准和评价体系阶段。2020年,教育部考试中心发布《中国高考评价体系》,从核心功能、考查内容、考查要求三方面为未来高考考试评价理论划定了框架,即回答高考"为什么考、考什么、怎么考"的问题,对"培养什么人、怎样培养人、为谁培养人"这一教育根本问题给出了在高考领域的答案。中国高考评价体系是综合高校人才选拔要求和国家课程标准而形成的考试评价理论框架,不是考试大纲,也不是界定考试范围的规范性文件。

中国高考评价体系

《中国高考评价体系》提出了"一核四层四翼"的评价体系。一核是指"立德树人、服务选才、引导教学"的高考核心功能,四层是指"核心价值、学科素养、关键能力、必备知识"的考查内容,四翼是指"基础性、综合性、应用性、创新性"的考查要求,实现载体是情境的考查载体。

第二节 高考命题的理念与原则

一、研究过程

新时代高校人才选拔的新要求,新课程普通高中育人的新标准,促进并推动新高考的内容与形式改革。新高考命题落实"立德树人、服务选才、引导教学"的高考核心功能,必须深入探究厘清并深刻认识新高考命题的理念与原则。江苏通过前期预研究和正式研究两个阶段推进新高考命题研究,力求继承江苏高考命题风格,彰显江苏高考命题自信,发展江苏高考命题品牌。

1. 预研究阶段

2019 年 11 月,江苏省教育考试院组织高考命题骨干专家开展专题研究,深入谋划高考选择性科目命题工作思路。2020 年 3 月,制订了《江苏省普通高中学业水平选择性考试命题研究设计工作方案》,预研究工作启动。

2. 正式研究阶段

2020 年 9 月,省教育考试院召开新高考命题研究设计工作推进会议,正式启动研究设计工作。2020 年 9 月至 10 月,组织专家赴山东调研,骨干专家开展深入研究,部分学科组织试验性命题与测试。2020 年 10 月中旬,组织骨干专家编写新高考命题《试卷结构》和《命题指南》两个文本的初稿。2021 年 3 月,再次组织专家修订完善两个文本。2021 年 3 月 4 日,《江苏省普通高中学业水平选择性考试科目试卷结构》以文件形式向社会公开发布。在第三批高考综合改革省市中,江苏首家发布新高考试卷结构。

二、理念与原则

命题研究设计以及适应性考试命题过程中,命题组织者和命题教师就新高考命题的一些重大宏观问题进行了深入的讨论和研究,提出了一系列核心观点,统一了对新高考命题的认识,明晰了新高考命题的理念与原则。

1. 命题发展的方向

教育是国之大计、党之大计,必须落实立德树人教育根本任务,培养德智体美劳全面发展的社会主义建设者和接班人。新高考命题必须落实立德树人教育根本任务。

第一,从关注选人到关注育人。命题要把握好政治性、思想性、价值性,倡导中华优秀传统文化和社会主义核心价值观,弘扬以爱国主义为核心的民族精神和以改革开放为核心的时代精神,引导学生形成正确的世界观、人生观和价值观,树立为人民幸福、民族振兴和社会进步作贡献的远大志向。

第二,从追求科学规范到追求更高质量。试卷试题质量的基础是科学规范,没有政治性、科学性、公平性、技术性、规范性、争议性问题。试卷试题质量的更高标准:一要依据普通高中课程标准和高考评价体系,精准把握课程标准的学业质量水平,精准把握高考评价"一核四层四翼"的要求。二要运用现代教育测量理论,精准把握试卷的信度、效度、难度,精准把握试卷的区分度和合格标准,保持横向均衡和纵向稳定。三要兼顾江苏实际情况,精准把握基础教育的教学状况,精准把握城乡、区域、校际、性别的差异,引导教学回归本源,实现考试公平价值。

第三,从聚焦能力立意到聚焦多维评价。新修订的普通高中课程标准明确提出了学科核心素养,提出了多维度的普通高中学业质量水平的标准。中国高考评价体系明确提出了"价值引领、素养导向、能力为重、知识为基"的多维评价理念,提出以情境和情境活动为考查载体。高中育人方式改革也明确了取消考试大纲。以往命题依赖考试大纲、强调能力立意,需要逐步向多维评价转变。

第四,从专门化迈向专业化。命题是一项具有较高政治性、学科性、理论性、技术性的智力劳动,在现代教育测量理论指导下具有自身的规律性。技术层面,要开展项目反应理论、试卷等值、题库建设的探索;制度层面,要强化队伍建设、优化工作模式、完善规章制度;标准层面,要建立更加完善的工作标准、实施规范和评价指标;资源层面,要拓宽资料收集渠道,建设电子资料库和负面资料库。

2. 考试内容与形式的要点

在教育评价改革、高中育人方式改革、高中课程改革、高考内容与形式改革的"四改"并行形势下,新高考命题必须把握好内容与形式改革的四个要点。

第一,立德树人总方向。贯彻落实立德树人根本任务,就是要解决好"培养什么人、如何培养人、为谁培养人"这个根本问题。

第二,科学评价总导向。深化新时代教育评价改革,引导教育评价进行系统性改革,提升教育发展水平。

第三,核心素养总目标。新一轮普通高中课程标准凝练了各学科核心素养,研制了各学科学业质量标准,明确了核心素养的培养目标。命题要围绕这个总目标,促进学生发展核心素养,提升综合能力。

第四,试题创新总路径。加强试题创新,改变相对固化的试题形式,加强试题情境设计,增强试题综合性、开放性、应用性、探究性,重点考查学生运用所学知识分析问题和解决问题的能力,减少死记硬背和"机械刷题"现象。

3. 选择性学考的定位

新高考学业水平选择性科目考试既是基于普通高中课程标准、学业质量标准的标准参照考试,也是基于中国高考评价体系"一核四层四翼"的常模参照考试。

第一,选择性学考是无考试大纲时代的新高考。探索普通高中学业质量标准的江苏量尺,从知识、能力的二维框架向知识、能力、素养、价值的多维框架演变,形成可操作、易分析、能一致的多维命题框架标准,指导命制落实立德树人、符合课程标准、贯彻高考评价、保持稳定均衡、适切学生能力的试题试卷。

第二,选择性学考是合格考强化基础的新高考。一体化统筹设计选择考和合格考。课程标准规定的"学业质量水平 1"和"学业质量水平 2"的内容已经由合格考考查完成。考试时长压缩和试卷分值降低形势下,选择考应该偏重于"学业质量水平 3"和"学业质量水平 4"。

第三,选择性学考是考试要素变化的新高考。根据考试时长、试卷分值等变化科学设置试卷框架结构,综合分析考试时长和试卷长度的关系,合理设置阅读量、图表量、思维量、计算量和书写量。

第四,选择性学考是等级转换计分的新高考。兼顾统考与学考、首选与再选、再选之间的实际情况,尤其是再选科目的等级赋分要求、考生群体的结构性变化、科目保障机制的影响,科学设定试卷难度目标。

第五,选择性学考是选修测试演化的新高考。选择考不是从"0"到"1",而是在原有"08 方案"选修科目测试基础上的传承和跃升。合理设置试卷的题型题量、难度结构,突出情境化、开放性、素养型试题设计,在素材选取、情境创设、设问方式、答案设置等方面更加符合核心素养考查要求。

4. 命题的 SWOT 分析

高考综合改革背景下,江苏新高考命题再次出发,续写辉煌,必须深刻认识内外部各种影响因素,深刻研判面临的挑战机遇,积极稳妥处理好优势与劣势、机会与风险的关系。SWOT 法的分析结果如表 6-3。

表 6-3　新高考命题 SWOT 分析结果

	优势	机会	
内部因素	• 命题队伍——实战能力强 • 命题管理——闭环式管理 • 命题科研——走在前面 • 命题保障——粮草先行	• 前所未有的重视 • 经济社会的孕育 • 崇文重教的传统 • 充裕的教育资源	外部因素
	劣势	风险	
	• 贯彻新评价的理念差距 • 实现高质量的技术短板 • 面临新比较的社会关注 • 保障新命题的资源压力	• 高关注 • 低容错 • 低燃点 • 易误解	

三、主要成果

1. 新高考试卷结构

《江苏省普通高中学业水平选择性考试科目试卷结构》（即"新高考试卷结构"），是根据《深化新时代教育评价改革总体方案》要求，依据高校人才选拔要求，以《普通高中课程方案》、课程标准、国家和省相关教学文件和中国高考评价体系为依据编制而成。试卷结构包括命题总要求，试卷的考试形式、考试时长、卷面满分、题型题量及其分值等信息，涵盖思想政治、历史、地理、物理、化学、生物 6 门科目。

选择性考试采用闭卷、笔试形式，考试时长为 75 分钟，卷面满分 100 分。试题分为选择题和非选择题两大类，选择题分值占比一般为 40%~50%，非选择题分值占比一般为 50%~60%。

2. 新高考命题指南

命题指南是学科组命题的规范性文本，明确了普通高中学业水平考试的性质和选择性考试科目的作用以及试卷的要求，从核心功能、考查内容、考查要求、考查载体等方面规定了考试内容和要求，从考试形式和试卷结构、总体质量要求、命题细目表等方面规定了试卷总体要求，从不同题型、参考答案和评分建议、素材来源、试题情境要求、试题负面清单等方面规定了试题命制要求，从命题准备、试题命制、审查校对、查重避重、命题小结、命题回顾等方面规定了命题基本流程与要求。参照以往考试说明，还提供了知识范围与要求、实验要求、详细的负面清单和题型示例。

第三节　高考命题的系统适应问题

一、系统适应问题的三个侧面

系统适应问题是江苏新高考命题面临的核心问题。经过长达 17 年的高考自主命题和 13 年"08 方案"的实践探索,江苏基础教育的教育教学事实上已经形成了具有江苏特点的独立系统。新课程新高考从考试标准、考试内容、考试形式上,极其剧烈地冲击、影响着江苏独立系统。在向由新高考新课程构成的新系统转换过程中,江苏新高考命题面临极大的系统性压力。这样的系统转换,必然是一个痛苦的渐进适应过程。

第一,语文、数学、英语 3 个科目从江苏卷到全国卷的适应。江苏语文卷风格偏向人文清新,在试卷风格、试卷结构、阅读量等方面与全国卷存在一定的差异。江苏数学卷结构较为固定,没有选择题,兼顾文理考生需要,与旧高考全国卷及有题型创新的新高考全国卷都存在一定差异。江苏英语卷阅读量大,引入任务型阅读,与全国卷存在一定的差异。

第二,思想政治、历史、地理、物理、化学、生物 6 个科目从学测卷到学考卷的适应。考试依据从考试说明调整到课程标准,考试理念从考查能力到考查素养。考试时长从 100 分钟到 75 分钟,计分方式从等级走向原始分和转换分,试卷结构、试卷信度、试卷效度都须适应新的要求。

第三,教学与备考面临从传统模式向新模式的适应。教学需要适应新课程新高考,改变教学理念,改进教学方法,形成新的教学样态。教学要适应新课程新高考下的旧版教材向新版教材的过渡。备考要适应丰富的备考资料向新的逐渐丰富的备考资料的过渡。

鉴于此,新高考命题分两个阶段采取措施。其一,2018 年到 2020 年的"后08 高考"时期,主动求变,逐步与全国卷对接,与新课程新高考衔接。其二,组织两次全省适应性考试,成为前三批高考综合改革省市中唯一组织两次适应性考试的省份。

二、"后 08 高考"的命题过渡调整

1. 江苏卷的主动适应

（1）主动调整考试说明

2016 年 10 月,教育部考试中心发布了《2017 年普通高等学校招生全国统一考试大纲》,该大纲进一步完善了考核目标,凸显了育人导向,重点调整了部分

科目的考试内容。2017 年的江苏卷考试说明"遵循精神、以稳为主",考试内容没有做相应调整。对 2018 年和 2019 年的江苏卷考试说明逐步进行调整,过渡到符合全国考试大纲,贴近全国试卷。

2018 年江苏卷考试说明中,语文科目的"古诗文阅读"部分增加"了解并掌握常见的古代文化常识"。数学科目 4 个选考模块删去了"几何证明选讲",其余 3 个选考模块不变,由"4 选 2"改为"3 选 2"。物理科目的"选修 3-5"列为必考,其余 2 个选考模块不变,由"3 选 2"改为"2 选 1"。

从 2018 年开始,考试说明中的示例题选取逐渐增加了全国卷的优秀试题,以期引导教学复习备考逐步了解熟悉全国卷,特别是全国卷的考查理念和考查风格。

（2）主动应对命题实践

语文、数学、物理将调整内容及时纳入当年及后续年度的命题实践中,尤其是列为必考内容的,命题时予以重点关注,以考试内容促进教学内容向全国卷靠拢。从 2018 年开始,学科命题时注意与全国卷的对标,试题情境化方面学习借鉴全国卷试题情境的选取、处理与设置方法,问题设计方面学习借鉴全国卷试题设问的形式、要求和梯度,文科试卷的阅读量方面与全国卷适当靠近,试卷难度方面与全国卷逐步接近。

2. 基于全国卷的教学备考建议

2019 年 7 月,江苏省教育考试院赴教育部考试中心专题汇报江苏卷对接全国卷的有关工作,请教育部考试中心给予考试内容改革和命题工作的指导关心。

2020 年 4 月,江苏省教育考试院组织命题骨干专家,研究分析统考科目山东、海南模拟试卷并形成研究报告。2020 年 7 月,研究分析首次使用的全国新高考 I 卷统考科目试卷并形成教学备考建议。2020 年 7 月,综合两省模拟试卷的命题分析、新高考 I 卷的命题分析,以及 2020 年高考江苏卷的命题分析,就江苏普通高中教学适应全国卷给出命题层面的教学建议。

2020 年 10 月底,教育部考试中心在南京召开第三批高考综合改革省份命题能力培训会议,并在南京组织全省高中校长、一线教师座谈会,充分了解江苏基础教育教学实际,听取江苏意见和建议。2021 年 2 月、4 月,教育部两次专门赴江苏进行专题调研,再次听取中学校长、一线教师的意见。2021 年 6 月中旬,教育部考试中心在江苏召开 4 场座谈会调研新高考全国卷,听取江苏对统考科目的意见建议。

三、新高考的适应性考试

1. 新高考的命题调研

2020 年 9 月、2021 年 3 月,江苏省教育考试院赴江苏省海州高级中学、江苏省白蒲高级中学、江苏省宜兴中学、江苏省前黄中学、江苏省泰兴中学、徐州第一中学开展命题调研。2021 年 4 月,赴苏州、淮安、盐城、扬州、镇江、宿迁的 6 所普通高中调研,其中涵盖高品质示范高中、市属高中、传统县中、农村高中、民办中学,实现了新高考命题调研在普通高中区域、类型上的全覆盖。

第一次适应性考试期间和考试结束以后,以线上问卷、线下问询的方式开展了适应性命题的专题调研。师生普遍认为,适应性考试试卷质量较高,风格稳中向新,选材新颖,情境性增强,试题难度略升,具有一定的区分度,有利于了解考查方向,为复习提供了参考。同时,选择性科目考试时长缩短,题量、文字量、阅读量较大,部分试题分值较大,考生根据分值组织答案,作答的文字量和计算量上升,考生阅读、审题、作答时间较为紧张。

2. 新高考的适应性考试命题

2020 年 11 月,江苏省教育厅高考命题工作领导小组会议审议批准了新高考适应性考试命题工作方案,明确了“守正创新、固本培元”的总基调,以风向标、科学性、均衡性、适切性作为命题原则,以高校人才选拔要求、普通高中课程标准、中国高考评价体系和相关教学文件作为命题依据。方案同时明确了学业水平选择性考试科目 75 分钟的试卷时长,试卷选择题占 40%~50%、非选择题占 50%~60% 的题型比例,3∶5∶2 的难度分值比例,以及过渡期间思想政治、历史科目试卷保留选做题等问题。

2020 年 11 月 30 日至 12 月 13 日,江苏省教育考试院组织命题教师入闱命制 2 套适应性考试试卷。2 套试卷均基于 75 分钟考试框架,基于全部启用的平行卷,试卷结构略有差异,试卷难度基本相当。

2021 年 1 月 23 日至 25 日,全省高三学生参加了全省统一组织的新高考第一次适应性考试。2021 年 4 月 15 日至 16 日,全省高三学生参加了各市分别组织的新高考第二次适应性考试。第一、二、三批高考综合改革的 14 个省市中,只有江苏实施了两次适应性考试。

第一次适应性考试结束以后,江苏省教育考试院还组织了对第二次适应性考试试卷的完善调整。调整聚焦第一次考试反映的教学备考实际情况,重点关注命题参数指标的调控。其一,更加关注试卷的信度效度。基于新的时长、卷长的新试卷结构,决定了试卷的承载量和考查的抽样度,也就在一定程度上决定了试卷的信度效度,新的时长与卷长应当保证绝大多数考生能够顺利完成全卷。其二,更加关注试卷的难度。总体难度、结构难度、思维难度、信息量难度,一定程度上决定了师生、社会考后的关注焦点,也决定了师生复习备考策略。新高考命题者与应试者之间的双盲状况,新的难度设定与控制应当维持与往年难度基本一致并满足等级赋分机制的要求。其三,更加关注试卷创新度新颖度。适当控制新理念新情境试题比例,关照新变化与江苏传统高考卷的联系、继承和发展,充分考虑老高考到新高考的命题过渡实际。

3. 适应性试卷的总体分析

2021 年 2 月,江苏省教育考试院组织编制了《江苏省 2021 年新高考适应性考试考情分析》。新高考试卷依照新版课程标准命题,更加灵活、开放、情境化,着重考查学科素养。语文、数学、英语是近 20 年来首次使用全国卷,考试结果总体符合前期预判。历史、物理等 6 门选择性科目继续由江苏省自主命题,考试结果基本符合前期预设目标。教学使用旧版教材以及复习备考的惯性做法造成考生存在一定程度的不适应。分析报告建议,应充分考虑适应性考试考生的应试动机心态、现阶段备考水平等因素,审慎合理看待考试结果。

分析报告指出,考试内容改革稳中向新,对考生素养要求更高,考生作答时间较紧张。复习备考依然存在一定程度的趋利倾向、惯性路径依赖,教学指导依然存在一定程度的"重统考科目、轻选考科目""重知识灌输、轻素养提升"现象。适应性考试发挥了风向标作用,切实引导高中教育教学有效开展新高考试卷试题研究,积极调整复习备考策略,快速转入适应新课程新高考的轨道。

第四节　高考命题的难度控制问题

命题难度问题,是技术性问题,更是社会性问题。从教育测量出发,难度就是一个统计学的描述性指标,反映了考试群体的平均能力水平,高考命题要保证一定的难度以便实现选拔区分的功能。从社会心理出发,难度就是一个社会性问题,反映了包括教师、学生在内整个社会的心理预期,容易成为一种竞争性的比较指标,成为一个社会性话题。每年高考期间,"地狱难度模式""数学帝"等话题往往成为传媒热点。新高考思想政治、地理、化学、生物等再选科目使用等级赋分机制,对卷面分数分布形态有更高要求,试卷难度必须确保再选科目分数转换公平合理,避免出现极端状况下卷面分数分布可能引起的分数转换"倒挂",继而使难度成为舆论焦点和新高考命题痛点的情况。

采取必要的难度设计与控制,成为新高考命题最大的难点。新高考命题需要进行科学研究、深入分析、细致控制,解决新高考命题的难点问题。

一、方案设计中的难度预期

2019 年,江苏高考综合改革方案在研究制定时,对等级赋分的分数转换机制进行了模拟分析,从江苏 2006—2018 年间抽取部分年度高考数据作为分析样本,其中,选取了"08 方案"前 2006、2007 年的数据,也选取了"08 方案"后 2017、

2018 年的数据。

　　模拟分析带来两点启示:其一,卷面分分布影响转换效果。卷面分分布越接近于目标分布,即一定程度的负偏态,转换分分布效果越理想。正态分布、较为严重的负偏态分布的转换效果都不够理想。命题设计时,不仅需要强调平均难度的问题,而且需要精准控制各个分数段上的考生人数比例,使得整个卷面成绩分布尽可能接近目标分布。其二,选考群体能力差异影响分数转换公平性。分数转换方案的理论前提假设是,各学科考生群体的能力分布大致相当。当不同选科考生能力分布差异较大时,将存在学科间转换分数的公平性风险。因此,需要积极引导考生理性选科,使得不同群体内的考生能力分布趋于广泛、合理,保证不同选考科目分数转换的公平性。

　　实证推演发现,考生卷面分分布形态对转换分的效果起着关键作用,通常难度值在 0.55~0.65 的考试科目分数转换最为理想。

二、命题设计中的难度目标

　　尽管新高考在方案设计时建议了最佳难度预期范围,命题时仍需要从教育测量理论和技术层面进行难度目标的命题设计。命题研究设计期间,结合正态分布理论和命题实践经验,得出了新高考等级赋分科目试卷在经验估计下难度区间的简单估值,以便学科命题控制难度时加以参考。

　　1. 等级赋分设计的理论依据及其限定性

　　(1)赋分规则

　　按照考生原始分从高到低划定 A、B、C、D、E 共五个等级,将考生原始分转换成等级;按照 A 至 E 五个等级内的考生原始分,依照等比例转换规则,转换成等级分。各等级分数比例及赋分区间如表 6-4。

表 6-4　等级分数的比例及赋分区间一览表

等　级	A	B	C	D	E
人数比例	约 15%	约 35%	约 35%	约 13%	约 2%
累计比例	约 15%	约 50%	约 85%	约 98%	100%
赋分区间	100-86	85-71	70-56	55-41	40-30

　　(2)正态模型

　　正态模型分布曲线如图 6-1,各个分数上的频数取决于离平均分 μ 的远近,以标准差 σ 为单位,正态模型各个标准差区间的频数比例分别为 0.15%、2.15%、13.55%、34.15%、34.15%、13.55%、2.15%、0.15%。因此,$\mu+\sigma$ 以上、μ

以上、$\mu - \sigma$ 以上、$\mu - 2\sigma$ 以上的累计频数比例分别约为 15.85%、50%、84.15%、97.7%。

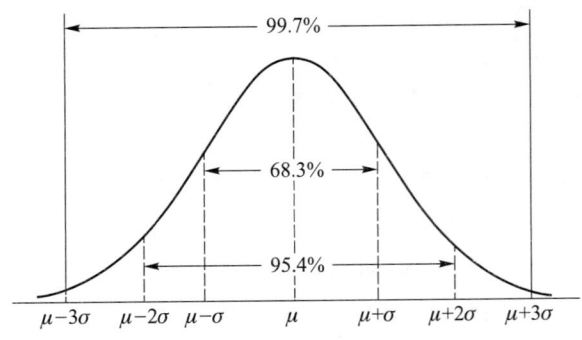

图 6-1　标准正态分布图

（3）等级分数的限定性

正态模型是等级分数转换的理论依据，依照正态模型的频数比例、赋分规则的等级比例与赋分区间最大（小）值，可以得出，各等级出现原始分高于等级分（赋分高转低）临界点的均分和标准差的关系如下：

A 等（比例 15.85%，$\mu + \sigma$）：$\mu + \sigma > 86$ 分；

B 等（比例 50%，μ）：$\mu > 71$ 分；

C 等（比例 84.15%，$\mu - \sigma$），$\mu - \sigma > 56$ 分；

D 等（比例 97.7%，$\mu - 2\sigma$），$\mu - 2\sigma > 41$ 分。

综上，赋分高转低的极端情况，取决于各段的累计频数比例，一定程度上取决于平均分 μ 和标准差 σ。例如，A 等级，如果原始分分布的 $\mu + \sigma > 86$，意味着原始分 86 分（含）以上的人数超过了 15%，说明 86 分以上且比例 15% 以下的考生将落入 B 等，B 等转换以后的等级分最高分为 85，也就是说，这部分考生的原始分高于（等于）86、等级分低于 86，此时必然是原始分高于等级分的赋分高转低情况。

2. 难度与标准差经验值的讨论

（1）难度经验值

大规模常模参照性考试的试卷难度一般在 0.50 左右，此时标准差比较大，试卷区分能力较大。从实践来看，1998 年以前高考试卷难度控制在 0.50～0.55，1998 年即大学扩招后则控制在 0.55 左右，近年来逐步控制在 0.55～0.60。

（2）往年高考试卷的标准差经验值

近年来物理等 6 个科目实测标准差 σ（2014—2020 年高考选修科目，考试时长 100 分钟，单科满分值 120）如表 6-5。

表 6-5 2014—2020 年物理等科目试卷标准差统计表

	物理	化学	生物	历史	地理	政治
σ 区间	22-23	26-29	19-22	16-18	18-19	16-20
σ 均值	23	28	21	17	19	18

（3）适应考试卷的标准差经验值

新高考下适应性考试实测标准差（第一次适应考、第二次适应考的选择性科目，考试时长 75 分钟，单科满分值 100）如表 6-6。

表 6-6 2021 年新高考物理等科目试卷标准差统计表

	物理	化学	生物	历史	地理	政治
σ 适应考 1	19	26	15	12	11	14
σ 适应考 1^*	17	23	13	10	10	12
σ 适应考 2	15	21	13	9	11	9

注：适应考 1 的参考群体中包含有提前高职招生的生源，该类生源在全体生源中的学业水平较低；适应考 1^* 的参考群体中不含提前高职招生的生源；适应考 2 的阅卷由各地组织，评分标准的执行具有差异性。

3. 理论与经验值的几个讨论

（1）等级赋分机制下，等级分较原始分增加（"赋分低转高"）是正向积极预期，社会接受程度较高；等级分较原始分减少（"赋分高转低"）则是负向消极预期，社会接受程度较低，可能出现较为尖锐的社会质疑。积极避免赋分高转低情况，是等级赋分机制极端关注的焦点问题。从理论讨论中可以看出，各个等级赋分高转低情况下，均分和标准差之间存在一定数量关系，这为研究赋分机制下试卷难度（均分/满分值）的估值提供了一定的理论依据。

（2）从 2014—2020 年连续 7 年数据来看，各个科目试卷的标准差相对集中稳定，可以经验地认为，新高考各个科目试卷的标准差应该相对集中稳定（尽管考试时长从 100 分钟调整至 75 分钟，卷面满分从 120 分调整为 100 分）。综合考虑适应考 1 的总体难度、提前高职生源干扰，适应考 2 的总体难度、各地评卷差异等因素，新高考各个科目试卷标准差的经验估值如表 6-7。

表 6-7 新高考物理等科目试卷标准差经验估值表

	物理	化学	生物	历史	地理	政治
适应考 1	19	26	15	12	11	14
适应考 1^*	17	23	13	10	10	12

续表

	物理	化学	生物	历史	地理	政治
适应考 2	15	21	13	9	11	9
经验估值	18	24	14	11	11	13

（3）依据理论讨论和经验估值，均分 μ 值临界点讨论如表 6-8。

表 6-8　新高考物理等科目试卷标准差经验估值表

等级	化学	生物	地理	政治
A	>62	>72	>75	>73
B	>71	>71	>71	>71
C	>80	>70	>67	>69
D	>99	>69	>63	>67

据此估计，各科目均分高于下列分数时，将大概率出现赋分高转低的现象：化学 62、生物 69、地理 63、政治 67。

同时发现，当 $\sigma > 15$ 时，μ 值从 A 等到 D 等依次升高；当 $\sigma = 15$ 时，μ 值保持不变；当 $\sigma < 15$ 时，μ 值从 A 等到 D 等依次降低。

（4）使用赋分规则模拟转换 2016—2020 年各个科目成绩，结果与理论预估基本一致。

4. 试卷难度区间的估计

综上，其一，赋分科目难度系数上限。结合赋分高转低 μ 值临界点讨论和往年实测模拟转换结果，并考虑各个科目难度相对均衡，各个科目的 μ 值不能高于 62。同时，综合考虑经验式命题、生源不稳定等因素，较为适宜的 μ 值上限为 60，即难度系数上限 0.60 较为稳妥。其二，赋分科目难度系数下限。难度系数 0.50 时，区分度最大。40 多年来，高考试卷难度目标逐步从 0.50 调整至 0.60。综合考虑试卷区分度、考生感受度、经验式命题、生源不稳定等因素，较为适宜的难度系数下限为 0.55。

三、命题实践中的学科控制

以化学学科为试点，在主观题型上开展科学化控制试题难度的预研工作。在厘清影响试题难度主要因素的基础上，利用抽样施测的实证方法，建立同一影响因素不同类型的分级赋值规则。进而，选用基于机器学习的线性回归方法建构试题难度分析模型。利用所建难度分析模型在实际命题过程中对试题难度进行预估,从而实现对试题难度的科学化调控,达到稳步提升命题质量的目标。

1. 明确影响试题难度的主要因素

影响试题难度的因素众多且复杂。科学、准确地厘清影响试题难度的主要因素对于建构试题难度的有效分析模型至关重要。

(1) 文献调研

在中国知网上通过主题词查询,对有关试题难度研究的文献进行了检索和筛选,并对文献进行质化分析,得到影响理科试题难度的主要因素有 11 个,分别为:学科知识综合程度、情境陌生程度、知识综合运用程度、信息复杂程度、知识点难易程度、解题步骤多少、结果呈现方式、信息量多少、信息呈现方式、答案猜测程度、知识记忆难易程度。

现有文献分析得到的这 11 个因素,尽管涵盖影响试题难度的绝大部分因素,但其中仍有缺漏,如设问的开放性等,并且,某些因素之间存在明显的交叉关系。需要在厘清众多影响因素之间相互关系的基础上,在一个逻辑更清晰的体系中重新建构影响试题难度的主要因素。

(2) 影响因素间相互关系的研究

采取问卷调查的方式收集数据,探究 11 个因素之间存在的相互关系。为了提高问卷的效度,将 11 个影响因素的描述形式转化为学生易于理解的表达方式,如"信息呈现方式"这一影响因素,在问卷中表述为"这道题的图表信息我看不太懂,或大段文字我看着就烦"。用 2016 年、2017 年高考化学江苏卷的主观性试题编制相应问题,按年份分别组成问卷 1 和问卷 2。每份问卷包含试题部分和选填影响解题制约因素部分。

根据学生作答每一道小题时选填的最主要的 3 个影响解题制约因素,统计每一道小题在 11 种影响因素上的选择频次,并以此统计结果建立数据样本。数据经 Kaiser-Meyer-Olkin 度量检验(KMO 值为 0.623>0.5)和 Bartlett 球形度检验(显著性水平 Sig. <0.05),结果表明该组数据比较适合做主成分分析。然后,用 SPSS 18.0 对数据样本进行主成分分析。从碎石图中,提取特征值大于 1 的 3 个主成分,再利用具有 Kaiser 标准化的正交旋转法进行处理,得到相应的成分旋转矩阵,如表 6-9。

表 6-9　成分旋转矩阵

影响因素	主成分		
	1	2	3
信息呈现方式	−0.047	0.559	0.464
信息量多少	−0.196	0.905	0.055

续表

影响因素	主成分		
	1	2	3
信息复杂程度	0.172	0.811	0.394
情境陌生程度	0.156	0.829	−0.276
知识点难易程度	0.743	0.099	0.338
学科知识综合程度	0.408	0.061	0.501
知识记忆难易程度	−0.632	0.011	0.071
知识综合运用程度	0.406	0.384	0.678
解题步骤多少	−0.060	−0.064	0.875
答案猜测程度	−0.839	0.011	−0.002
结果呈现方式	0.855	0.002	0.171

　　根据表中数据,将 11 个难度影响因素归属于 3 个主成分,其中:第 1 个主成分主要包含知识点难易程度、知识记忆难易程度、答案猜测程度和结果呈现方式;第 2 个主成分主要包含信息呈现方式、信息量多少、信息复杂程度、情境陌生程度;第 3 个主成分主要包含学科知识综合程度、知识综合运用程度、解题步骤多少。从相应难度影响因素的归属特征来看:第 1 个主成分主要与试题的答案相关,将其命名为结果呈现因子;第 2 个主成分主要与试题的情境相关,将其命名为试题情境因子;第 3 个主成分主要与问题的解决过程相关,可将其命名为解题过程因子。3 个主成分的累计贡献率近 70%,可涵盖原有影响因素的大部分信息。

　　(3) 影响试题难度主要因素的确定

　　认知心理学中的问题解决理论认为,问题解决就是应用一定的操作使问题从初始状态经一系列中间状态到达目标状态。那么,对于一道试题的解答,一般认为需经历问题的表征、求解的过程、答案的呈现 3 个阶段。3 个阶段与主成分分析得到的 3 个因子相吻合:试题情境因子主要影响问题的表征;解题过程因子主要制约问题的解决过程;结果呈现因子主要影响因素是信息的呈现方式,影响答案的输出。在问题解决的逻辑体系下,通过对命题专家、一线教师的访谈,结合对高中生的解题思路访谈和答题出错分析,从问题表征、问题解决和结果输出 3 个维度上,重新梳理影响试题难度的主要因素,最终确定以下 7 个因素为影响高中学业水平考试试题难度的主要因素:在问题表征阶段,有信息呈现方式、信息利用方式和情境陌生程度;在问题解决阶段,有知识综合程度和思维层次;在结果输出阶段,有答案表达形式和答案开放程度。

2. 建立试题难度影响因素的赋值规则

每一个因素在实际试题中会以不同的类型呈现,因此对试题难度的影响也是不一样的。以化学学科为例,列举每一个因素在试题中常见的 3 种类型,如"信息呈现方式"在高中学业水平考试试题中,常以纯文字、含图表、含流程 3 种类型呈现。在评判 7 个主要因素的不同呈现类型对试题难度的影响时,发现知识综合程度、思维层次、情境陌生程度、信息利用方式等因素的不同呈现类型对试题难易变化趋势的影响是明确的,即知识越综合,试题难度越大;思维层次越高,试题难度越大;情境越陌生,试题难度越大;信息越隐蔽、干扰性越强,试题难度越大。信息呈现方式、答案表达形式和答案开放程度等因素的不同呈现类型,对于试题难易变化趋势的影响则不是很清晰。因此,我们以同题异构的方式编写了 15 道测试题(含 48 道小题),并在全省范围开展抽样测试。根据测试数据的统计分析结果,研究这些因素的不同呈现类型对试题难易变化趋势的影响。

利用专家评定法和实证研究方法厘清了 7 个因素的不同呈现类型对试题难易程度的影响。在此基础上,形成同一因素不同呈现类型的难度序列,并据此进行分级赋值。考虑到最终通过难度分析模型得到的结果为难度系数,难度系数越小,则试题难度越大。因此,按照由难到易的顺序,分别以 1、2、3 对同一因素不同呈现类型进行赋值,如表 6-10。

表 6-10　各影响因素不同呈现类型的赋值

维度	影响因素	类型特征	赋值
问题表征	信息呈现方式	纯文字	1
		含坐标图或装置图	2
		含流程图	3
问题表征	信息利用方式	干扰应用	1
		转化应用	2
		直接应用	3
	情境陌生程度	完全陌生	1
		相对熟悉	2
		完全熟悉	3

续表

维度	影响因素	类型特征	赋值
问题解决	知识综合程度	用到 2 类以上知识	1
		用到 2 类知识	2
		仅用到 1 类知识	3
	思维层次	解题步骤 5 步以上	1
		解题步骤 3-5 步	2
		解题步骤 1-2 步	3
结果输出	答案表达形式	文字描述或带过程计算	1
		书写方程式或结构简式	2
		填序号或符号	3
	答案开放程度	完全开放	1
		部分开放	2
		封闭且唯一	3

3. 建构试题难度分析模型

（1）测试题难度影响因素的赋值

选取 6 位具有丰富教学经验且具有化学高考命题经验的中学化学教师,对他们进行赋值规则培训后,请他们对所有 48 道小题从 7 个影响因素的维度进行独立赋值。然后,对教师的赋值结果进行一致性分析,得到肯德尔和谐系数为 0.845,说明 6 位教师的赋值能力在 0.01 水平上是一致的。在此基础上,深入探讨个别有差异的赋值,在分析清楚原因之后,重新进行赋值调整,最终形成所有测试题的结构赋值。

（2）基于机器学习建构多元线性回归模型

在进行建模时,首选基于机器学习的回归方法。为了找到合适的算法,先后尝试二次回归、加权线性回归等算法,但由于用于建模的数据量有限,最终得到的模型并不稳定,预测性也比较差。最终选定多元线性回归方法进行建模,即对多个自变量（试题难度的影响因素）与因变量（试题难度）之间建立线性关系,这样建构的试题难度模型不仅相对稳定,而且具有较好的预测性。

在回归建模过程中,随机选取全部数据的 70% 作为训练集,建立线性回归方程,再以剩余的 30% 数据作为测试集进行模型验证,得到难度系数误差的平均数和误差的标准差,以检验所建模型的准确性。为了在有限数据的情况下尽量作出拟合度较好的模型,在建模时进行了 15 次的机器学习过程,得到 15 条线性回归方程。由于每一次的 70% 训练集和 30% 测试集是随机产生的,因此每一次所建模型均存在一些差异。接下来,对这些结果从多个角度进行仔细的分析和取舍。按照机器学习尽可能减少偶然误差的原则,舍弃检验误差最大和最小的模型,选择误差稳定度较高且能赋予解释含义的模型。根据建构模型中参数的实际含义,系数反映变量对于难度影响的权重,从而去除变量系数为负值的模型。最终,筛选得到线性回归方程:

$$y = -0.4281 + 0.0820\, x_1 + 0.1082\, x_2 + 0.0028\, x_3 + 0.0952\, x_4 + 0.0509\, x_5$$
$$+ 0.1360\, x_6 + 0.0102\, x_7$$

模型应用于测试集所得试题难度系数误差的平均数为 0.1285,模型应用于测试集所得试题难度系数误差的标准差为 0.1503。

利用模型对所有测试题的难度进行预测,并将预测值和实测值进行对比,结果如图 6-2 所示。结果表明,测试题难度的模型预测值与实测值有较好的拟合度。

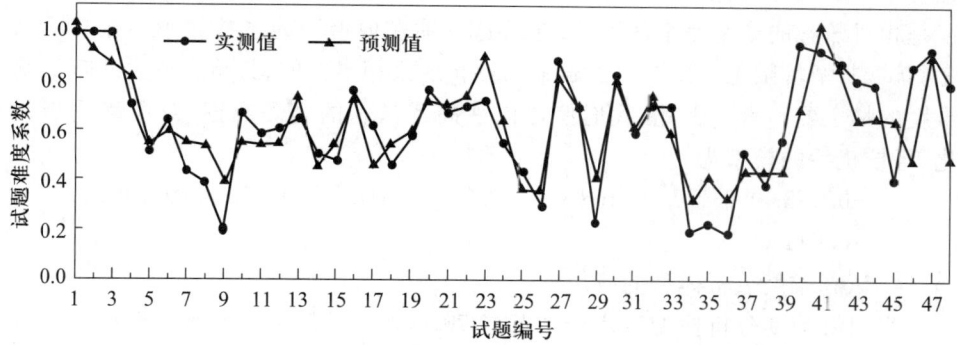

图 6-2　测试题难度的模型预测值与实测值

（3）模型的检验

利用机器学习所建构的模型是否具有推广性,能否应用于实际的考试,并实现对试题难度较为准确的预估,需要用真实的高中学业水平考试试题进行检验。

选取 2015、2016 和 2017 年高考化学江苏卷中 12 道非选择题的实测数据进行模型检验。首先对每一道试题从 7 个影响因素维度进行赋值,然后将赋值代入模型,得到相应试题难度的预测值。12 道试题难度的平均偏差为 0.06。高考试题的模型预测值与实测值如图 6-3。

检验结果表明,利用模型预测的数据与实测数据有较好的拟合度,建构的模型具有一定的应用价值和推广意义。有个别试题的偏差相对较大,一方面与试

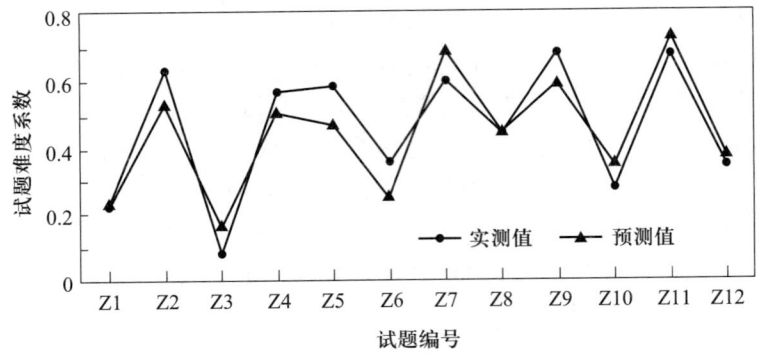

图 6-3　高考试题难度的模型预测值与实测值

题难度影响因素的赋值有关系,因为根据规则进行赋值存在一定的主观性,教师的解题方法不同,对赋值规则的认识不同等都会导致这种差异。另一方面,用于建模的测试题量较少,且测试题还未涵盖因素的所有类型,例如对于"情境陌生程度"一项,由于测试题是以往年高考试题改编的,在建模时教师均认为试题情境是相对熟悉的或是完全熟悉的,导致这一项在模型中的系数偏小。在实际高考测试中,情境陌生程度对学生解题的影响还是相当大的,甚至会成为影响试题难度的最主要因素。因此,我们使用以往高考试题的实测数据,对模型适当优化,经校正后的模型为

$$y = -0.478 + 0.082\,x_1 + 0.108\,x_2 + 0.028\,x_3 + 0.095\,x_4 + 0.052\,x_5 + 0.136\,x_6$$
$$+ 0.011\,x_7$$

4. 试题难度分析模型的应用

我们将难度分析模型应用于江苏省 2021 年普通高中学业水平选择性考试(化学)。在命题过程中,对每道试题的每一个小问从影响试题难度的 7 个主要因素层面进行赋值,利用模型对每一个问题进行难度预估。考虑到难度分析模型对于试题难度的预估是基于每一个小问,而评卷过程中常常以试题切块为一个计分单元。为了实现两者的有效对照,我们选取了独立计分试题的数据予以呈现,对照结果如图 6-4 所示。结果表明,模型在实际应用中能够较好地实现对试题难度的预估和调控。

四、实际测试中的难度结果

两次适应性考试、一次正式考试结束后,我们跟踪分析了试卷的难度相关系数。等级赋分转换以后,思想政治、地理、化学、生物的标准差、难度系数趋于等级赋分转换机制下的标准差和难度系数的理论值,说明卷面分数的难度基本满

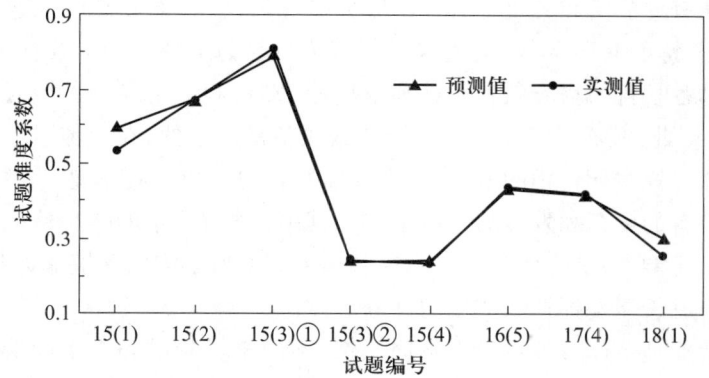

图 6-4　2021 年化学选择考试题难度的模型预测值与实测值

足了等级赋分的理论要求。

第五节　高考命题的素养考查问题

一、素养和核心素养

核心素养是课程发展与设计的关键 DNA,因此,它也是教育考试的关键 DNA[①]。

1. 素养

"素养"的字面意思是素质和教养,文化语境中理解为"平日的修养"。从词源学来讲,是指人在特定情境下的存在状态和表现出来的各种能力。学术定义是在特定情境中,通过利用和调动心理社会资源,以满足复杂需要的能力。素养是个体应对外部环境应具备的素质与修养,是先天条件和后天学习的合成,个体面对特定的"生活情境"表现出来的素养。

素养是在遗传基础上后天"教化"养成的,具有特质性[②]。素养作为整体概念,内部因素相互影响和制约、相互渗透和转化,具有彼此不能分割的整体性。素养不易被测量评价,具有潜在性。素养不断变化,具有发展性。

2. 核心素养

从人才培养的视角,核心素养是学生为适应社会发展的需要和个人终身的

---

① 蔡清田. 课程发展与设计的关键 DNA:核心素养[M]. 台北:五南图书出版股份有限公司,2012:3.

② 李渝萱,李才俊. 关于中国学生发展核心素养的思考[J]. 教育文化论坛,2017(04):101-106.

发展必须拥有的品格和关键能力①。从个体视角,核心素养是个人成长发展中必要的、最关键的共同素养②,是适应于所有人的普遍素养②。从教育视角,核心素养是通过各学科的培养教育而逐渐发展起来的,对学生终身发展起基础作用的东西③。因此,核心素养是立足于个体素质基础之上的,在个体素养系统中起支配地位和发挥主导作用的素养,是个体面对新的社会生活环境,为适应社会需要而必须具有的生存和发展的必备素养。其中,"核心"指的是个体应具备的主要的生存发展能力,是个体为应对当前和未来需要所必需的关键能力和品格,对人的发展与成长能发挥持久作用的部分。

核心素养是个体成长过程中不同时期、不同学习阶段和在不同情境中都不能缺少的共同底线要求,具有以下特性④。其一,共性和个性。核心素养是社会群体成员的共同素养,会因个体差异而呈现出个性化的特征。其二,主导和全面。核心素养是素养系统中的关键素养,发挥支配地位并起主导作用,同时具有全民性和价值性。其三,相关与发展。核心素养是其他素养发展和提升的基础,本身具有发展性。其四,可教与可学。核心素养养成的基础是先天遗传,但主要是通过后天环境的影响而发展起来的,学生通过后天学习不断积累的结果,是学校教育和在外界环境影响下学生自我完善、发展、超越和升华的过程。

师曼等学者研究认为,指导 21 世纪"核心素养"研究上出现了四种相对具有代表性的价值取向,包括经济合作与发展组织(OECD)提出的以培养完整人为导向的价值取向、联合国教科文组织和欧盟提出的以终身学习为导向的价值取向、新加坡以个人发展为核心的价值取向以及美国以未来职业需求为导向的价值取向等。⑤

二、中国的核心素养模型

1. 中国学生发展核心素养

2016 年 10 月,北京师范大学林崇德教授领衔的课题组发布《中国学生发展核心素养》,以"全面发展的人"为核心,分为三个方面、六大素养、十八个基本要点⑥,如图 6-5。

---

① 李渝萱,李才俊. 关于中国学生发展核心素养的思考[J]. 教育文化论坛,2017(04):101-106.

② 张华. 论核心素养的内涵[J]. 全球教育展望,2016(04):10-24.

③ 施久铭. 核心素养:为了培养"全面发展的人"[J]. 人民教育,2014(10):13-15.

④ 李渝萱,李才俊. 关于中国学生发展核心素养的思考[J]. 教育文化论坛,2017(04):101-106.

⑤ 师曼,等. 21 世纪核心素养的框架及要素研究[J]. 华东师范大学学报(教育科学版),2016(3):29-37,115.

⑥ 核心素养研究课题组. 中国学生发展核心素养[J]. 中国教育学刊,2016(10):1-3.

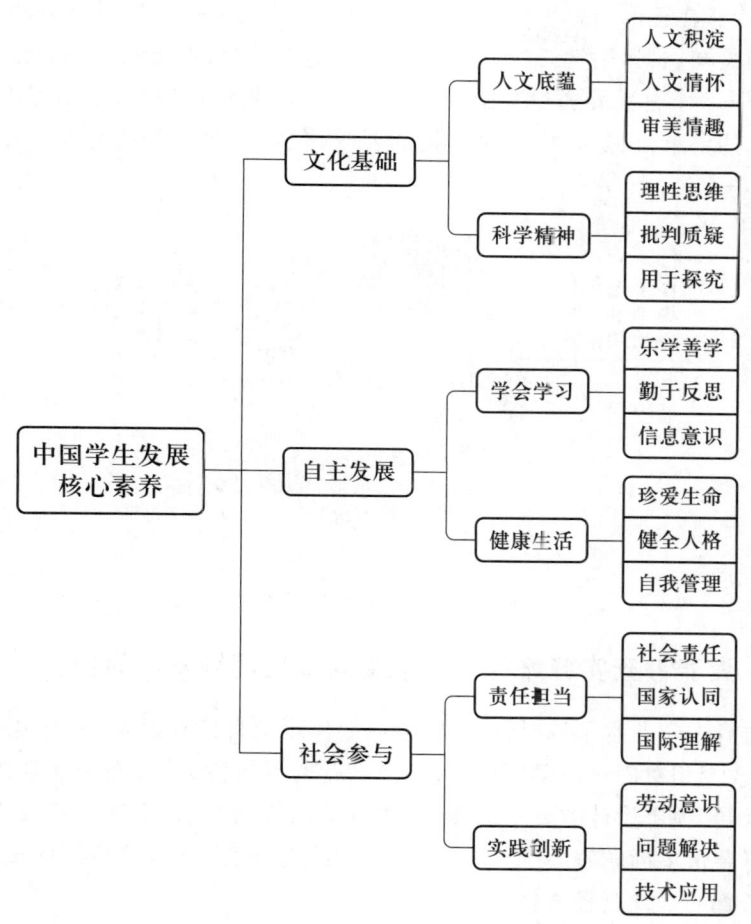

图 6-5　中国学生发展核心素养

2. 普通高中课程标准

学科核心素养,是指个体在面对复杂的、不确定的现实生活情境时,能够综合运用特定学习方式所孕育出来的(跨)学科观念、思维模式和探究技能,结构化的(跨)学科知识和技能,以及包括世界观、人生观和价值观在内的动力系统,在分析情境、提出问题、解决问题、交流结果过程中表现出来的综合性品质①。普通高中课程标准中明确了各个科目的学科核心素养,并将学业质量分为不同水平等级。

3. 中国高考评价体系

学科素养是指即将进入高等学校的学习者在面对生活实践或学习探索问题

---

①　朱明光. 关于思想政治学科素养的思考[J]. 思想政治教学,2016(01):4-7.

情境时,能够在正确的思想价值观念指导下,合理运用科学的思维方法,有效整合学科相关知识,运用学科相关能力,高质量地认识问题、分析问题、解决问题的综合品质①。学科素养通过基础教育阶段的学科教学培养形成,既是基础教育培养目标的要求,也是高校人才选拔的要求,包括 3 个一级指标和 9 个二级指标,如图 6-6。

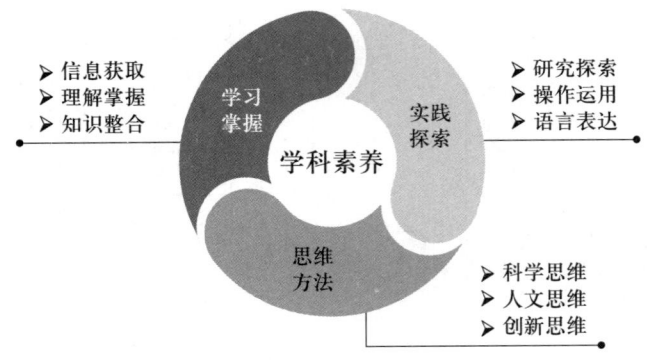

図 6-6　学科素养指标体系

三、素养考查实施路径——以复杂情境问题解决为例

普通高中学业水平选择性考试命题,要体现学科核心素养,考查实际问题解决能力,改变相对固化的试题形式,增强试题的开放性,关键在于加强试题的创新,实现国家顶层设计的要求,实现人才科学选拔的要求,实现教育教学导向的要求。复杂情境问题解决的试题作为情境化、开放性、素养型特征的试题,是实现素养考查的最佳路径选择。

1. 复杂情境问题解决的现实意义

(1)落实国家顶层设计的宏观要求

《普通高中课程方案》要求命题"要有利于促进学生核心素养的发展"。《中国高考评价体系说明》明确,情境"是实现'价值引领、素养导向、能力为重、知识为基'的综合考查的载体"。《深化新时代教育评价改革总体方案》指出,"构建引导学生德智体美劳全面发展的考试内容体系,改变相对固化的试题形式,增强试题开放性"。

(2)探索新高考考查理念的实践需要

考查内容、考查要求和考查载体"三位一体"评价模式要求在题型设计、素材选取、设问方式、答案设置等方面探索创新,突出情境化、开放性、核心素养考

---

① 教育部考试中心. 中国高考评价体系[M]. 北京:人民教育出版社,2019:18.

查要求,探索实践新的命题理念和技术。

（3）形成新高考命题范式的现实需要

基于知识本位、能力本位的考试已有相对成熟的命题范式,核心素养作为全新的测量视角和命题的技术路径,使其成为考试的品质要求和考试内容的硬性指标仍然需要继续探讨和研究。

2. 复杂情境问题解决的概念

复杂情境问题解决首先需要明确其概念界定。

（1）情境的概念

中国高考评价体系指出,情境是试题的考查载体[①]。情境就是"'问题情境',指的是真实的问题背景,是以问题或任务为中心构成的活动场域"。根据场域情况,情境分为学习探索情境和生活实践情境。学习探索情境源于真实的研究过程和实际的探索过程,生活实践情境与社会日常生产生活实践活动密切相关。情境活动是指"人们在情境中所进行的解决问题或完成任务的活动"。根据复杂程度,情境活动分为简单情境活动和复杂情境活动。

情境和情境活动概念的提出、阐释和使用,实质上体现了教育考试命题及其研究的社会性转变。命题实践层面把握情境概念需要关注三个要点。

一要关注试题情境的分类。学业类雅思考试主要针对学业情境,一般类雅思考试主要针对一般生活交流类情境;托福考试主要针对北美高校的学业情境;国际学生评估项目（PISA）阅读测试借鉴欧洲语言参考框架将情境分为个人、公共、职场和教育四大类;PISA 数学测试则将情境分为个人、职场、社会和科学四大类情境[②]。全国英语等级考试（PETS）主要针对日常交流类情境。

二要关注试题情境的局限性。中国高考评价体系中的试题情境是"纸笔形式进行建构的,而情境活动也同样是通过文字与符号的形式进行的",这说明试题情境与真实情境存在较大差异。真实情境的信息传递渠道多种多样,试题情境多借助文字、符号和图表传递信息,传递渠道是有限的。真实情境的信息量远多于试题情境所承载和呈现的信息量,考生要处理的试题情境中的信息量比真实情境也要少得多。

三要关注情境活动的中心地位。具体情境包括时间、空间、人物、事物、任务、活动等要素,试题情境活动是其中体现考生主观能动、思维动态、知识迁移、能力素养的核心要素。情境活动复杂程度不同,涉及的时间、空间、人物等要素

---

① 教育部考试中心. 中国高考评价体系说明 [M]. 北京:人民教育出版社,2019:35.

② OECD. PISA 2018 Assessment and Analytical Framework [EB/OL]. https://www.oecd-ilibrary.org/education/pisa_19963777.

在种类数量上不同,所需个体调动的资源和信息不同,其刺激个体调用的认知和元认知策略也不同。抓住了情境活动的关键要点和复杂程度,也就抓住了整个任务情境的灵魂与核心。

（2）问题解决的概念

问题解决是指,当一个现状没有现成解决方法的时候,将给定状态转化为目标状态的一个认知过程[①]。问题解决主要包括背景素材的阅读、问题实质的提取、问题核心的处理、问题解决的输出。命题实践层面把握问题解决概念需要关注三个要点。

一要关注问题解决的全程性。问题解决是信息获取、信息调动、信息综合、信息处理、信息输出的认知全过程。自然科学领域的问题解决,是一个阅读素材、匹配模型、建构模型、处理模型、输出结果的认知过程。社会科学领域的问题解决,是一个阅读素材、抽象问题、匹配原理、应用原理、输出解释的认知过程。问题解决深刻体现个体解决问题全程中的系统性、全局性、综合性的思维能力。

二要关注问题解决的认知性。个体解决复杂的真实问题,需要解决多个子问题或分阶段解决,可能需要个体优先区分并解决问题的主要方面,甚至需要个体思考问题是否存在、问题究竟是什么。问题解决并不是个体对已有知识能力的单一维度重复应用,而是需要个体根据实际情况,灵活综合运用分析能力、综合能力、建模能力等各类认知能力。

三要关注问题解决的元认知性。问题解决会涉及个体的元认知策略调用水平。当问题具有一定复杂程度和解决难度时,个体需要评估自身的知识储备、能够调用的外部资源、解决类似问题的经历经验,计划安排问题的解决过程,随时跟踪问题的解决进展,实时评估问题的解决效果,反思解决路径和修补完善解决方案。同时,个体在问题上的情感态度,也将影响问题的解决。

3. 复杂情境问题解决的内涵

复杂情境问题解决是建立在复杂情境基础上的问题解决,既是传统试题单一情境的拓展和深化,也是传统问题解决考查的传承和延伸。复杂情境问题解决是复杂情境和问题解决自然融合的问题解决,不是简单的“复杂情境+问题解决”。可以从考查、命题、信息三个视域来理解其内涵。

（1）考查的视域

复杂情境问题解决的试题,更加突出了试题在目标、载体、内容、要求等考查要素上的独有特点。

---

① M. W. Eysenck. The Blackwell Dictionary of Cognitive Psychology[M]. Oxford:Basil Blackwell,1990:284-288.

考查目标的应用性。学生学习是为了促进能力素养的提高、生产生活的发展、科学技术的创新、人类文明的进步。测试是为了考查学生能否具有正确价值观念并运用知识、能力、素养解决各类社会生活实际问题。试题的情境必须从生活中来，回到生活中去。学生的作答必须从情境中来，回到情境中去。

考查载体的复杂性。情境作为考查载体，设置试题情境的素材内容、素材完整度、素材来源、素材形式、素材语言表达都要是多元的，呈现方式也应是多样的。

考查内容的多维性。新高考主要考查素养的培养、核心价值的培育发展的内容，重点考查学生的核心知识，关注学生发现问题、认识问题、分析问题、解决问题的能力表现，关注学科素养、综合素养和正确价值的引导培育。

考查要求的层次性。课程标准中明确了学业质量水平标准的层级要求，考试需要甄别能够摆脱思维定式、勇于大胆创新的考生，积极探索新方法、主动解决新问题的考生，具备实践能力和创造能力的考生。

（2）命题的视域

复杂情境问题解决的试题，更加明确了专家在确定立意、选择素材、设置问题、明确题型等试题命制过程中的创作重点。

立意注重素养。复杂情境问题解决，就是要通过丰富试题呈现方式，巧妙设计试题设问，合理编制参考答案，重点考查考生的信息获取、理解掌握、知识整合、研究探索、操作运用、语言表达等能力，强化考查考生的科学思维、人文思维、创新思维等思维品质，突出考查适应学生终身发展的学科素养和综合素养。

素材注重情境。精心选择来源于学生学习生活、个体成长经历中的各种素材，精心创设贴近学生的学习探索情境和生活实践情境。关注素材的结构性，融合学习探索情境和生活实践情境，通过搭桥，让两者相互联系、相互促进、相互融合，提升学生的学习兴趣和社会认知。

设问注重开放。通过不同学生在问题解决时使用不同的方法、路径及其结果来区别不同思维品质的学生，更加关注学生的思维方式、思维过程、思维层次、思维结果。开放性试题并没有固定的现成答案，评分标准不再是单一维度的分数，而是多维度的框架，试题分数是多维表达的综合分数。

题型注重灵活。情境适合多方位考查的，可以采用单一题型的题组模式和多种题型的混合模式。试题考查快速信息获取的，可以采用快速阅读模式。试题情境需要补充限制条件的，可以采用条件补偿模式。

（3）信息的视域

复杂情境问题解决的试题，更加关注了考生作答时的信息输入、信息加工、信息输出等信息处理过程和认知过程。

关注信息输入。信息要以真实性为基本原则，服务于考查目标和考查要求，并以多样方式简约清晰呈现。情境要完整友好，贴近于考生学习生活的实际，恰当引起考生的思考兴趣进而顺利进入情境。情境要避免"凭空捏造""粗制滥造""低劣模仿""与事实情况不符"，防止信息输入环节带来人为因素干扰和试题效度失真。

关注信息加工。要充分调动考生的好奇心、熟悉感、紧张度等作答动机，促使考生以积极、主动、开放的心态，非模式化地选择、裁剪、概括、归纳信息，防止考生通过简单"复制粘贴"信息完成问题解决。要引导考生体现出系统化、多层次、多角度地获取、理解、整合信息的个性化能力。

关注认知过程。要全面分析考生在问题解决过程中的认知过程，关注考生为了选择正确、获得分数而可能采取的各种认知策略和元认知策略，可能运用的各种单一能力和综合能力，可能调用的各类学科知识和非学科知识，甚至可能使用的生搬硬套的"窍门""技巧""模板"。要引导考生依托问题情境科学有序、合理有度地调用策略、能力、知识，考查考生解决实际问题的能力以及创新性解决情境问题的能力素养。

关注输出过程。答案编制上要充分关照考生群体学科知识的储备、能力的层次、素养的阶段，引导考生既从原理理论上阐释问题的抽象面，也在试题情境中回应问题的具体面，引导考生合理运用文字图表，通过书面语或者口语等合适的语体完成输出。要引导考生更加辩证、综合表达个人观点，注重论据论证的有效性、合理性和真实性，有效考查考生的学科素养和综合素养。

关注价值引领。要通过正能量的素材情境营造良好的价值氛围，通过辩证唯物的考查过程反映考生的价值取向，引导考生不断提升国家认同、民族认同、价值认同和精神认同。

四、素养考查学科探索——以历史学科为例

2021年新高考命题实践中，各个学科积极探索复杂情境问题解决的命题方法，积极考查学科素养和学科核心素养。复杂情境问题解决试题占比较往年均有上升，如表6-11。

表 6-11　2021 年和往年复杂情境问题解决试题占比

科目	往年高考占比	2021 年新高考占比
物理	15%	30%
化学	13%	30%
生物	15%	26%
历史	12%	28%

续表

科目	往年高考占比	2021 年新高考占比
地理	14%	27%
思想政治	13%	30%

以 2021 年江苏省高考选择性科目历史卷为例,简要分析素养考查、复杂情境问题解决的探索。

1. 素养与历史试卷

（1）必备知识与核心素养同在

命题者用正史、简牍、报纸、故事、诗歌、回忆录、论著、学术论文等文字材料,宣传画、表格、地图、漫画等图表类材料,多元化地创设情境,引导考生在具体情境中理解历史和阐释历史,渗透对考生核心素养的考查。如第 3 题利用唐朝李逢吉、李德裕大量录取寒门子弟的故事,考查科举制度的推行对促进社会阶层流动的积极作用;第 14 题通过一首诙谐幽默的打油诗揭示印象画派的特征,新颖生动;第 15 题以美国时评漫画家乌多·开普勒的漫画《下一个!》反映进入第二次工业革命之后垄断资本主义的贪婪扩张,极为形象。这些贴近高中学情和教学实际的考查方式,有助于引导学生聚焦主干知识,加强知识整合迁移,运用多种方法,培养学生的历史思维能力和学科素养。

（2）家国情怀与核心素养齐驱

要求考生在各类图文信息材料中运用比较、归纳、演绎等方法提取有效信息,调动、运用相关历史知识和方法理解并解决问题,考查学科素养指标体系规定的考生应具备的各项能力。试卷重视唯物史观的理论指导,如第 5、15、19B、19D 题,侧重考查考生调动唯物史观相关理论知识解决问题的能力;第 2、10 题侧重对史料实证能力的考查;第 9、12、18 题侧重对时空观念的考查;对历史材料信息提取基础上进行历史阐释,是试卷重点考查的关键能力,如第 1、3、4、6、11、13、14、16、19A、19C 题,侧重在具体情境中调动、整合历史知识解决问题的综合能力。而且,试卷在立意上注重乡土文化,以此彰显家国情怀意识,如第 2、7、8、17、19D 题,突出以丰富的历史、人文素材,增强考生爱家乡、爱国家的意识,将历史学习所得与家乡、民族和国家的发展繁荣结合起来,立志成为社会主义建设者和接班人。

（3）教育教学与素养本位互动

以多元化的历史材料创设情境,着力考查考生的史料实证与历史解释等关键能力,贯彻素养导向,克服死记硬背。试题引用了大量的原始材料,如直接引用《睡虎地秦简·为吏之道》《史记·淮阴侯列传》《申报》《万国公报》《论体育》《叶圣陶年谱》中的原文,还引用了一些古诗文,增强情境的真实性。如李德裕被贬谪时,"八百孤寒齐下泪"。引用这些材料能够让考生分析不同来源、不同观点的史料,辨别史料作者的意图,在唯物史观的指导下,对史事作出解释,透过历史表象认识其本质,体现素养本位。试题考查内容覆盖面广,涉及各专题的主干知识,贯彻了高中历史课程标准的精神,以引导和培养历史学科素养为主要目标,对人类历史的发展变化进行了科学的阐释。注重对历史关键能力的考查,着力在基础主干知识的融会贯通上下功夫,有助于理顺教考关系,增强"以考促教、以考促学"的主动性,助力教学和学习方式的转变。

2. 素养与历史试题

非选择题部分创设复杂情境问题解决的试题,考查考生多个核心素养。选择题部分创设简单情境,考查考生单一核心素养。下面以两个示例简要说明试题的素养考查探索。

【示例一】

18. 阅读材料,完成下列要求。

材料一

1850 年大不列颠工业地图(局部)图略。

材料二

18 题表　1780 年至 1851 年英国出口增长

年份	总出口 (百万英镑)	名义 GDP (百万英镑,仅计算英格兰)	工业品出口在工业产品中的 占比(%)
1780	8.7	116.6	25
1801	28.4	230.9	40
1831	38.9	372.4	49
1851	67.3	505.5	69

——以上材料摘编自(美)乔尔·莫克尔《启蒙经济:英国经济史新论》

综合以上材料信息,拟定一个论题,结合所学知识加以论述。(要求:论题明确,持论有据,表述清晰)

本题融合了历史地图、经济表格两种情境资源,使用了非连续文本的形式,全面考查交通运输与英国工业革命的相互影响,能力检测层层递进,素养考查立体多样。

素养一,"时空观念"。所有的历史事件、历史人物都要放在具体的历史时间和历史空间中去辨析,历史地图能够提供更加丰富的历史时间和历史空间信息。阅读并提取历史地图中的有效信息,是学生应当具备的基本历史学科素养。

素养二,"史料实证"。传统试题常常局限于文字材料,对地图、图片、表格等非连续文本材料涉及较少。本题打破传统,同时提供历史地图和经济表格,不仅要求学生读懂不同呈现形式的历史史料,更要求学生从不同形式的史料中提取有效信息。

素养三,"历史解释"。仅仅依靠阅读提取有效信息还不够,要求学生将提供的史料中的有效信息作为依据,辩证分析交通运输与工业革命的关系,给出自己的历史解释。

【示例二】

2.《史记·淮阴侯列传》:"吾如淮阴,淮阴人为余言,韩信虽为布衣时,其志与众异。其母死,贫无以葬,然乃行营高敞地,令其旁可置万家。余视其母冢,良然。"在这里,司马迁采用的史学方法是

A. 档案文献与现场考察结合　　　　B. 口述资料与实地探访互证
C. 出土简牍与历史文献参校　　　　D. 民间传说与墓志铭文比对

《史记·淮阴侯列传》记载了司马迁对于韩信家乡地方的考察,除了自己实地探访以外还采访了当地人。该题通过原始史料创设了史学研究的现实情境,让学生来辨别所采用的史学研究方法。在模拟史学研究情境中,学生要在唯物史观的指导下,对史事作出解释,透过历史表象认识其本质,用学科思维来解决真实问题,体现了核心素养考查。该情境涉及当下的研究热点——口述史学领域,体现了时代性。学生得分情况比较理想,说明简单情境的试题学生接受度比较高。

3. 素养与实践反思

核心素养理解不可表面化。核心素养是当前历史教育和教育评价最为完整的表述,比如时空观念,要领会到时间和空间的历史哲学内涵、时间和空间与历史过程的关系、观察视角的转变与时空尺度的设置等更为深刻的含义,不能仅仅简单地理解成时空坐标。把握历史学科素养,要着力于从历史学科本质上探寻,从高考评价体系中深化学科素养,从历史课程标准中继承和反思学科素养。此外,核心素养是考试评价追求的目标,新高考命题需关注必备品格,充分挖掘关键能力的内涵。

核心素养考查不可标签化。简单使用学科素养来套解试题,不科学也不合理。不能简单依据命题者意志随意分类题目,要科学分解核心素养并合理安排到试题设计中。不以知识再认再现为考查目的,要追求知识的分类、整合、重组、应用,把问题意识带入知识体系,把独立思考带入知识的认知领域,从而产生新知,并成为鲜活的思想资源。

核心素养设计不可随意化。依照命题蓝图,从问题出发,从试题情境的构造出发,让素养考查不套路、不固化,不能因为核心素养而影响试题本身的生动性,

要保持核心素养考查的因题制宜、疏密结合。同时,选择题以考查一个素养要点为主,非选择题要重点体现对素养的综合考查。

本 章 小 结

新高考命题的研究设计与具体实践,明确并落实了新高考命题的理念与原则,有效解决了新高考命题的系统适应问题、难度控制问题、素养考查问题等关键性问题,坚定践行了新高考命题的初心与使命,充分体现了新高考命题的责任与担当。在新的高考综合改革制度体系中,在新的课程标准牵引下,在新的高考评价体系框架下,新高考命题实现了四个"体系转变",初步完成了高考命题改革的体系重构。第一,理念体系转变。新高考命题理念实现了跃升,从传统的智力测试为主转变到价值引领下的五育并举全面考查,从聚焦选拔的知识立意、能力立意转变到聚焦育人的素养立意、价值立意。第二,标准体系转变。新高考命题标准实现了升级,从传统的基于测试的考试说明转变到基于标准的课标指引,从适应旧版课程标准转变到满足新版课程标准。第三,评价体系转变。新高考命题从等级呈现的评价结果转变到等级赋分的评价结果,从差异权重的粗颗粒度评价转变到等值权重的细颗粒度评价。第四,组织体系转变。新高考命题从分省命题模式转变到国家命题和省级命题结合的命题模式,从独立命题转变到国家引领指导下的融合命题。

第七章 考试与招生录取的方案及技术实现

考试组织和招生录取是普通高校考试招生的两大核心业务。随着科技的不断发展,大数据、人工智能等技术支撑着数字政府的产生、兴起,并且正朝着更高形态的方向转变。数字政府作为新兴科学技术与政府改革结合的产物,目的是让服务更加便捷、社会治理效果更加精准以及决策更加科学,有利于创新政府行政管理方式和服务监管方式,实现政府管理效能优化升级,①将政府改革推向精细化、智能化。数字教育是新时代"数字中国"建设的重点领域,支撑并服务全民终身学习的现代教育体系建设。因此,以教育改革为契机,江苏省率先开展、推进了教育体系的改革,而招考体系是这一改革的重要组成部分,同样也是政府智能化改革的重要组成部分。随着招考体系的不断完善以及教育的重要性不断加强,招考体系改革逐渐以信息化、现代化、智慧化为发展方向。本章将围绕高考综合改革中的考试组织和招生录取两大重点环节,研究相应的招考管理信息化及其核心应用的建设。

第一节 考试与招生录取的方案设计

2020年3月,江苏省正式启动考试安排和录取工作实施方案研制工作。方案的研制历经学习调研、广泛征求意见、组织专家论证、开展风险评估和合法性审查等过程。总体来看,方案体现了以下特点:一是坚持基本方向。在教育部和江苏省高校招生委员会制定的制度框架下开展研制工作。二是坚持平稳过渡。与现行方案进行有效对接,继承好的做法,充分考虑社会和考生的接受度和感受度。三是坚持统筹兼顾。在教育部指导下,八省联动,在一些关键环节核心问题上达成共识,有利于稳定社会预期,形成改革合力。

一、考试安排的方案设计

与原方案相比,新高考方案在考试科目、考试时长等方面均发生很大变化,科学设计新高考考试安排方案十分重要。一方面,考试组织是新高考平稳落地实施的基础性工作,考试安排方案直接影响考试组织方式,对考试组织的公平、

---

① 高波.国家治理现代化背景下数字政府建设研究[D].中共黑龙江省委党校,2021.

有序起决定性作用。另一方面,新高考考试安排方案要充分考虑基层招考机构管理水平和能力不均衡的现实状况。从全国范围看,江苏省教育考试招生管理能力处于较高水平,但全省各地教育管理水平不均衡现象仍然比较突出,苏南、苏中、苏北地区招生考试机构在人员配备、基础设施保障等方面仍然存在较大差异。方案的设计必须充分考虑全省各地教育招考管理水平差异的实际情况。此外,还要充分考虑 2021 届高三学生的感受度、接受度和认可度,他们是新高考方案的首届参与者、实践者,他们是否满意直接影响江苏新高考改革能否成功落地。

新高考考试总时长一直是考生和社会关注的焦点之一,经过对全省各设区市、县区招办和部分中学、考生开展相关问卷调查,将主要意见归纳为 3 种方案,具体为:

方案一:考试安排为 4 天(见表 7-1)。

表 7-1   4 天考试方案时间安排

	7 日	8 日	9 日	10 日
上午	语文	物理/历史	生物	政治
下午	数学	外语	地理	化学

方案二:考试安排为 2 天半(见表 7-2)。4 门再选科目的 6 种组合同时开考,每科 1.5 小时,每个组合考 3 个小时,参照"08 方案"语文、数学附加题方式发卷。

表 7-2   2 天半考试方案时间安排

	7 日	8 日	9 日
上午	语文	物理/历史	化学-生物 化学-政治 化学-地理 生物-政治 生物-地理 政治-地理
下午	数学	外语	

方案三:考试安排为 3 天(见表 7-3)。8 日上午考物理、历史,9 日一天考 4 门,其中上午、下午各考 2 门。

表7-3　3天考试方案时间安排

	7日	8日	9日
上午	语文	物理/历史	化学 地理
下午	数学	外语	政治 生物

方案一的优点为：一是考试总时长与前两批大部分改革省份一致，都是4天。二是每天的开考时间一致（目前第一、二批省份7、8两日与9、10两日开考时间不一致）。三是考试组织和考生应考时间充裕。不足之处为：一是从考生感受度上看，高考的总时长4天，时间跨度延长，考生应考压力变大，焦虑感增加。二是从考点的承受力看，考试场次变多，所需监考教师的人次变多，考点组织考试的难度增加。三是从考点组织的成本看，考点自身运行的费用要增加，安保、交通、餐饮、防自然灾害等后勤保障的成本也要增加。

方案二的优点为：一是继承了方案一的优点，与"08方案"相衔接、开考时间一致。二是规避了方案一大部分缺点，考试时间缩短后，考生应考压力减小；考试场次减少后，考点组考压力减小，考试组织的成本也相应降低。三是考点已经具有在同一场考试中发放两套试卷的经验。不足之处为：一是试卷发放比以往复杂，同一时间单元需要发放6个科目的试卷。二是依然存在8日上午准备外语听力时间被挤占的问题。三是若9日上午采取合卷的制卷方式，则无法控制考生每门考试时间的分配；若不合卷，会出现同一门试卷在两个时间点分发，存在安全保密的风险。

方案三继承了方案一和方案二的全部优点。不足之处为：少部分考生第三天上午或下午连续考两场，应考压力变大。

从3种方案的调研情况看，有86.9%的招生考试机构、高中校长和64%的高三年级学生均选择了3天的考试方案。

根据八省市确定的3天考试时间的安排，江苏省对选择性考试科目的思想政治、历史、地理、物理、化学、生物6门科目的考试安排设计也开展了大量的调研和分析，形成了在6月8日上午同时开考物理、历史，6月9日考化学、地理、政治、生物4门科目的方案。

选择性考试科目的考试安排设计主要有三方面的考虑：一是利用好新高考方案的重要特点。在"3+1+2"模式下，考生必须从物理、历史2门科目中选1门作为选择性考试科目，且不得同时选择物理、历史两门科目。利用此规则，可以将物理、历史2门科目安排在同一时间开考。二是充分考虑两科之间的人数分布情况。从全省再选科目选科人数情况看,由多到少依次为:地理、生物、政治、化学,6 月 9 日上午、下午的人数安排尽量保持均衡,有利于考试的组织,同时,在上午 2 科、下午 2 科同时考试的人数尽量减少,让更多考生考试安排在上午和下午各一场,有利于多数学生从容备考,并有充足的时间休息。

二、"院校专业组"模式的确定

"院校专业组"是招生院校根据不同专业(含专业或大类)的科目要求和人才培养需要所设置的,对考生选择性考试科目要求相同的专业(类)的组合,是志愿填报与投档录取的基本单位。一所院校可设置一个或多个院校专业组,每个院校专业组内可包含数量不等的专业(类),同一院校专业组内各专业(类)对考生的选考科目要求相同。

具体而言,一所院校被拆分成若干个院校专业组,每个院校专业组内包含若干个专业(类)。改革前,考生以院校为单位填报志愿,选择专业的范围涵盖在该院校文科、理科等某一科类下的所有专业中。改革后,考生以院校专业组为单位填报志愿,选择专业的范围仅限于该院校专业组内的所有专业。如果考生拟报考某院校的两个专业分属于该院校的不同院校专业组,则考生须填报两条院校专业组志愿,在不同的院校专业组志愿中分别填报各自所含的专业。

例:"A 大学专业组 4"选考科目要求为首选科目物理、再选科目不限,包括通信工程等若干专业;"A 大学专业组 5"选考科目要求为首选科目物理、再选科目化学或生物,包括临床医学等若干专业。如考生拟同时报考 A 大学通信工程和临床医学 2 个专业,应同时符合以上 2 个专业的选考科目要求,填报"A 大学专业组 4"和"A 大学专业组 5"两个院校专业组志愿,并分别在两个院校专业组中填报通信工程、临床医学专业志愿。

江苏作为第三批高考综合改革省份,在确定志愿填报模式时做了大量分析、研究和论证工作,在采用"院校专业组"模式还是"专业(类)+学校"模式之间,根据"变化最小、兼顾两头"的思路,最终选择了"院校专业组"模式。所谓"变化最小",是指与江苏原高考方案相比,政策调整幅度最小;所谓"兼顾两头",是指既要考虑高校的自主权,也要考虑考生的切实感受。

第一,"院校专业组"模式是投档到高校和投档到专业的折中选择,是介于两者之间的投档录取模式。高考改革前,考生是基于文理分科投档到高校的。高校的专业主要按照文理,分两大类开展招生,考生在填报志愿时符合相应的科类要求即可。考生可以在该科类下选择一定数量的专业作为自己的专业志愿,这种模式相较于院校专业组模式,考生可选择的专业数量少,被调剂录取的概率会更大。高考改革后,部分省份采用了"专业+院校"的投档录取模式,这种模式可以让考生基于选科直接投档到专业,从专业的角度选择高校,只要考生的选考科目和高校的招生专业选科要求相符,就可以直接填报高校的具体专业,这种模式的政策调整尺度相对院校专业组更大,在考生的接受度和感受度方面略显不足。

第二,"院校专业组"模式给高校提供了更多的招生自主权。高校可以根据本校人才选拔和培养实际,研究确定院校专业组的具体设置。江苏明确规定,一所院校可设置一个或多个院校专业组,对于同一选科要求的专业,并不要求高校限定在一个院校专业组下,高校可以分设不同的院校专业组,这种做法受到高校广泛认同。实施过程中,这种院校专业组模式具有很强的灵活性和兼容性,能够满足高校的大类招生、分校区招生、中外合作办学招生等不同的招生需求。

三、平行志愿数量设置的综合考量

先期改革 6 省市的志愿设置主要采取"专业+院校"和"院校专业组+专业"两种模式,志愿数量均不相同,差异较大。其中,使用"院校专业组"录取模式的有 4 个省市,在本科普通批设置的平行志愿数量分别是:上海 24 个、北京 30 个、天津 50 个、海南 24 个。根据北京、海南在有关会议上提供的数据,普通本科批中,海南有 95% 的考生在其前 20 个志愿被投出,北京有 90% 的学生在其前 16 个志愿被投出。北京做过测算,使用院校专业组模式后,平均每所院校将被拆分成 2.24 个专业组。在此期间,江苏也开展了大量的数据分析,根据测算,在江苏招生院校物理科目类专业组平均数量为 2.597,历史科目类专业组平均数量为 1.558。原"08 方案"中本一、本二批次各有 8 个院校志愿,共 16 个院校志愿,合并批次后,物理等科目类专业志愿数平均为 $16×2.597=41.5$ 个,历史等科目类专业志愿数平均为 $16×1.558=24.9$ 个。

我们认为,志愿数量的设置既要确保考生录取机会不减少,也要保证录取工作效率不降低。志愿数量设置过少,部分高校可能无法一次性完成投档录取,参加征求高校的数量增多,录取工作效率下降。同时,也不利于考生充分选择,容易出现"高分落榜"。志愿数量设置过多,考生志愿填报的有效性下降,提供的选择机会太多与考生选择能力不足的现实也容易带来盲目和迷茫,让考生和家长更加焦虑。同时,高校录取考生的分数将更加扁平,不利于专业安排。

根据各方面因素的综合考量,除特殊类型招生外,江苏省普通类本科批次平行志愿数量设置为 40 个院校专业组志愿,每个院校专业组志愿设置 6 个专业志愿和 1 个专业服从调剂志愿;普通类本科提前批次及体育、艺术类本科提前批次的平行志愿数量设置为 20 个院校专业组志愿,每个院校专业组志愿设置 4 个专业志愿和 1 个专业服从调剂志愿。

四、新高考方案带来的业务变化

高考改革涉及的招生类型多样、操作环节多、流程复杂(见图7-1),新高考"3+1+2"模式对信息化支撑提出了新的要求,系统建设根据高考全流程的业务需要,对考务管理、计划管理、志愿管理和录取管理等各业务信息管理系统进行改造升级。具体包括:

1. 适应考生选考科目组合的组考编排

根据新高考方案,考生选考科目组合有 12 种,为考生组考编排带来了重大挑战。传统的方案按科目组进行编排,会产生较多的尾考场①。若是参照先期部分改革省市的做法,按照考试科目进行编排,则意味着考生不同选考科目将在不同的考场考试,很容易发生走错考场的情形,给考生带来极大的不便,影响考试秩序,为考试组织埋下隐患。因此,为了提升考场利用率和方便考生,智能编排系统就显得尤为重要。

2. 缓解志愿填报焦虑的志愿填报服务

新高考综合改革进一步扩大了高校和考生的选择权,一方面,高校需要确定其每个招生专业的选科要求,另一方面,考生要根据自己的兴趣特长等选择适合自己的科目。考生的选考科目必须符合高校招生专业的选科要求方可报考相应专业,因此,必须在考生的选科组合和高校的选考要求之间搭建桥梁,满足考生根据自己的科目选择可报考的高校专业的需求。

随着批次合并以及院校专业组的应用,考生在同一个批次可填报志愿数由原来的 8 个增加到 40 个,而专业数则由原来的 48 个增加到 240 个,因此,志愿填报数量的增加在赋予考生更多选择权的同时,也给考生和家长带来了焦虑。尤其是新旧方案的交替使得考生更加迫切地希望有方便快捷的方式能够了解往年的录取情况,并为实施新高考后的首次志愿填报提供参考。从改革的历史来看,信息的不对称可能会导致考生未能被适合的高校录取。例如,第一批改革省份在改革初期就出现过高分考生被民办本科院校录取②,2021 年媒体报道山东省有近 5 万名考生滑档③,尽管其中大部分考生是因为分数较低而滑档,但也不乏高分考生因志愿填报不当而导致滑档,因此,科学合理的志愿填报服务系统就显得尤为重要。

---

① 尾考场:按报考同一科目组的考生集中安排在一个考场的原则,按照每考场 30 人编排,同一科目组最后将可能产生一个人数不足 30 人的考场,即为尾考场。科目组合越多,产生尾考场的可能性和数量越大。

② 辽沈教育.600 多分竟被民办本科录取,报志愿还有多少坑?[EB/OL].(2018-06-20)[2021-04-28].https://www.sohu.com/a/236785165_355227.

③ 教育有心法.近 5 万考生滑档! 2021 高考山东滑档人数创新高,究竟是什么原因?[EB/OL].(2021-07-27)[2021-10-28].https://baijiahao.baidu.com/s? id=1706425509918131802&wfr=spider&for=pc.

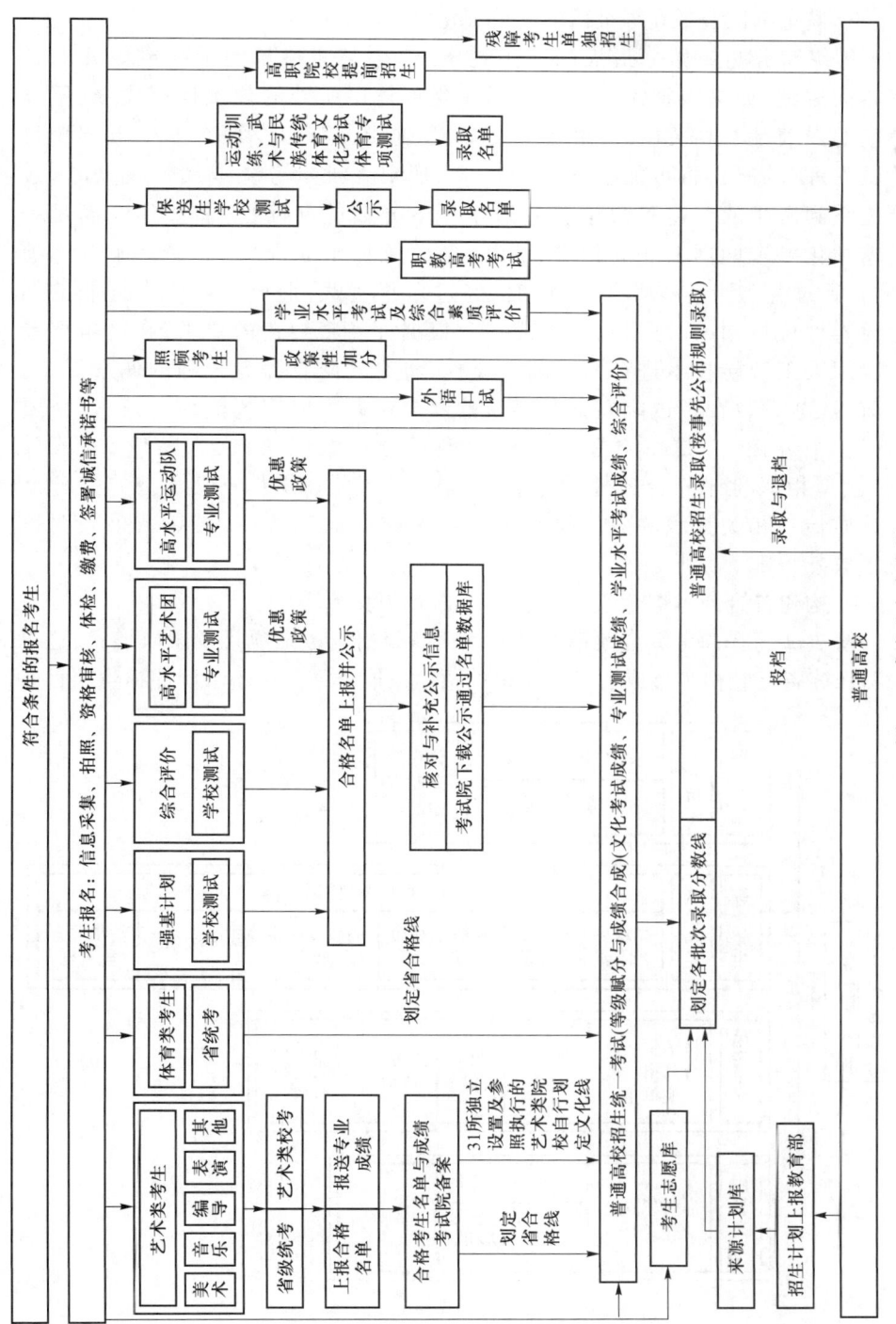

图7-1 高考业务全流程

3. 满足考试公平和等级赋分制精细化要求的智能评卷

等级赋分与原始分最大的区别在于，考生某一科目的最终成绩并非是其卷面成绩，而是根据考生在该科目考生群体中所处的位次计算成绩，所以考生的成绩是互相关联、互相影响的。若成绩公布后发现有考生再选科目的试卷评分有误，将可能引起连锁反应，带来大批量考生成绩出现误差，直接关系到考生的前途和命运。为确保考生分数的准确性，需要建立满足评卷精细化要求的网上评卷评分机制。基于统计学原理，江苏建立了 8 大项 75 小项的网上评卷核查条目，同时，经过多年实践，形成了基于多评制的网上评卷评分机制，并已取得较好成效。根据评卷精细化的要求，在高考评卷中启用人工智能技术进行实时辅助质检，将有效防止评卷教师的偶发误差。目前，江苏省教育考试院在部分科目的部分试题中应用智能评卷技术，主要用于三个方面：一是填空题等客观题型评分一致性质检，二是作文（或类似）题型相似卷评分合适性质检，三是作文（或类似）大分值题型的大分差评分质检。相关技术的应用得到了评卷专家的高度认可，最终结果表明该技术成熟可靠，效果良好。

4. 构建符合高考综合改革招录办法的录取系统

图 7-2 为在高考综合改革背景下各类高校招生考试项目及录取形式，这也表明江苏省已经初步形成了多元评价的招生录取体系。由于不同的招生项目有

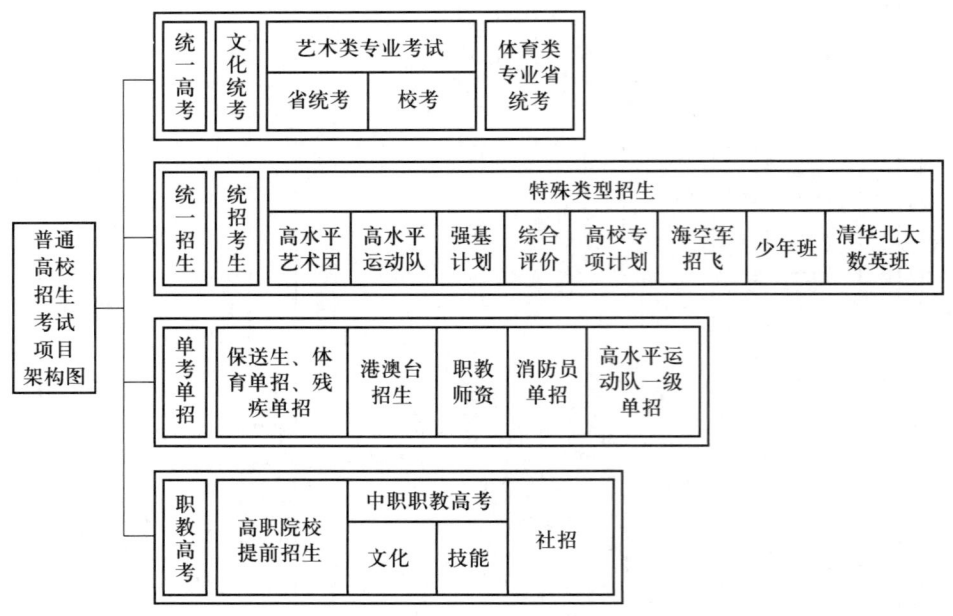

图 7-2　普通高校招生考试项目架构图

着不同的评价标准和录取规则,为支撑多元录取的评价模式,构建能够满足不同录取要求和规则的录取系统是最为基础的条件。

实施新高考后,合并批次和考生个人填报志愿数的增加,带来了总体考生志愿数量的大幅增加。以 2021 年为例,全省本科批次物理类考生填报志愿记录数合计为 394.5 万余条,且需要一次性投档处理完毕;而 2020 年,本科一批理科志愿记录数为 60.4 万条,本科二批理科志愿记录数 92.3 万条,即最多一次处理的数据量仅为 2021 年的 23.39%。按照 2020 年系统实际运行时间大概需要 1 小时计算,若处理能力不变,2021 年一次投档则需要 4.28 小时。为实现多次投档模拟的需要,提高投档录取效率,切实增强招生高校和考生的满意度,研发高性能的录取系统迫在眉睫。

第二节　招考业务信息化的理论与平台构建

一、确立"化人"的核心理念

不论是信息化,还是智慧化,"化物"都是其初级阶段,而真正的核心是"化人"。"化人"的目标是培养一批应用专家、管理专家、技术专家、产品专家和运维专家。完成这五类人才的培养,是实现招考体系智慧化转型的关键。

"化人",重在思维的培养与理念的贯彻。从领导到基层工作人员,必须加深对信息化、智慧化的认识,能够充分理解智慧化转型的重要性和必要性。对于领导而言,要深刻意识到招考智慧化转型是招考改革的必由之路,在转型的运筹、策划、组织、实施过程中,要全程参与决策;对于基层工作人员而言,不能只看到穿墙打洞、架线布网、服务器和交换机,而是要将招考业务流程与信息技术相结合,发挥专业优势,进行业务流程重组,并在这一过程中将自己塑造成为熟悉招考业务流程的高级技术人才,只有这样才能将"化人"的理念贯彻到底。

因此,招考业务信息化是应用新技术的过程,是推动招考体制改革的重要途径和手段。在这一过程中,需要一大批懂技术、精业务的人才作为技术支撑,同时也需要这些人才具有强烈的创新意识与实践能力。这就要求各级招考机构确立和贯彻"化人"的理念,通过加强人才培训、技术交流与合作来培养信息化专门人才。

二、构建"应用为王"的客观认识

应用即为考务。考务工作本身是事务的工作流,但其本质是信息流,并将会通过应用加以呈现。其中报名、考试、计划编制、志愿填报、招生录取均为考务工作的主要环节,无一例外地均通过信息流进行传递,而整个考务链的目标就是确保信息流按规、按序、可靠、高效地流动。整个考务工作抽象成为具体的功能和流程后,固化到信息系统中,通过信息系统加强对考务工作的管理,可以引领和指导考务工作更加规范、有序地开展。考务工作者有机会处理复杂性任务而提升其技能水平,决策者可以随时随地通过系统掌握考务工作整体情况,而社会大众则可以通过系统应用监督考务工作。移动互联网的纵深应用使得各行各业,尤其是考试行业,没有单纯的业务部门,也没有纯粹的技术部门。以报名环节为例,考生直接接触、直接面对的是信息系统,只有熟练掌握信息系统的工作人员才能更接近考生、更好地为考生服务。因此,业务部门需要深入学习掌握信息系统的使用,技术部门需要深入理解考生的表面和潜在需求,两者密切配合才能做好相关工作。

信息就是服务。"让百姓少跑腿、让信息多跑路"是十八大以来党和政府提出的新要求。通过"大平台、小前端、微服务"的信息化建设,实现"一窗对外",破除信息藩篱,熟悉了解考生的需求,与考生"相知"。随着信息化进入移动互联网时代,信息爆炸和APP成群带来的信息藩篱层出不穷,如何降低考生的信息成本是我们面对的新课题。只有通过消除信息藩篱,将有形的、有限的考生服务,以信息的方式延伸扩展到更容易获得和靠近的互联网空间去,才能进一步增强考生在信息化发展中的获得感和幸福感。

三、破除信息化是成本黑洞的错误观念

如果把招考信息化当作面子工程而不是效益工程,认为有钱就可以搞智慧化,想要一次性投入解决所有问题,获得直接收益,并且重结果轻方法、重效果轻效率,就会形成信息化部门是"成本黑洞"的刻板印象。不论是信息技术,还是以AI、大数据等技术为代表的新型技术,都只是载体与表现形式,如果业务流程本身的基础薄弱,缺少相应的流程,那么再强大的系统也不能发挥作用。如果选择了无法满足要求的产品,不当的产品才是引发成本黑洞的"导火索"。没有信息化规划的采购单位难以选择IT市场产品,因为他们一方面缺乏选择和评价的标准与方法,另一方面缺乏明确的目标与需求,将直接导致投资浪费。

破除信息化是成本黑洞的错误观念,首先要目标明确,如果不知道信息化的

目标、愿景就去开展改革,只会泛泛地提出"界面美观、使用智能"这样的抽象需求,那么一定会陷入困惑之中而无法确定目标。因此,需要明确的信息化战略目标,推进信息化建设。其次,要以提高专业素养、提升效率为目标进行信息化建设。统一和优化组织内部业务流程,同时培养一批"懂技术、通业务"的复合型人才,用信息化指导管理与业务。

四、招考业务数字化平台构建

按照综合改革要求,为确保新高考平稳落定,江苏积极推进实施新高考智慧服务信息化建设工程。2020 年 6 月组织专家论证项目的可行性,形成建设的初步方案。2020 年 8 月完成项目的采购工作并启动项目实施。2020 年 10 月,成立项目建设领导小组和工作组积极推进工程建设。2020 年 11 月到 2021 年 8 月,进行了新高考相关考试业务系统的规划、设计、开发、测试、集成、实施等工作。系统涵盖了包括普通高考、学业水平考试、高职提前招生、中职职教高考、体育类专业省统考、艺术类专业省统考、艺术类校考等新高考方案中涉及的各类招生考试业务,完成了各项目报名审核、考生体检、考试组织、成绩合成、计划编制、志愿填报、投档录取等方面的技术保障工作,确保新高考平稳落地。

工程建设中,始终坚持"招考信息化"的核心理念,强化信息化人才队伍建设,达到在项目中培养人、锻炼人的目的;以打造精品应用为建设目标,根据需要果断加强经费和人力的投入。

1. 建设内容

适应新高考需要的智慧服务信息化建设工程内容主要包括:基础设施扩容、统一数据管理平台建设、各类业务管理系统建设等,涵盖了考生报名、缴费、成绩查询、志愿填报等多项业务。满足省、高校、设区市、县(市、区)、报考点各级招考机构的考务管理、计划管理、成绩管理、志愿管理和录取管理等多个环节的业务工作。围绕新高考,已经初步形成智慧招考平台+多个智慧应用的信息化体系。基础设施建设采用云平台,实现资源自动弹性智慧供给;统一数据管理平台作为多个智慧应用间的枢纽,与其他招考应用互联共通,做到各类数据一站式管理,实现数据赋能业务;智慧应用以考生为中心,充分运用人脸识别、视频识别、语义识别等先进技术,拓展江苏招考 APP 等移动应用功能,融合各类不同业务能力,扩大信息供给渠道,零切换为考生提供无感的全流程、人性化的信息服务,实现一网通办,数字赋能招考服务。

为满足新高考综合改革方案的实施,以及对考生、院校和社会公众提供信息服务的需求,项目对高考各项业务进行资源整合与信息共享,借鉴相关系统成功的实施经验,与全省智慧城市、教育大数据中心的建设相结合,系统建设架构如图 7-3,主要建设内容可归结为"12345"工程:

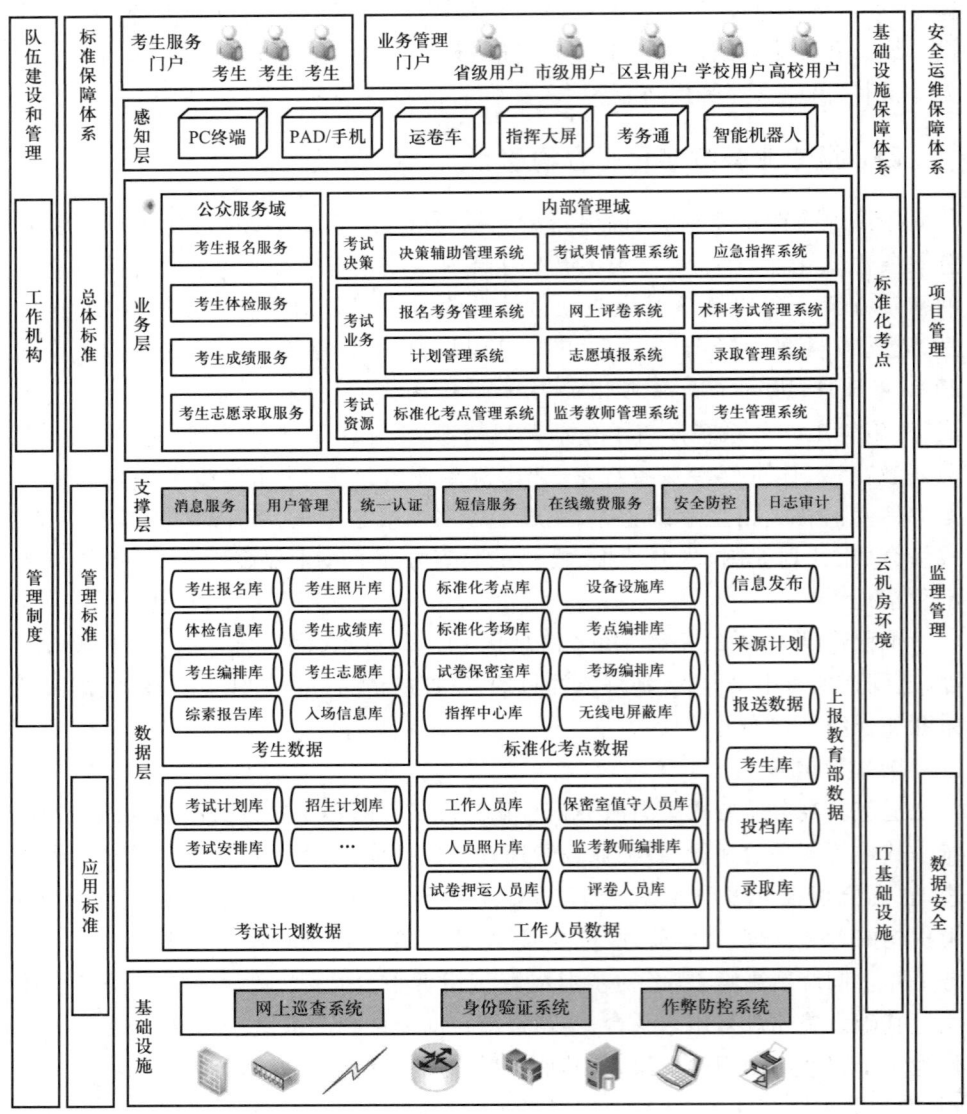

图 7-3　新高考智慧服务信息化建设工程系统架构

一个云计算支撑环境:包括标准化考点综合管理平台、IT 基础设施、机房运行环境及其他辅助环境。建立网络中心、计算中心、存储中心、备份中心、容灾中心等。

两个综合交互门户:包括面向全省招考系统用户使用的业务管理门户和面向公众信息服务的考生服务门户,其中考生服务门户包括查询中心、服务中心。

三大应用系统:即新高考信息管理系统、新高考计划管理系统、新高考录取管理系统。新高考信息管理系统主要面向考生和业务管理人员,建设了满足江苏高考综合改革实施的报名考务管理、体检信息管理、志愿填报管理、体艺考务管理等子系统。新高考计划管理系统和录取管理系统均主要面向高校。计划管理系统着眼于招生计划管理,满足高招计划的编制、审核、发布、清样汇编、历年数据管理等工作需要。录取管理系统着眼于招生录取环节,建设了满足"3+1+2"高考综合改革方案的录取系统(含计划、投档、录检、审核等环节)。三大应用系统覆盖了江苏新高考实施的全部流程、全部环节、全部对象,完全满足新高考改革的业务需要。

四个标准保障体系:包括标准保障体系、基础设施保障体系、安全运维保障体系、队伍建设和管理保障体系。建成了标准中心、基础设施发展中心、安全中心、运维中心。

五大核心数据库:建立数据中心,具体包括考试计划数据库、考生数据库、工作人员数据库、标准化考点数据库、上报教育部数据库等。

2. 建设成效

新高考智慧服务信息化工程建设坚持信息化"化人"的核心价值,健全科学规范的信息管理制度体系和信息安全防护体系,建立了满足江苏省教育考试事业发展需要的信息化总体架构,推动了"互联网+考试"大背景下的管理模式升级换代,逐步实现了办公管理高效化、业务管理精细化、社会服务专业化,打造了一支高素质的专业技术人才队伍,在实现零差错的基础上,确保"网络绝对畅通、信息绝对准确、软件绝对可靠、支撑绝对到位"。

(1)不断完善网络安全和信息管理制度,确保了高考业务平稳安全运行。建成了防御、监测、审计等多个纬度的立体防护体系,即以云防护、防火墙、防毒墙、入侵防御、Web 应用防火墙、网络防病毒系统等为主的安全防御体系,以态势感知、入侵检测、威胁检测、漏洞扫描等为主的安全监测体系,以数据库审计、日志审计、堡垒机、上网行为管理、终端准入控制等为主的安全审计系统。制定了一系列信息管理规章制度,明确招生考试信息的采集、管理、使用、安全管理,规范网上评卷、成绩处理、网上录取等业务流程的操作,加强纪检部门对招生考试信息的监督。

(2)基本建成招生考试业务信息化管理系统,提升了教育招生考试现代化管理水平。全面整合各类基础数据库、各类信息标准和各项应用软件等资源,加强基于数据中心的管理信息平台建设,实现高考的信息管理、信息统计、信息分析决策、考试评价等功能,实现各类考试数据的共存、共用、共享,全面实现了考试业务全过程、全网络化管理,大大提升了工作效率和管理水平,同时推动了数据资源的融合共享和深度挖掘。并通过建立完善的制度与标准,提高信息资源整合利用能力。新高考录取管理系统,满足了高考综合改革"3+1+2"模式的投档招录,自动辅助录检、征求志愿计划自动生成、投档结果反向核查等功能模块均为全国独创。

(3)全面加强各类基础设施建设,支撑了教育考试事业持续发展。建设连接全省设区市、县(市、区)、考点的教育考试专网,实现网上高清巡查、视频会议指挥、保密室实时监控等;建设绿色、节能、环保、安全、高性能的数据中心,承载30多个主要应用系统的实时运行;建设高性能、高并发、高可靠的新一代网上评卷和网上录取基础平台,有力保障考试评卷录取工作;建设数据灾备中心,提升在异常情况下应用系统和数据信息的备份和恢复能力。建设互联网会议"云视讯"平台和无感知认证方式的无线办公方式,应对新冠肺炎疫情的考验。同时对信息系统的定级备案和测评、建立完善的信息系统管理制度以及部署安全防护系统等手段,全面保障了各类业务系统的平稳运行和信息的安全保密。

(4)率先完成全国领先的标准化考点系统升级建设,强化了考试安全防控体系。为营造公平、有序、安全的考试环境,完成了标准化考点升级改造工程,实现了网上巡查及视频会议高清化、身份认证手段多样化、作弊防控系统全频段、应用系统智能化,以流程为核心、以数据为基础、以服务对象为中心,实施考试考务管理流程重组。通过合理运用物联网、云计算、地理信息系统、3D虚拟技术、无线网络、大数据技术等信息技术与平台,有效整合国家教育考试业务管理的技术、组织、人员、信息等资源,科学实现考前计划、试卷流转监控、考点监考及巡查、考务决策等考试业务全流程的有机融合,形成覆盖教育考试考务全流程、全资源的智能化综合治理体系,强化了考试安全防控体系。

(5)全面构建满足社会需求的服务体系,提高了公共信息服务水平。坚持"服务于考生、服务于高校、服务于基层、服务于社会"的宗旨,加强公共信息服务系统建设,通过门户网站、江苏招考微信公众号和江苏招考APP及时向社会发布各类招生考试信息,及时提供各类考试成绩查询,提供相关资源下载等,并开展网上咨询会、网上报名、网上志愿填报等一系列服务考生的网络业务模式。

第三节　关键应用及其实施

一、智能考场编排

考场编排是组考工作暨报名后的重要环节,直接决定了考务组织的成败。从考生角度看,存在两种不同的编排方式:跑考场和不跑考场,而不跑考场无疑极大地方便了考生。智能编排系统从创建考区、考点、考生组到编排预处理、虚拟编排、座位编排,形成了一套完整的考务编排工作流程,并提供 4 种编排方案,即,按报名点、科目组合、小语种、新疆西藏班 4 种考生分组;同时提供导入不编排考生、尾考场考生处理等功能,优化考务组织。提供多种考务打印方案,方便考务工作人员。

为更加清楚地说明"卷跑人不跑"的实现,举例说明,假设某地区考生报名编排情况如表 7-4。

表 7-4　某区考生报名编排情况

首选科目	再选科目组	编排人数
物理	科目 1-科目 4	233
	科目 1-科目 2	127
	科目 1-科目 3	3
	科目 2-科目 3	56
	科目 2-科目 4	1017
	科目 3-科目 4	3
历史	科目 1-科目 2	1
	科目 1-科目 3	16
	科目 1-科目 4	2
	科目 2-科目 3	754
	科目 2-科目 4	346
	科目 3-科目 4	25
小计		2583

若按照跑考场的算法编排,则最大场次需安排 77 个考场,详细可见表 7-5。

表 7-5　跑考场的编排情况

考试场次	科目	考生人数	整考场数	尾考场	合计考场数
第一场	科目 1	382	12	1	13
第二场	科目 2	2301	76	1	77
第三场	科目 3	857	28	1	29
第四场	科目 4	1626	54	1	55

　　若考生不跑考场,不实施尾考场优化,则需要 93 个考场,其中有 12 个尾考场;通过合并尾考场优化后,实际最大启用考场数为 86 个,其中包含 6 个合并后的尾考场,优化过程详细见表 7-6。

表 7-6　考生不跑考场优化后编排情况

	人数	整考场数	尾考场数	尾考场人数	合并尾考场	尾考场科目组	尾考场人数
小计	2583	81	12	153		6	153
历史-科目 2-科目 3	754	25	1	4	⎫	历史-科目 1-科目 2-科目 3	21
历史-科目 1-科目 3	16	0	1	16	⎬		
历史-科目 1-科目 2	1	0	1	1	⎭		
历史-科目 3-科目 4	25	0	1	25		历史-科目 3-科目 4	25
历史-科目 2-科目 4	346	11	1	16	⎫	历史-科目 1-科目 2-科目 4	18
历史-科目 1-科目 4	2	0	1	2	⎬		
物理-科目 1-科目 4	233	7	1	23	⎫	物理-科目 1-科目 2-科目 4	30
物理-科目 1-科目 2	127	4	1	7	⎬		
物理-科目 3-科目 4	3	0	1	3	⎫	物理-科目 2-科目 3-科目 4	30
物理-科目 2-科目 4	1017	33	1	27	⎬		
物理-科目 2-科目 3	56	1	1	26	⎫	物理-科目 1-科目 2-科目 3	29
物理-科目 1-科目 3	3	0	1	3	⎬		

优化后的各个场次启用考场数见表 7-7。

表 7-7 优化后各场次启用考场数

场次	科目	考生人数	整考场数	尾考场数	合计考场数
第一场	科目 1	382	11	4	15
第二场	科目 2	2301	74	5	79
第三场	科目 3	857	26	4	30
第四场	科目 4	1626	51	6	57

对比表 7-5 和表 7-7 可以发现,经过优化,在实现考生不跑考场后,第一场增加 2 个考场,第二场增加 2 个考场,第三场增加 1 个考场,第四场增加 2 个考场,可见通过优化的智能考场编排系统,在每场次实际使用考场数量微量增加的前提下,可实现考生固定座位参加考试。

二、志愿服务系统

新高考志愿服务系统(如图 7-4)有以下特点:一是引入智能查询方式,自动匹配考生选科所对应的招生计划专业组。提供多维度智能查询服务,满足考生对招生计划、招生章程、往年录取位次等重要信息智能化、个性化的查询需求。二是强化服务考生理念,以考生的视角探寻考生的信息检索需求,力求以最简便的方式实现查询与志愿填报的一一对应,并提供丰富的修改功能和安全及时的保存方案。三是采用业务与数据融合的技术架构,开发考生信息服务平台,将以往零散的业务功能模块进行有机整合。构建综合性的前端信息服务平台,并对前端功能所需数据在后台进行融合管理,提高信息服务和数据保密管理的系统化水平。

志愿填报服务系统有助于考生多渠道解读高考政策,通过设置预填报阶段让考生提前熟悉填报流程,缓解考生焦虑。同时,将政策贯彻到系统规则中,将不符合填报条件的志愿信息提示给考生,提高填报效率。考生的投档结果表明:在普通类本科批次中,首选历史的考生,前 4 个志愿[①]累计投出占比超过 50%,前 10 个志愿累计投出占比超过 80%,前 14 个志愿累计投出占比已经超过 90%,如表 7-8 所示;首选物理的考生,前 5 个志愿累计投出占比超过 50%,前 12 个志愿累计投出占比超过 80%,前 17 个志愿累计投出占比已经超过 90%,如表 7-9 所示。充分说明了志愿填报的有效性。

---

① 此处的"志愿"均为院校专业组志愿。

图7-4　志愿填报服务系统界面(计划查询)

表7-8　普通类本科历史类考生各志愿号投档比例

志愿号	投档人数	占比	累计人数	累计占比
1	11006	23.22%	11006	23.22%
2	6191	13.06%	17197	36.28%
3	5010	10.57%	22207	46.85%
4	3895	8.22%	26102	55.06%
5	3249	6.85%	29351	61.92%
6	2681	5.66%	32032	67.57%
7	2232	4.71%	34264	72.28%
8	1805	3.81%	36069	76.09%
9	1567	3.31%	37636	79.40%
10	1349	2.85%	38985	82.24%
11	1189	2.51%	40174	84.75%
12	982	2.07%	41156	86.82%

志愿号	投档人数	占比	累计人数	累计占比
13	821	1.73%	41977	88.55%
14	739	1.56%	42716	90.11%
15	597	1.26%	43313	91.37%
16	531	1.12%	43844	92.49%
17	467	0.99%	44311	93.48%
18	410	0.86%	44721	94.34%
19	358	0.76%	45079	95.10%
20	289	0.61%	45368	95.71%
21	277	0.58%	45645	96.29%
22	224	0.47%	45869	96.76%
23	170	0.36%	46039	97.12%
24	165	0.35%	46204	97.47%
25	143	0.30%	46347	97.77%
26	141	0.30%	46488	98.07%
27	126	0.27%	46614	98.34%
28	109	0.23%	46723	98.57%
29	119	0.25%	46842	98.82%
30	87	0.18%	46929	99.00%
31	73	0.15%	47002	99.15%
32	58	0.12%	47060	99.28%
33	69	0.15%	47129	99.42%
34	54	0.11%	47183	99.54%
35	47	0.10%	47230	99.64%
36	37	0.08%	47267	99.71%
37	47	0.10%	47314	99.81%
38	30	0.06%	47344	99.88%
39	31	0.07%	47375	99.94%
40	28	0.06%	47403	100.00%

表 7-9　普通类本科物理类考生各志愿号投档比例

志愿号	投档人数	占比	累计人数	累计占比
1	24170	18.03%	24170	18.03%
2	16084	12.00%	40254	30.02%
3	13055	9.74%	53309	39.76%
4	10789	8.05%	64098	47.81%
5	9303	6.94%	73401	54.75%
6	7852	5.86%	81253	60.60%
7	6690	4.99%	87943	65.59%
8	5764	4.30%	93707	69.89%
9	5123	3.82%	98830	73.71%
10	4288	3.20%	103118	76.91%
11	3817	2.85%	106935	79.76%
12	3395	2.53%	110330	82.29%
13	2916	2.17%	113246	84.47%
14	2591	1.93%	115837	86.40%
15	2178	1.62%	118015	88.02%
16	1976	1.47%	119991	89.50%
17	1819	1.36%	121810	90.85%
18	1462	1.09%	123272	91.95%
19	1329	0.99%	124601	92.94%
20	1148	0.86%	125749	93.79%
21	994	0.74%	126743	94.53%
22	889	0.66%	127632	95.20%
23	778	0.58%	128410	95.78%
24	629	0.47%	129039	96.25%
25	622	0.46%	129661	96.71%
26	569	0.42%	130230	97.14%
27	475	0.35%	130705	97.49%
28	394	0.29%	131099	97.78%
29	439	0.33%	131538	98.11%
30	383	0.29%	131921	98.40%
31	334	0.25%	132255	98.65%
32	285	0.21%	132540	98.86%

续表

志愿号	投档人数	占比	累计人数	累计占比
33	282	0.21%	132822	99.07%
34	238	0.18%	133060	99.25%
35	240	0.18%	133300	99.42%
36	189	0.14%	133489	99.57%
37	166	0.12%	133655	99.69%
38	151	0.11%	133806	99.80%
39	128	0.10%	133934	99.90%
40	137	0.10%	134071	100.00%

三、智能评卷应用

智能评卷应用实施流程主要分为预处理、定标训练、智能评分三个阶段。预处理阶段主要完成数据的对接，以及图文转写和异常作答标识等内容；定标训练阶段是基于列表通过机器自动筛选代表性样本，将这些样本作为机器学习对象进行模型训练；智能评分阶段是计算机对全集数据进行特征提取和基于训练模型的回归评分。

智能评分质检应用工作与网评同步实施，高效完成了考生答案的图像转写和智能评分，主要的应用模式如下：

（1）在英语填空、数学填空题型中通过计算机对考生答案进行手写识别、统计和判分，结果作为对比参考分辅助人工评分质检。

（2）在语文作文、英语作文题型中计算机对考生答案进行手写识别并进行目标文本精准相似检测，应用相似结果辅助人工评分质检。

（3）在语文作文、英语作文题型中计算机对考生答案进行手写识别和智能评分，结果作为对比参考分辅助人工评分质检。

目前，高考智能评分质检的主要应用场景包括：

（1）在英语、数学填空题中进行评分一致性的校验。当前在各类考试评卷中，填空题型人工评卷主要采用人工双评模式，双评评分不一致的数据再交由第三位专家进行判定，由于客观题答案明确、内容较短，此种方式已能够达到很高的准确率，但依然可能有极个别双评同时错误的可能，通过人工智能校验可彻底消除偏差。

（2）在语文、英语作文题中应用相似卷检测辅助评分合适性质检（流程见图7-5）。相似检测技术在文科类的大篇章文本答题场景下，人工难以在海量数据中准确了解每一份答题情况是否有抄袭、宿构等行为,利用计算机快速运算的特性,将疑似数据筛选出来,再提交给人工确认,是一种非常有效的辅助人工评卷手段。

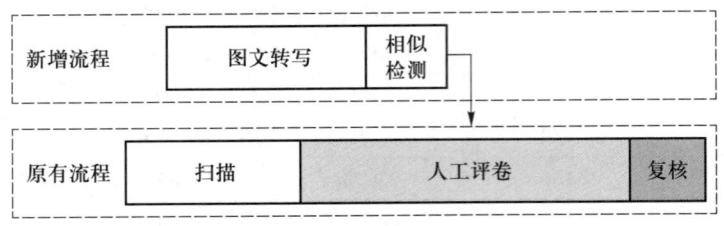

图 7-5　相似卷检测辅助评分合适性质检应用流程

　　(3)在语文、英语作文等题型中进行大分差评分质检(流程见图 7-6)。主要是指将智能评分结果作为参考分,与人工评卷最终结果进行分差计算,并通过与人工多评匹配的差值控制方法,筛选出一批人机评分结果差异较大的作答,组织专家组再次复核。该方法可以发现因人工两评同时评分不合理或仲裁时取用了不合理一方的结果的情况,及时加以纠正,从而更好地提升评卷质量。

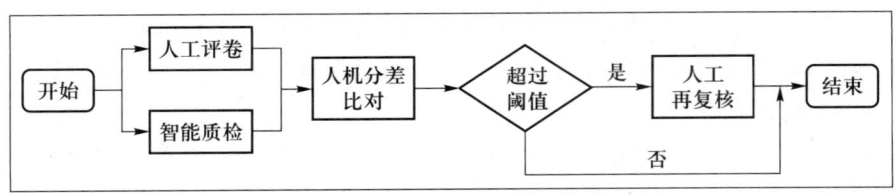

图 7-6　智能评分辅助人工评卷大分差质检应用流程

　　经过智能评卷质检后,进一步提高了网上评卷的准确率,特别是在相似卷的识别上,基于大数据技术,可实现全网查重,有效避免了考生背题得高分的情况,得到了评卷教师的普遍好评。2021 年高考成绩公布后,对考生提出的查卷要求,经复核后无一差错。

四、高性能录取系统

　　录取是整个招考过程的最后一个环节,也是考生最关注的环节。录取系统关联院校和省端录取现场,不仅仅是考生档案流转的平台,也是高校和省教育考试院相互沟通的渠道。在网上录取系统的研制过程中,江苏作为高考综合改革网上录取技术协作组成员单位,参与了全国录取系统需求调研、集成测试等工作,并全面负责江苏录取系统个性化模块的研发、模拟演练和技术培训工作。

　　在研究过程中,我们从全面、系统的角度开展研究,坚持宏观与微观相结合,既要站在国家、教育行业的角度关注招考改革创新发展等全局性问题,又要研究录取机制设计与算法等具体问题;坚持现实与长远相结合,既要满足当下提出的政策需求,又要放眼长远,探索如何能够满足未来多元录取的发展变化;坚持国际与国内相结合,既要关注国内同行在招考录取方面的新进展,也要关注国外的录取模式,及时查找差距、借鉴经验,针对我国国情提出更加科学合理的政策建议。

新高考录取管理系统采用新的架构和算法对投档模块进行处理,通过POWERBUILDER 调用 cpp 代码,指数级提高了投档效率,以往十万人批次的投档时间要 1 个小时以上,新版的录取系统 1 分钟以内就可以完成投档全过程,极大地提高了系统的运算速度,提升了工作效率,为多次模拟投档,实现精准投档奠定了技术基础。投档界面见图 7-7。

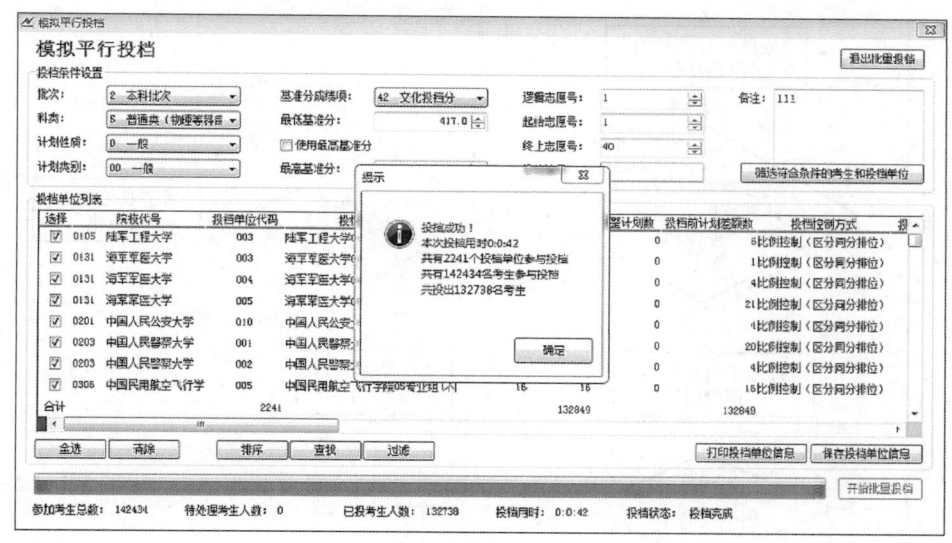

图 7-7　录取系统投档界面

从传统志愿到平行志愿,已经广为人知,部分省市目前采用的志愿动态填报也屡见于新闻报道,但这些投档录取方式中分数始终是一维的,即在面向所有高校时,考生只能以唯一的成绩参加录取,不能满足不同高校对同一考生作出差异化的评价要求,即考生在面向不同高校时,使用不同的分数进行投档录取。为此江苏率先开展关于双边多元录取匹配机制的深入研究。研究结果证明,该机制已经可以支持考生成绩的二维属性化,即考生在报考不同的高校时,其成绩是不相同的,比如某考生在院校 A 综合评分为 600 分,而在院校 B 综合评分为 650分,在此情况下,依然可以实现统一批量录取。相关研究为统一录取机制下的综合评价录取奠定了技术基础,算法逻辑见图 7-8。

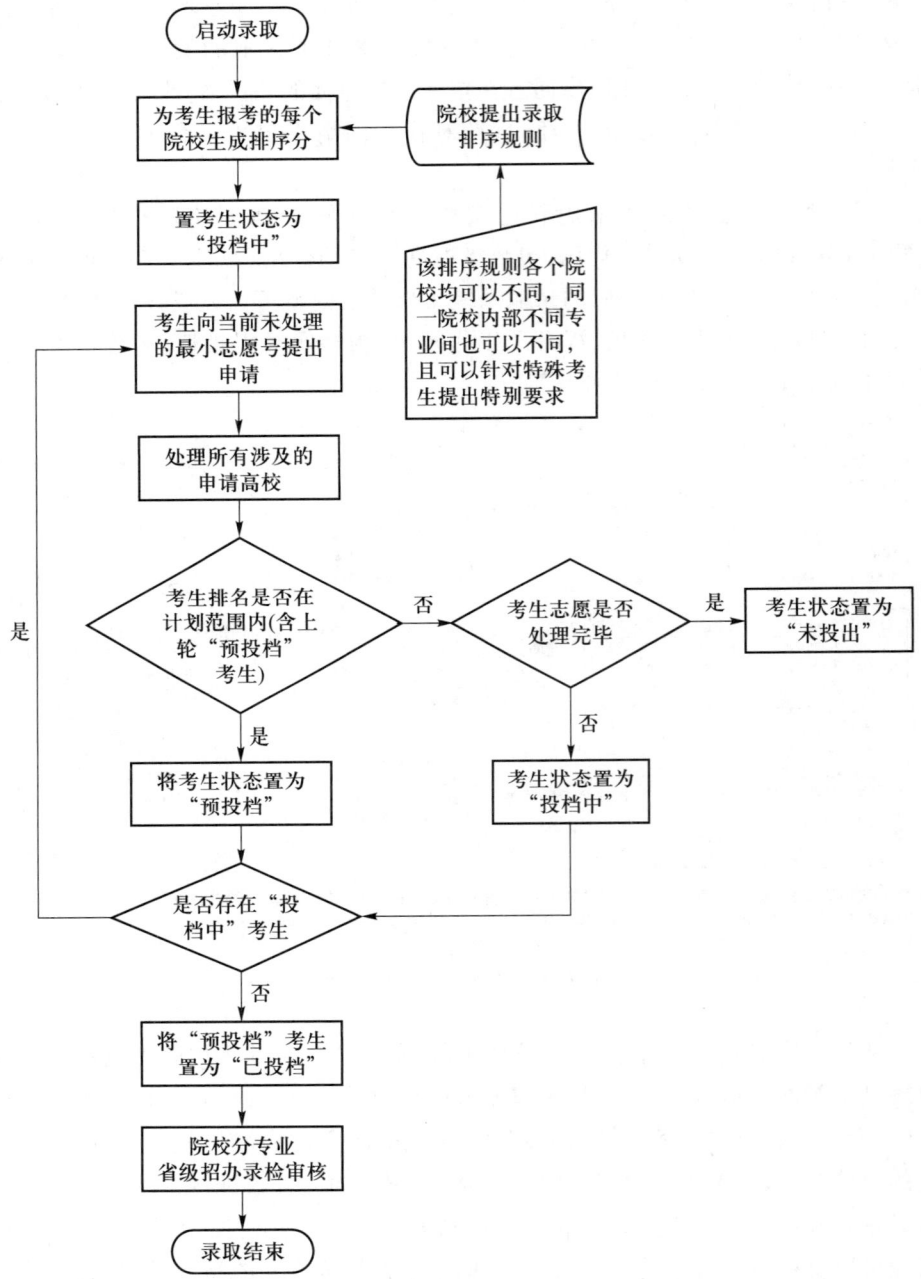

图 7-8   支持综合评价的投档录取新机制

在研发工作中,在全国录取系统的基础之上,通过比对江苏省以往普高录取系统的各项功能,综合现有的各个模块,构建具有江苏特色的录取系统。目前自主研发投入使用的模块共 12 个,功能窗体 78 个,主要内容有:现场端 USBKEY 分发与认证、现场端功能模块版本发布与自动更新、征求计划生成、计划组征求计划审核、征求计划报表导出、录检分专业比对、录检联络电子表、录检智能辅助检查、录取名册打印、书面报告管理、各类数据导出与统计报表等。同时为确保投档结果的正确性,在录取系统之外,江苏自主开发了一套投档程序,在每次批量投档时同步运行,两套程序的投档结果比对完全一致后,方允许院校下载档案,确保投档准确性,更好地维护考生利益。

本 章 小 结

高考改革是一项系统工程,本章聚焦考试、招生两大核心业务,阐述了考试与招生录取方案的设计思想和出台过程,并分析基于业务变化对信息系统带来的影响。改革的所有政策、举措需通过信息系统的支撑来实现,为保证高考综合改革顺利推进,基于招考信息化理念下完成了江苏新高考智慧服务信息化建设工程。项目建设始终坚持"服务考生"的核心价值理念,紧紧围绕构建"智慧招考"体系这条主线,从多科目组下的组考编排、志愿填报方式改变带来的填报焦虑、考试公平和等级赋分制对网上评卷带来的更加精细化要求,以及招录办法对录取系统的新要求四个方面重点突破,充分利用大数据、云计算、人工智能、移动应用等现代信息技术,建设科学化的业务信息管理系统、实时化的信息服务系统、智能化的分析决策系统和规范化的业务支撑系统,有效推动高考综合改革平稳实施。

第八章 理性和谐:高考改革的舆论场建设

随着形势发展,要适应分众化、差异化传播趋势,主动借助新媒体传播优势,抓住时机、把握节奏、讲究策略,加快构建舆论引导新格局。高考事关老百姓的切身利益,事关青年学子的前途命运,因而多年来,与高考有关的话题一直是社会舆论的热点和焦点。有报告显示,近五年来"两会"期间,高考改革、校外机构培训治理、学生课业负担是社会持续关注的热点话题。"高考改革"在2021年"两会"网民关注话题排行中位居第六。① 与高考有关的社会舆情燃爆点低且燃爆速度快。

江苏的高考舆情有其独特的复杂性和特殊性。从1999年到2008年,江苏高考方案"十年五改",考生的备考策略、基础教育的资源配置、高等教育的选拔方式始终处于动态调整进程,各方主体的压力始终处于高位状态,客观上形成了对高考并不宽松的社会舆论环境。回顾江苏高考舆情发展态势,高考舆情呈现出议题复杂化、诉求多元化、效应联动化等特征。针对这些特征,我们充分运用舆论场构建的一般理论,把握舆情发展规律,分析舆情发展态势,通过从被动应对到主动治理的实践探索,逐步建立了一套从紧急应对迈向系统治理的舆情治理体系。

从改革目的来看,我国高考制度改革的宗旨是在公平、公正原则的指导下,保障每一个考生都有平等的机会接受高等教育,有效改善既有的高校人才选拔机制。显然,新一轮改革承载着众人关注的公共价值与公共利益。但是,相关利益主体对于改革目的和内容的不了解、不支持可能成为一个潜在的社会稳定风险源,因此根据江苏省情特点,研究网络时代新高考舆情特征与舆论场构建具有强烈的现实意义和应用价值。

第一节 舆论场构建的一般理论

通过文献分析,"场"的概念最早出现在舆论学研究领域,源于项德生1992年发表的《试论舆论场与信息场》一文,文章认为,舆论场是特定的舆论主客体

---

① 中国教育科学研究院.全国"两会"教育网络舆情报告(2021年3月4-11日)[EB/OL].(2021-03-13)[2021-04-30].http://ex.cssn.cn/zx/bwyc/202103/t20210313_5317835.shtml.

相互作用而形成的具有一定强度和能量的时空范围①。舆论的汇聚和集中形成了"舆论场"。"舆论场"是助推公众意见表达与传播的社会氛围,是媒体场、心理场、社会场交互的共生环境。随着大众传播媒介的发展,公众社会生活的时空环境不断拓宽,感知触角不断延伸,舆论触发机制更加多元,舆论场成为意识形态领域最为重要的言论表达场域,对主流媒体的形成和影响产生着至关重要的作用。经过近30年的发展,随着自媒体时代的到来,学界提出了网络舆论场、微信舆论场、微博舆论场等概念。总体而言,国内目前对于网络舆论的相关研究立足点大多是网络舆论之于现实社会和网络安全的影响,常常牵涉政府形象传播和公信力建构等问题。

一、网络舆情的一般理论

网络舆情是网络社会和风险社会同构的产物,借助经典传播学理论对网络舆情引发社会风险的模式进行分析,有利于我们更好地把握网络舆情与社会风险之间的关联,强化对网络舆情是导致社会风险的一种重要变量的认知,同时赋予传播学理论在网络社会和风险社会中新的意义和价值。

1. 蝴蝶效应理论

一只南美洲的蝴蝶扇动翅膀,有可能会引致蝴蝶身边的空气系统发生一些微妙的变化,而该变化又会导致较大范围的周边空气系统的变化,通过效应作用范围的层层扩展,产生一系列的连锁反应并最终引起美国的一场"龙卷风"。

网络舆情的演变也具有类似的演进路径,原本一件人们很不重视的小事件很有可能成为社会关注的大热点,甚至引发巨大的社会风险。蝴蝶效应直接作用于网络舆情生成,也是社会风险的重要触发机制。

2. 沉默螺旋理论

许多人愿意追随"价值领袖"权威人士或机构的观点,赞同或附和这些观点并自觉或不自觉地被引导,从而放弃了应有的质疑态度或是放弃掉自己的判断原则。有时,这种从众效应有可能颠覆自己固有的价值判断和标准,使人们甘愿成为舆情的推波助澜者。②

3. 群体极化理论

网络舆情场域是个开放性的场域,对于网络舆情主体而言,志趣相投的人愿意而且能够借助网络进行有效沟通。与此同时,他们也就处于相对封闭的"圈"中,也就是说长时间将自己置身于一个特定的场域之中,慢慢相信别人所说的,

①　项德生.试论舆论场与信息场[J].郑州大学学报(哲学社会科学版),1992(05):1-6.

②　杨明刚.大数据时代的网络舆情[M].深圳:海天出版社,2017:135.

渐渐强化了自己的立场,并且处于无意识当中。当这种集体无意识被激活时,个体意识就渐渐迷失了,不知不觉地被裹挟到某个运动进程当中。

群体极化理论主要说明个体成员的态度受到群体的鼓励后得以强化甚至更加极端的理论,而且由于网络社会的匿名性特点,群体极化现象在网络社会中出现的概率更高,甚至会极端地演化为对现实社会的严重风险。群体极化理论揭示了群体性事件中网络舆情的催化效用,是引发社会风险的心理动力之源。[1]

4. 议程设置理论

议程设置理论的实质是媒体议程影响公众议程,进而影响政策议程的一系列发展过程。虽然媒体传播信息并不能直接决定公众对某一事件或问题的看法或意见,但是通过媒介,能够根据自己认定的问题的“重要性”,发布信息以及设定议题的节奏,并以此影响公众关注某些问题以及公众关注问题的程度。议程设置理论可以很好地指导网络舆情引导工作,实现社会风险的媒介阻断。

尤其是当网络舆情大规模爆发以后,对网络信息流动的控制思维将使主流媒体的议程设置无法满足民众对信息的多元化需求,从而不利于网络舆情的有效治理。因此,在尊重网民的自主性和参与性的前提下,通过利用传统媒体的深度报道能力,吸收网络新媒体的议程设置资源,以及加上新媒体时代公众对于媒介信息的迅速反馈,可以增强治理部门参与议程设置、引导舆论的能力,重塑传统媒体的公信力,加强对网络舆情的快速反应能力。通过发挥媒体议程设置的作用,可以引导和转移社会民众的关注议题,降低社会公众对网络舆情负面效应的关注度,使得网络舆情的运行轨迹发生转向。[2]

二、舆论场演进机制

舆情发展有其自身生长周期,一般来讲可以分为发生期、高涨期、回落期三个阶段。

1. 发生期

首先从社会个体的遭遇开始,这类事件通常具有社会大众关注的基本特征。此时社会舆论开始小范围形成,并形成具有一定社会影响力的初步的社会舆论。

为避免舆情发酵,形成大的风险,采取的对策之一是迅速反应。此时舆情的生成发展具备蝴蝶效应理论的表现特征,要做好快速处置,教育、宣传、网信、公安等部门要通力合作,密切关注网络舆情,精准分析研判,对不实信息、网络谣言要从快处置。对策之二是紧密监测。根据沉默螺旋理论,实时掌握当前的主流

---

① 田凤.教育舆情演变与应对研究[M].上海:华东师范大学出版社,2020:100.

② 田凤.教育舆情演变与应对研究[M].上海:华东师范大学出版社,2020:136.

观点,把握舆论方向,了解传播范围。

2. 高涨期

在这一阶段,初步的社会舆论再经过某个节点,网络用户将其传导到社会化媒体平台上,并引发网络舆论关注、发酵和网络社会情绪的大面积传播。此时,社会大众对事件本身所涉及问题的普遍认知和价值判断得以形成,并最终导致网络舆情事件的爆发。这种公共事件爆发引发的网络舆情若得不到合理应对,就会形成网络上的表达性对抗,进而有可能引发现实社会的群体性对抗,使得公共事件产生更大波次的社会冲击力或社会破坏力①。为做好舆情引导,应对措施包括:一是积极发声。根据议程设置理论,通过媒体宣传发出正面的声音,比如针对选科舆情,强调化学科目的重要性。二是出台政策。根据公共领域理论,在公众舆论对新高考政策实施形成影响的背景下,及时出台保障机制,开展选科指导。三是持续关注。根据群体极化理论,观察政策出台后的舆论变化,及时回应热点焦点问题,及时处置网络谣言和不实信息,着力实现网络民意和决策权力之间的平衡与和谐。

3. 回落期

舆情态势整体平稳后,应重点关注有无引发次生舆情的可能,同时回顾舆情事件的演变过程,趁热打铁对事情进行复盘分析,总结应对得失,尽早开展形象修复等工作。②

第二节　网络时代高考舆情的规律

教育,常与医疗、法律共同被看作社会三大行业底线,其重要性可见一斑。而高考作为教育领域中的一项高利害性考试,其敏感性和关注度更是不言而喻。从场域视角下分析高考的舆情的特征,有以下特点。

一、信息关注度高,失真效应明显

教育考试战线常说一句话"高考无小事"。高考不仅承担着为党育人、为国选才的重要使命,同时关系到千家万户的实际利益,与高考相关的信息往往社会关注度极高。江苏素来有崇文重教的传统,进入 21 世纪以来,江苏高考政策变动又相对频繁,使得社会公众对于高考信息更为敏感。以 2021 年新高考首考为例,根据有关部门的数据统计,仅 6 月 7 日,全网涉高考的总数据量即达到

---

①　杨明刚.大数据时代的网络舆情[M].深圳:海天出版社,2017:153.

②　芦珊.网络舆情监测与研判[M].北京:人民邮电出版社,2021:39.

34612条,其中微博9615条,微信7091条,新闻11486条。

从具体内容来看,社会公众聚焦的热点话题大致包括:高考政策(含考试和招生政策)、试题试卷、考试管理(包括考务各环节、考试中出现的突发事件、考试纪律、阅卷等)、考试数据(如考试成绩、考生信息等)、招生信息等[①],如表8-1所示。

表8-1　高考相关信息及公开程度分析

社会关注的高考信息		信息的公开程度
高考政策、文件	涉及考生报考的政策	公开
	工作类文件	不公开
试题试卷		涉密材料
考试管理		部分内容公开
考试数据(考试成绩、考生信息等)		涉及隐私,不公开
招生信息		公开

从以上分析看出,一方面与高考相关的信息备受社会关注,另一方面,部分涉及高考的信息或有保密要求、或涉及隐私、或受制度约束等不能公开。在这种既被关注又略显神秘的氛围下,高考组织过程中的每一处细节都会被无限放大,进而造成公众对社会公平产生质疑,形成重大舆情。同时,与教育考试有关的舆情事件往往牵扯学科专业知识,普通民众通常难以甄别,容易跟风。

二、传播媒介多元,舆论引导不易

随着社会进入网络信息时代,微博、微信、新闻客户端等自媒体平台大量兴起,原有的利用传统媒体进行单向传播的格局已被取代,社会话语空间实现了从线下为主向线上线下并存转变,网民不再只是信息的被动接收者,他们同时也是信息的制造者和发布者,形成了"人人都是麦克风"的舆论氛围。从时效性来看,网民通过自媒体平台可以即时接收信息、观点,并可以第一时间在网络平台进行个人意见的表达和传播。但同时,自媒体信息传播中"守门人"的缺失,也使得部分信息与观点的传播缺少实时监管与约束,一些"碎片化"、情绪化,甚至未经证实的言论经过网络发酵,极易在传播中"井喷式扩散",造成难以预知的后果。

当前主要的信息传播媒介及其特点如表8-2所示。

---

① 李琳娜,时悦琪.后疫情时代教育考试舆情的特点及应对措施[J].中国考试,2021(04):1-6.

表 8-2 当前主要信息传播媒介分析

媒介类别	涉及平台举例	特点
新闻媒体及网站	主流媒体(人民日报、新华日报、中国教育报、央视新闻等)	多以政策、信息的宣传与分析为主,报道以某一主题为框架展开,基调相对平和
	新闻网站(新浪新闻、搜狐新闻、今日头条等)	即时发布、传递新闻事件和观点
社交媒体	微博、知乎等	可实时互动 舆情的主要发酵平台 各类社会群体进行意见交流和分享,并在意见领袖的主导下形成群体极化效应
	QQ、微信等	可实时互动 事件传播阶段舆情发酵和扩大的载体 小范围群体性传播和单向度的隐匿性交流
网络社区	百度贴吧、天涯论坛、新浪博客等	可实时互动 各类社会群体进行意见交流和分享,并在意见领袖的主导下形成群体极化效应

以上分类参考:李猛哲,杨跃东.教育考试舆情监测指标体系设计[J].中国考试,2019(04).

比如,江苏新高考方案公布半年后,高中学生选科出现化学选考学生偏少的情况,同时,网络上出现关于江苏化学选科考生少、地理选科考生多,等级赋分不公平,化学选考学生"吃亏"等话题,相关舆论被不断发酵、放大,并有所谓"专业人士"以虚假数据为论据,撰写了分析文章,相关数据和文章被迅速转发,一时在社会上尤其是高中学生家长中引起强烈反响。

三、舆论参与者众多,构成复杂

1. 从大数据看中国网民群体

根据中国互联网络信息中心发布的第 47、48 次《中国互联网络发展状况统计报告》①②显示,中国网民群体呈现以下特点:一是数量大,增速快。截至 2021 年 6 月,我国网民规模已达 10.11 亿,较 2020 年 12 月增长 2175 万,手机网民规

---

① 中国互联网络信息中心.第 48 次中国互联网络发展状况统计报告[EB/OL].(2021-09-15)[2021-11-30].http://www.cnnic.net.cn/hlwfzyj/hlwxzbg/hlwtjbg/202109/P020210915523670981527.pdf.

② 中国互联网络信息中心.第 47 次中国互联网络发展状况统计报告[EB/OL].(2021-02-03)[2021-11-30].http://www.cnnic.net.cn/hlwfzyj/hlwxzbg/hlwtjbg/202102/P020210203334633480104.pdf.

模达 10.07 亿，互联网普及率已达 71.6%，网民使用手机上网的比例为 99.6%。二是中青年网民占比高。20~49 岁中青年网民占比 56.4%，其中，30~39 岁网民占比为 20.3%，在所有年龄段群体中占比最高；40~49 岁、20~29 岁网民占比分别为 18.7% 和 17.4%，位列二、三位。中青年群体是社会发展和经济建设的主力军，对社会中的各种社情民意了解和参与度也最深，一旦同类群体的利益受到威胁，其反应程度也最为激烈。三是网民学历层次偏低。初中学历网民所占比例最高，为 40.3%，接受过大学本科及以上教育的网民占比最低，仅 9.3%。网民的受教育程度在某种程度上也反映了其个人行为认知，学历层次偏低，在一定程度上对其道德素质和心理素质的发展造成阻碍。四是近四成网民为学生及自由职业者。其中，学生群体在网民中占比最高，为 21.0%；个体户/自由职业者占比为 16.9%；党政机关干部及工作人员占比最低，仅占 2.7%。而前两者囿于其专业、职业背景的限制，对于接收到的信息和观点缺乏足够的甄别能力，极易在纷繁复杂的网络社会里被部分自媒体和意见领袖恶意引导，形成错误的认知。五是中低收入群体网民占比高。月收入 5000 元及以下的网民占比为 70.7%。这部分群体大多承担着住房、子女教育、赡养老人等社会压力，心理状态较为焦虑，一旦认为可能面临不公正对待，往往会产生较为激烈的情绪反应，产生舆论偏差。

2. 高考舆论参与群体分析

不同于一般网民的特点，受高考这一话题本身特殊性的影响，高考舆论的参与群体则更为复杂，见表 8-3。从参与者的构成来看，大致包括以下七类：一是教育行政部门、考试机构；二是考生；三是考生家长；四是中学教师；五是教育领域专家学者；六是意见领袖；七是前六类之外的普通网民。其中，前六类可以被认为是高考舆论场的深度参与者。

表 8-3　高考舆论参与群体分析

高考舆论的参与者		特点
教育行政部门、教育考试机构		高考政策的制定者、高考信息的发布者，并试图成为舆论的引导者
考生	应届	高考涉及切身利益，但受学业负担所累，较少参与话题讨论
	往届	以青年学生为主，对高考有切身感受，注重个性化表达，在网络空间中容易情绪化
考生家长		考生的代言人，对高考有强烈的参与感，关注一切与高考相关的信息与话题。其中不乏高学历者，且致力于对高考政策的研究，但有时因信息掌握不全面，易受到媒体和各类意见领袖的影响，甚至引发焦虑情绪

续表

高考舆论的参与者	特点
中学教师	对高考有强烈的参与感,关注与高考相关的信息,大部分教师对高考政策有研究,且信息掌握相对全面,对考生和家长有较大影响力
教育领域专家学者	深度参与高考政策研究,但成果大多发表在学术期刊上,较少受到网民广泛关注
意见领袖	有一部分为专家学者,对高考政策有系统研究,且能从较为全面、客观的角度发表意见和观点,从正面引导舆论;但也存在部分意见领袖在"眼球效应"作用下发表偏激或不实的言论,引发负面舆情
普通网民	符合一般网民特点,其中部分网民在"责任分散、法不责众"的观念下,会跟风发表一些情绪化、非理性的恶性言论,以发泄个人对现实社会的不满

第三节　新高考舆情现代化治理

高考综合改革作为教育政策,推进实施过程中本身就具有风险。事实上在大部分情况下,制定教育政策具体措施时的初衷,都是希望这些措施可以促进教育政策目标的达成。教育政策实施过程中,影响因素复杂多元,不可避免产生负面影响,从而"衍生"出教育政策风险。因此,有效的规避政策风险的举措就是消除负面影响的风险源。教育政策风险分析过程中的主要任务是理解教育政策的风险特性,全面分析潜在风险源和风险原因、风险后果等各种因素。① 针对高考综合改革,做好舆论宣传的首要工作就是要全面排查风险隐患,比如,不适应全国卷的风险。江苏 2004 年来首次使用全国卷,考生对全国卷试题难度与风格还不适应,统考科目之间、统考科目与选考科目之间命题难度把握不好,会影响不同群体考生区分度之间的平衡。

一、充分发挥党统一领导的制度优势

加强高考综合改革宣传工作,必须充分发挥制度优势。一个重要的历史经验,就是必须全面加强党的领导。高考改革一头肩负为党育人、为国选才的使

---

① 　刘海滨.教育政策风险评估研究[M].北京:人民出版社,2019:297-298.

命,一头连接千家万户的根本利益,必须加强党的全面领导,协调各方力量,发挥制度优势,确保方向正确、行稳致远。

省级层面建立最高层级的高考综合改革领导工作机制。加强在方案宣传、实施等重要环节的沟通协商,加强工作协同和政策协同,一盘棋谋划、立体式推进。健全省、设区市两级"情况通报、会商研判、化解稳控、舆情引导、应急处置"5项机制,加强舆情研判和风险防控,落实安全工作属地管理原则。各地教育部门指导学校主动与不理解政策或持不同意见的学生家长面对面沟通,进行正面引导,收到了较好的效果。

二、构建新高考宣传多元化引导格局

1. 强化主阵地建设

为了让考生和家长更加方便快捷地了解新高考政策,省教育考试院微信公众号向全省考生和家长发布各类招考政策及信息,通过加强宣传力度,扩大信息渠道覆盖面;同时,进一步扩大信息服务范围,第一时间为考生提供高招计划、考生成绩、录取信息、体检信息等更丰富、更个性化的服务。

2. 加强与主流媒体的合作

与媒体合作设置宣传议题,权威发布新高考政策,全面解读政策,报道服务考生举措,营造良好舆论氛围。比如,新高考方案发布后,联合《新华日报》、中国江苏网、《现代快报》等媒体刊发百余篇新高考方案相关解读文章;《扬子晚报》新媒体客户端以动画短视频等方式解读新高考方案政策难点;江苏广电总台推出系列直播节目为考生和家长答疑解惑。选科评估与指导期间,组织《新华日报》、中国江苏网等媒体就化学选科等问题刊发文章,正面引导社会舆论。2021年高考期间,省广电总台从防疫政策、招生计划等方面推出各类信息服务类报道360余条;《扬子晚报》联合省教育考试院及相关高校搭建服务平台,为考生提供志愿填报服务。省广电总台和省教育考试院联合开通"志愿填报直通车"栏目,在报、网、端、微联合推出。"江苏学习社"视频号发布高校招生宣传片,正面引导考生结合国家需要、个人兴趣填报志愿。

光明时评:高考改革"保障机制"保障了什么

2020-03-09 10:02 光明日报客户端 方旄语

近日,江苏高考综合改革爆出新消息:针对思想政治、地理、化学、生物等4门科目出台再选科目保障机制。

江苏提出,在实施新高考方案过程中,经充分论证,确定再选科目的保障比例。当某一再选科目考生实考人数占总实考人数的比例低于保障比例时,启动再选科目保障机制,依照保障比例计算该科目的保障基数进行赋分。针对当前学生选考科目实际,从 2021 年招生起,率先建立化学选考科目保障机制,确定保障比例为 25%。

江苏是高考改革省份中继浙江和上海之后出台保障机制的第三个省份。不同的是,浙江上海采用的"3+3"高考模式,保障的是物理科目;江苏采用的是"3+1+2"高考模式,保障的是化学科目。

为什么考生不愿意学物理和化学? 分析原因,一是物理和化学的抽象概念占比高,学生较难理解;二是物理和化学的知识前后关联度较高,需要更大的学习投入;三是物理和化学的许多理论采用数学公式呈现,导致难上加难。为什么在第三批高考改革省份中,目前只有江苏出现选考化学人数偏少的现象? 分析认为,一是江苏"08 高考方案"下化学选科人数逐年减少的现象存在一定的惯性,二是确有部分学校和考生存在应试教育的功利思维,在选科时趋易避难。

化而生万物,学以致无穷。化学之美,美在精妙绝伦。春天的姹紫嫣红,水晶的空灵剔透,勾践铜剑的寒光,合成材料的神奇……无不彰显化学独到的美学气质。化学之美,美在简练深刻。1867 年,门捷列夫在当时已知的 60 多种杂乱无章的化学元素中发现元素周期律,在纷繁芜杂的物质世界中描绘出统一和谐的伟大图景,为科学发展做出了巨大贡献。化学之美,美在济世救民。弗莱明发明的青霉素,拯救了数以千万计的伤病患者。二战中,有这样一幅宣传画,标题便是"感谢青霉素,伤者可以回家"。去年底以来,新冠病毒肆虐,人民群众期盼着医术高超的救星出现。当钟南山院士等一大批医务工作者挺身而出时,仿佛一道金光透过黑压压的乌云直射下来,给人们无限的希望。学化学的学生不一定能成为钟南山,而不学化学的学生一定成不了钟南山。

从社会对人才的需求出发,测算确定再选科目的保障比例,这体现了顶层设计和底线思维的理念,一是满足国家实体经济和制造业发展战略的需要,二是满足人的现代化和全面发展的需要,三是满足素质教育实施的需要,即不仅要体现对选科偏少群体的保障和救济,还要促进学科均衡发展,更要体现素质教育正向引导。化学科目 25% 的保障比例,既包含人才选拔和培养中与化学直接相关的显性需求,又包含与科学思维、科学素养相关的隐性需求,基本符合化学选科和其他选科群体的心理预期。

3. 争取专家学者的理论支持和引导

江苏高考综合改革方案发布后,省教育考试院与《中国考试》《江苏高教》

《江苏教育》等杂志合作，约请省教育厅、省教育考试院相关领导、全国知名高校学者，重点高中校长、教研名师，省内外教育理论及招考专家等，撰写系列理论文章，从多个角度对新高考方案进行深度解读。

4. 重视网络意见领袖的舆论引导作用

意见领袖拥有巨大的粉丝量，在社会公众中更容易引起共鸣。如，2021 年江苏等第三批高考改革省份出现历史、物理选科比例与实际招生计划占比倒挂的现象，分数线公布后，资深媒体记者戚若予在个人公众号发表《高考趋利选文科，真的能"讨巧"吗？》，对实施新高考后出现的选科问题进行客观分析，引导考生和家长理性选科；2021 年高考后，"网络大 V"王开东撰写文章《今年考后静悄悄》，为教育部严禁炒作高考成绩和"高考状元"的举措发声、点赞，从正面引导社会舆论。

三、正面发声，直面社会关切的问题

确立解读口径由教育部门权威提供的原则，组织主流媒体集中报道、全面覆盖。教育系统是政策评价的关键，要压实教育系统统一思想、统一口径、统一行动的责任，保证政策传达的准确性、权威性。基层学校是政策理解宣传主体，要做好面向全省高中校长、教师、考生及家长的培训解读全覆盖工作。

面向社会做好宣传。新高考政策发布后，借助新闻媒体、微信等新媒体平台，以及省教育厅、省教育考试院官方网站向社会发布政策文件及政策解读材料。

树立政策理解重在真懂的观念，以新高考政策为重点，两次举办覆盖全省41 万名高三学生及教育系统人员的应知应会网上测试。

提高政策透明度。2021 年高考前夕，省教育考试院专门制作了"江苏省2021 年高考志愿填报动画片"、志愿填报服务系统操作手册和演示视频，帮助教师、考生及家长掌握志愿填报方法，熟悉系统操作流程。同时，在高考前、阅卷期间、录取期间组织媒体开放日、考生开放日等活动，全面展示高考各个环节工作情况，增加高考的透明度。

四、树立风险意识，建立网络舆论预警回应机制

习近平总书记指出："要增强风险意识，下好先手棋、打好主动仗，做好随时应对各种风险挑战的准备。"

1. 优化方式方法，开展精准解读

在新高考政策解读工作中，针对考生、家长等不同受众群体的心理特点、语言习惯，采用"民言民语"的政策解读使群众易于接受。2020 年高考选科评估与指导期间，对不理解新高考政策的家长采用"点对点""一对一"必要时"面对

面"的方式交换意见,进行解释引导工作,努力达成"心连心"的目标。

2. 制订预案,及时回应社会热点

关于舆情回复的时效性问题,2010年,人民网舆情监测室首次提出"黄金4小时"原则,即要求在新媒体的冲击下,政府需要在更短、更快的时间内对突发事件作出反应。这也就要求教育考试管理部门对于已发现的舆情应迅速回应,及时通过多种渠道将调查结果传达给公众,主动引导舆论走向。如,江苏在2021年高考前,提前梳理可能出现的风险点,全流程制定风险应对和应急处置的规范流程。针对选科偏差舆情、高考成绩省份间比较炒作舆情,分别从媒体视角、信访视角予以引导、解读和回应。对网络虚假谣言、不实信息及时处置,确保反应迅速、及时。

五、从"人防"向"技防"跨越

反思现阶段传统网络舆情管理,仍存在一定弊端,比如"灭火式"舆情处理,缺乏主动应对措施,缺乏针对性的研判分析;不支持海量数据采集,主要依靠人工完成。网络环境下的舆情信息的主要来源有政府网站、门户网站、社会新闻评论、博客、微博、微信、即时通信平台等。网络舆情表达快捷,信息多元,方式互动,信息量巨大,仅仅依靠人工方法难以应对网上海量信息的收集和处理。

因此,根据舆情新态势的发展,要求我们加强相关信息技术的研究,利用互联网的海量信息资源对可能蕴含着社会风险的敏感性、苗头性的网络舆情信息进行挖掘、分析、预警,为政府管理者把握社情民意、辅助正确决策提供科学的参考。这就需要形成一套自动化的网络舆情指标体系和分析体系,及时应对网络舆情,由被动防堵化为主动梳理、引导[1]。一是精细描绘舆情的数据画像。将事件报道的发布量、关注量、评论内容等基础大数据,按照时间节点、发布量级、影响范围等维度进行综合分析,形成可视化数据图像,以有效观察预测舆情事件的未来走势,探寻舆情问题根源。二是深入研判舆情的倾向性。利用内容抽取、词频统计、建模分析等技术手段,对舆情信息中呈现的思想内涵、意见诉求、情感态度等进行综合分析,以此来研判舆情事件的倾向性[2]。及时掌握网络动向,对有较大影响的重要事件快速发现、快速应对,从正面引导舆论和宣传,为决策提供客观数据依据。

① 杨明刚.大数据时代的网络舆情[M].深圳:海天出版社,2017:177.
② 井一龙,倪晓丰,高向辉.全媒体视域下教育舆情的特征、治理困境与对策[J].现代教育管理,2021(11):47.

本 章 小 结

　　高考改革是"牵一发而动全身"的重大改革,也是高利害、高风险、高成本的改革。江苏人民群众给予新高考前所未有的关切和期待,必然给社会舆论和舆情带来更为复杂多元的挑战。

　　针对网络舆情特有的运行机制,我们探索构建高考综合改革舆论场,重点做好三大舆情治理,一是综合治理,充分发挥制度优势,建立完善高考综合改革情况通报、会商研究、化解稳控、舆情引导和应急处置五项机制。二是主动治理,通过官微主阵地宣传、主流媒体合作、专家学者参与、网络意见领袖引导等多种方式,整合碎片化信息,增强网络传播效果。三是动态治理,正面积极发声,提高政策宣传的效度和覆盖度;加强舆情信息技术监测系统的应用,及时掌握网络动向,快速回应负面舆情。通过系统化的舆情治理机制,深切回应民情民意,有力保障了平安高考目标的顺利实现。

第九章　高考综合改革的政策评价

新高考改革实施后,及时开展组织"回头看",并有效运用高考大数据分析开展政策效应评估,对推动高考综合改革落地生根、行稳致远十分必要且意义深远。

新高考改革在推进立德树人根本任务落地见效,全面落实党的教育方针促进五育并举方面成效如何? 围绕公平和科学选才这个关键点,高考综合改革"分类考试、综合评价、多元录取"的既定目标是否基本达成? 新的选考设计是否如社会所担忧的引发了新的不公平隐患? 长期形成的高考成绩"阴盛阳衰"现象是否得到改观? 高考综合改革又对高中育人方式改革产生了哪些积极影响? 特别是对课程教学改革和考试评价改革是否产生了积极的导向和实际推动作用? 本章将重点围绕高考"立德树人、服务选才、引导教学"核心功能展开对高考综合改革的政策评价。

第一节　突出立德树人导向

教育的根本任务是立德树人,考试的终极价值是全面育人。教育考试的考试设计、标准设置、命题评价、考试实施、招生录取、安全保密的全过程都必须体现立德树人导向、全面育人理念。高考制度设计的核心价值是公平公正,这是高考的出发点和落脚点。高考标准设置层面,体育、艺术的分类考试,彰显了高考在体育、美育方面的五育并举引导。高考命题评价,更是立足素养考查、助力素质教育的教学正向激励。高考倡导的诚信考试,全力打击舞弊行为,也是"以诚为本"的价值观体现。招生录取中兼顾分数和志愿的规则则充分体现了高考在能力与兴趣层面的育人价值。本节以高考命题评价为例,分析新高考综合改革在立德树人和意识形态方面的有益探索。

一、命题认识层面:夯实立德树人的自觉

落实立德树人根本任务,需要以命题教师为主的命题人员,既要深刻认识到立德树人的重要性、必要性和深刻性,更要深刻认识到意识形态工作的极端重要性,突破学科的界限、内容的界限、思维的界限,夯实立德树人的自觉。

学科融通方面。每一门学科都有丰富的德育资源,"命制试题时要根据学

科的特点,选择不同的情境,发挥不同水平必备知识、关键能力和学科素养的功能,共同实现核心价值的引领作用。"①克服过度关注选拔的惯性,把立德树人、五育并举贯穿命题全过程、全学科,有机融入每个学科的试卷试题当中,实现立德树人与服务选才融会贯通。相互引用不同学科的育人素材,从历史到现实、从国际到国内、从社会到个人、从理想到实践,环环相扣,融会贯通,聚焦时代使命,坚持不懈培育和弘扬社会主义核心价值观,传承和发扬中华优秀传统文化,让选考科科都是育人载体、题题都是育人阵地、处处都是育人土壤,凸显高考的思想教育和价值引领作用。

内容联通方面。全面贯彻德智体美劳五育并举,完善全面育人的考试内容体系,着力扭转"唯分数"教育评价导向。重塑考查目标重点,优化试卷框架结构,丰富试题呈现形式,将健康观念和意识、审美能力和修养、劳动精神和实践等方面的内容有机纳入考查范围,加强实验操作技能和社会实践能力的考查,引导学生重视体育、美育和劳动教育。

思维贯通方面。按照普通高中课程标准和中国高考评价体系,聚焦核心素养和学业质量标准,坚持"价值引领、素养导向、能力为重、知识为基"的多维评价理念,围绕情境和情境活动展开试题考查,将立德树人和学科特点有机结合,做好试题素材选取加工和试题情境设计,避免生搬硬套、穿靴戴帽,力争水到渠成、自然融入,加强多维度考查试题设计。

二、命题操作层面:落实立德树人的实践

落实立德树人根本任务,重点在于命题设计、命题实施、命题反馈各个环节的具体设计要自然融入,不生搬硬套、强硬说教和简单灌输。

命题标准方面。基于普通高中课程标准和中国高考评价体系,建立以立德树人为价值引领的命题质量标准,对"立德树人"的考查提出清晰的基本标准,所考查内容都有相应的形式来体现"立德树人",通过试题命制标准、试题编制程序等环节实现"立德树人"根本任务的考查。把高考评价体系中"政治立场和思想观念、世界观和方法论、道德品质和综合素质"3个一级指标和10个二级指标②,列入选考考查内容标准,全方位、多角度反映考查指标,对每一层级的考查指标做出可理解、可实施、可评价的陈述,为命题设计提供实践指南,将价值引领具体化为可操作、易分析的多维命题标准,建立完善立德树人落实机制,以保证

---

① 张国峰,等.整体化立德树人的时代特质及其实践路径[J].黑龙江高教研究,2019(12):107-108.

② 教育部考试中心.中国高考评价体系说明[M].北京:人民教育出版社,2019:14.

命题的科学性、准确性和标准化。

学科命题方面。学科命题是立德树人的重要载体和素质教育的关键环节,要结合学科特点,在考查内容、考查形式、命题立意、素材选取等方面下功夫。如历史、政治等学科可以"充分挖掘利用中华传统道德文化资源,对传统道德文化批判地传承,去伪存真弘扬其精华,用中华优秀传统文化熏陶和洗礼学生的心"[①],弘扬民族精神。物理、化学等学科利用"中国速度""中国智慧""中国技术"等体现时代性的素材创设真实问题情境,促使学生与新时代伟大历史进程同频共振,发挥试题的思想教育功能,从而体现对学生进行德育的渗透和引导。把握好各科试卷的政治性、思想性、价值性,由易至难、层层递进呈现试题,不简单机械地穿靴戴帽,将立德树人浑然一体、润物无声地镶嵌到各学科命题中,引导学生形成正确的世界观、人生观和价值观,树立为中国特色社会主义、人民幸福、民族振兴和社会进步作贡献的远大志向。

时代主题方面。"科举考试的历史教训给我们最重要的启迪之一便是考试内容要与时俱进。"[②]在命制高考试题时,紧跟时代步伐,关注时事热点,捕捉时代信息,顺应新时代,引导学生正确认识世界和中国发展大势,正确认识中国特色和国际比较,正确认识时代责任和历史使命,正确认识远大抱负和脚踏实地。如战疫入题、党史入题等,传递社会正能量,弘扬主旋律,彰显制度优势,在潜移默化中引导考生增强政治认同、文化自信。

立德树人"润物无声"

25. 阅读材料,回答下列问题。(20分)

材料一 南泥湾位于陕西省延安市,地处典型的黄土高原丘陵地带,云岩河上游。1941年春,八路军第三五九旅赴南泥湾开展大生产运动,使昔日荒凉的南泥湾变成了"平川稻谷香,肥鸭遍池塘。到处是庄稼,遍地是牛羊"的陕北好江南。

材料二 图11为"南泥湾俯瞰景观图"。

(1)简述八路军在南泥湾开展大生产运动时面临的不利自然条件。(8分)

(2)解读"平川稻谷香,肥鸭遍池塘。到处是庄稼,遍地是牛羊"的陕北好江南所描述的农业生产布局。(6分)

(3)比较南泥湾所在地区与江南地区在农业生产特点方面的差异。(6分)

("南泥湾大生产运动",2021年江苏高考地理卷第25题)

---

① 张国峰,等. 整体化立德树人的时代特质及其实践路径[J]. 黑龙江高教研究,2019(12):107-108.

② 姜钢. 深化考试内容与形式改革 助力人才选拔和素质教育[J]. 中国高等教育,2014(23):7-9.

图 11

　　本题将抗日战争时期"南泥湾大生产运动"入题,通过"简述""解读""比较"三问,层层推进,考查学生调用地理关键能力去分析八路军战天斗地、改造自然的过程,引导学生体会中国共产党艰苦奋斗的精神与因地制宜思想在生产生活中的智慧运用,激发学生爱党爱国的情感。

第二节　满足多元多样需求

　　服务选才是高考的基本功能和使命,也是对高考的客观要求。新时代,高考综合改革要求落实立德树人根本任务,坚持促进公平、科学选才的根本方向①。江苏始终坚持"适合的教育"理念,将选才的科学性和公平性体现在高考考试、招生、录取全过程。本节选取"总体目标达成度""选考公平保障度""关键群体实现度"三个重点领域评估和呈现江苏高考综合改革的政策效应。

一、总体目标达成度

　　评价一项改革是否成功,关键在于评价其既定目标是否实现。2014 年 9 月,国务院出台《关于深化考试招生制度改革的实施意见》,明确提出形成"分类

---

　　① 姜钢.论高考"立德树人、服务选才、引导教学"的核心功能[J].中国高等教育,2018(11):31-35.

考试、综合评价、多元录取的考试招生模式"的改革总体目标。2019 年 4 月,江苏发布《江苏省深化普通高校考试招生制度综合改革实施方案》,提出实行依据统一高考和高中学业水平考试成绩、参考综合素质评价的多元录取机制,积极推进高等职业院校考试招生制度改革,坚持机会公平和择优录取,把准科学选人和公平选人之间的平衡点。至 2022 年,基本达成"分类考试、综合评价、多元录取"总体目标,为每个考生提供了适合的升学途径和更多的优质教育发展机会,满足了不同学生的多样化需要,基本实现改革之初江苏省委提出的"让孩子们不仅'有学上',而且'上好学'"的目标。

1. "有学上":接受高等教育的机会进一步增加

在高等教育进入普及化阶段,江苏针对不同性质的学校和不同需求的学生提供了不同的选拔和升学发展通道,增加学生接受高等教育的机会。一是通过"分类考试"多设跑道,增加学生选择权,引导学生良性竞争,实现学生学习的合理减负、科学减负。二是通过"综合评价"破解"一考定终身"顽疾,注重学生德智体美劳全面发展培养,由重视测量向重视评价转变。三是通过"多元录取"破解单一招生模式,扩大高校选拔人才自主权,搭建多渠道、多层次选拔人才"立交桥"。

从全口径生源录取情况来看,江苏面向普通高中毕业生、中等职业学校毕业生和社会人员等各类人群实施相应的考试招生办法,拓宽各类人群接受高等教育的机会和适合的升学途径。以中职考生为例,江苏中等职业学校毕业生可通过参加对口升学统一考试报省内部分应用型本科院校及高职院校,或凭借中职学业水平考试成绩参加高职院校录取。2021 年,江苏中职考生被本科层次院校或高职(专科)层次院校录取的比例均较高,有效满足中职考生的升学发展需求。2022 年 5 月实施的新版《职业教育法》明确指出"高等职业教育由专科、本科及以上教育层次的高等职业学校实施",由此,进一步提高了中职考生填报志愿的选择性。江苏积极实施中职"领航计划",大力推进职业教育创新发展,不断提高职业教育的适应性和办学层次,促进职业教育提质培优,着力打通中职学生升学和自由发展的通道,逐步打破职业教育止步于专科层次"天花板"的政策效应。

从普通高中生源录取情况来看,实施新高考 2 年来,江苏不仅持续深化高等职业教育分类考试招生改革,突破人才培养瓶颈,还坚持通过特殊类型招生实现人才选拔的效率和公平。如,通过实施"强基计划"回应国家对拔尖创新潜质人才的需求和促进学生个性化发展;通过实施综合评价招生录取提升高校人才选拔和学生发展潜能的匹配度;通过大力实施高校专项、地方专项、乡村教师定向培养、农村订单定向医学生培养等特殊类型招生,加强对农村等弱势群体的政策扶持。以特殊类型招生为例,2022 年,江苏通过强基计划录取 371 人、综合评价录取 4077 人、高校专项录取 975 人等,"适合的教育"理念得到较好实践。总体来看,江苏以统一高考招生为主体,辅以高职院校提前招生、强基计划、综合评价、专项计划等多元录取方式,为学生提供更多的升学途径和发展机会,充分体现满足不同学生的多样化发展需要,基本实现让江苏学子"有学上"目标,充分展现新高考在服务选才方面的公平性、科学性。

2. "上好学":优质高等教育资源的供给进一步扩大

高等教育普及化阶段的录取条件是学生的上学意愿,在这种形势下,优质的高等教育资源已经超越了接受教育发展机会的重要性。让更多具备拔尖创新能力的高阶人才得到发展机会,不仅满足国家未来社会经济发展需要,也是高考人才选拔科学性的重要体现。2021 年实施新高考后,江苏本科和高水平大学的录取规模进一步扩大。在生源持续增加的情况下,本科院校、"双一流"建设高校、C9 高校录取人数相较新高考前稳中有升。2021 年,江苏本科录取人数比 2020 年实际录取增加 6324 人;"双一流"建设高校录取人数比 2020 年实际多录取 1449 人;强基计划、高校专项计划等全国竞争性项目比 2020 年多录取 244 人。此外,积极实施高职"卓越计划",20 所高职院校入选国家"双高计划",入选总数、学校和专业群数量均居全国第一。全省学生接受优质高等教育的机会进一步增加,基本实现让江苏学子"上好学"目标,切实增强了优质群体考生的获得感和满意度。

二、选考公平保障度

再选科目实行"等级赋分"作为本次高考综合改革的一项重要制度设计备受关注,能基本有效解决不同选考科目成绩可比、可加问题,为满足学生的自主选择权及选科多样化行为提供技术支撑,有利于高校选拔人才、引导中学教学、维护公平公正和社会稳定。再选科目保障机制是"等级赋分"制度实施的重要保障,是进一步维护考试公平的重要举措,有利于形成符合国家战略发展所需要的合理人才结构。研究表明,2021 年江苏新高考再选科目等级赋分转换机制科学有效,保障机制的实施必要且及时。

1. 等级赋分机制科学有效

等级赋分的本质,是通过相应的技术处理,使得不同再选科目的成绩具有相同的分布、难度和标准差,以达到不同科目在分数使用上的等效,实现不同选考科目成绩的可比和可加。

2021 年江苏新高考选考科目等级赋分取得较好的实际效果。一是可比性得到较好解决。根据测量学理论,平均分体现某科目在高考总分中的比重,标准差体现某科目对高考总分累计的影响,平均分和标准差共同解释单科分数在总分中的权重。2021 年江苏新高考 4 门再选科目原始分的平均分和标准差不具有直接可比性,而转换为等级分后,各科目平均分和标准差大致相当,从而获得了相互可比性,确保各科目在总分中的权重大致相当,符合制度设计预期。

二是可加性得到一定程度的解决。拟合度指标,用于评价等级分分布与原始分分布的吻合程度,以此说明等级分是否真实地还原了考生间原始分的差异,这是实现考生再选科目成绩可加的重要前提。根据 2021 年江苏高考数据分析,4 门再选科目等级分分布形态较为一致,平均分和标准差大致相当,有效实现了总分合成上的"可加"和统一录取中的"可比",有力支撑了新高考选考机制下的统一划线和总分录取模式。此外,4 门科目等级分与原始分之间的拟合度也较高,两个分数量表较好实现了同步映射,考生获得感强,赋分转换的公信力得到保证。

三是总体实现了考生和家长的心理预期。从稳定学生和家长预期的关键指标来看,再选科目等级赋分制度实现了两项基本预期:第一,考生的等级分不低于原始分,以增强考生获得感;第二,考生的等级分位次不会出现下降,以保证科学有效。从实际考试情况来看,2021 年、2022 年高考,在 4 门再选科目单科分数提升度上,全体考生等级分均高于卷面原始分,未出现"高转低"现象;在单科位次变化上,相较于原始分位次,4 门再选科目等级分绝对位次被提升或持平的比例为 100%,确保了全体考生等级分位次不下降。以上结果表明,等级赋分总体上具有一定的实践理性与民意基础,是江苏高考改革史上的一项重大进步。

2. 保障机制的实施必要、及时

2021 年江苏新高考启用化学科目保障机制。从保障机制的实施效果来看,一方面,建立和启用化学保障机制非常必要和及时。若用高考统考科目成绩来衡量 4 门再选科目选考群体的能力水平差异可以发现,化学群体的学业能力水平显著高于其他三门科目考生,启用保障机制可以更好满足等级赋分"不同选考群体能力水平大致相当"的前提条件,是维护考试公平的必要之举。

另一方面,化学保障机制实施效果较好。2021 年启用化学保障机制后,化学考生整体平均分有所提升。相较于保障前,化学考生进入更高等级行列的人数有所增加,考生获得预期实惠。成绩发布后,全省反响平稳,申请成绩复核的考生人数较上一年度下降近三分之一。从考后调研回访看,不同选考群体均认可化学科目保障机制的实施效果。

3. 保障机制对"通用版选科指引"的政策效应

赋予学生自由选择权的教育理念是高考综合改革最大的特点。然而,避难就易是人们做选择的基本行为方式,这使考生在选科时倾向于避开难度较大的科目或者避开考生相对优秀的群体。在新高考的 6 门选考科目中,物理是公认的最难学科。从浙江、上海两个省(市)的试点情况来看,选考物理的考生人数比例急剧下降,出现物理选考危机①,江苏由于受"08 方案"的惯性影响,首届新高考遇到了"次难"学科——化学科目的选科考生相对偏少的问题,使得等级赋分的"可比性"发生一些偏离。

为保障高考的公平性和赋分的合理性,根据高考实际情况,2021 年江苏正式启用化学保障机制并取得成效。启用化学科目保障机制,是在一定历史条件下综合比较得失利弊、权衡诸多可能后的较优选择。同时,江苏选考问题与保障机制政策的实践也在一定程度上催生了《普通高校本科招生专业选考科目要求指引(通用版)》的制定与实施。"通用版选科指引"强化了对物理、化学科目的基础性要求,高校 92 个学科门类中,65 个学科门类要求必选物理,占比 70.65%;56 个学科门类要求必选化学,占比 60.87%。"通用版选科指引"对高校和学生的选择策略提供更为科学的参照依据,正确引导高校选科和学生选考,为双方选择结果总体上的均衡划定了边界,保障了新高考改革方案的有序推进。

三、关键群体实现度

1. 男、女生成绩和录取比较

高等教育入学机会中的性别差异是教育公平的重要体现。1999 年起,全世界妇女接受高等教育的比例逐渐上升。截至 2009 年,全球 60% 的国家女性接受高等教育的总体机会已超过男性。我国高等教育性别比例的发展情况与国际趋势基本一致。十九大后,江苏提出用党的十九大报告分析社会主要矛盾的思想方法来研究当前江苏教育的基本矛盾,提出"适合的教育"理念,倡导发展平衡充分的教育,高等教育入学机会的性别平等是其中应有之义。

1996 年江苏大扩招成为女生接受高等教育比例迅速上升的重要转折点,"08 方案"实施以来,江苏高考报名男生比例逐年下降,女生比例逐年上升,至 2021 年男女生性别比为 1∶1.08。同时,江苏女生在高考中整体表现优异,实施"08 方案"后,女生本科录取率一路攀升,2011 年之后,女生录取率持续领先。性别的差异和招生考试制度密切相关。研究表明,女生在语文、英语、历史、政治等人文类科目具有学业比较优势,男生在数学、物理、化学、生物等自然类科目上更胜一筹,而在"08 方案"下,在计入高考总分的 3 门科目中,有 2 门科目女生更具有相对优势,由此,使女生在高考成绩和录取上的性别优势被强化。这种影响一方面将延续至未来高校的人才培养,另一方面也在一程度上造成对于高考方

---

① 新高考选科密码,在这三个"指引"里[J]. 求学·理科版,2022(1):6-10.

案在科目设置方面公平性的质疑。

2021年江苏实施新高考后,学业水平选择性考试科目以分数取代"08方案"下的等级被计入高考总分,高考总成绩提高至750分,化解了"08方案"高校录取分数扁平化现象,改善了"08方案"中语言类科目比重过高的问题,更加有利于高校人才选拔的科学性和公平性。数据结果也表明,实施新高考后,男生在数学、物理、化学、生物等多学科上的成绩高于女生,男生的传统竞争力得到凸显,且男生本科录取率也有所提升,新高考方案改善了社会对于江苏高考公平性的质疑。

当然,男女生高考成绩表现的差异除了受考试科目和考查能力不同的影响,也受男女生性格特点、学习态度、能力特长和家庭社会期待等因素的影响①,需要综合多因素辩证看待。根据PISA测试的研究结果表明,缩小性别差异并不需要高代价的改革,相反,需要家长、教师等共同努力,以便让女孩和男孩在学校内外获得平等的机会以实现成功。更进一步讲,女生的学业优势可以进一步发展为其就业优势和职场优势,但这与女生的职业期望值密切相关。PISA测试表明,在被调查的所有国家和经济体中,父母更希望自己的儿子、而不是女儿从事STEM领域的工作——即使男生和女生在数学和科学上的表现一样出色②。学校需要更好地帮助女生不要仅仅把科学和数学当作学校的学习科目,而是要把科学和数学看作是通往职业和生活路径的机会。

2. 英语、日语考生成绩和录取比较

外语是我国高考考试科目中的重要统考科目,江苏外语科目分英语、日语、俄语、德语、法语、西班牙语6个语种。可见,外语科目实质上是属于统考科目中的"选考科目",设置的初衷是为了给学生提供更多的选择机会。在实际高考中,外语不同科目之间的考生群体学业能力水平存在较大差异。以英语和日语科目为例,以所有考生都参与考试的数学科目和语文科目两门合计成绩作为评价考生群体学业能力水平高低的指标,数据结果显示,2016年至2021年,江苏英语考生的语文和数学总成绩始终高于日语考生,这表明选考英语的考生群体整体学业能力水平要优于日语考生群体,因此,外语选考科目要能反映出选考群体之间水平的差异性,这是保证高考公平公正的重要前提。

然而,在实际应考中,外语学科之间不同的难度和获利造成考生选科的博弈。以英语科目和日语科目为例,近年来,江苏选考日语考生规模增长迅猛,2016—2021年江苏日语考生增长20倍,本科录取率大幅攀升。在教育生态体

①　卢胜蓝. 江苏现行高考模式下女生高考成绩优于男生现象研究[D]. 苏州大学,2011.
②　赵永生,等. 高阶思维能力与项目式教学[J]. 高等工程教育研究,2019(6):145-148,179.

系发展不平衡、小语种教育改革还有待完善的现状下,选择日语高考的考生存在专业和学校报考选择受限、学习深造和就业面临诸多困境等问题,功利性选科不利于学生全面发展,也是被社会广泛诟病所在。而新高考实施后,在多方的努力调控下,2021年,江苏省选考日语考生成绩回归正常,录取率也较为平稳,证明不同语种科目的考试有效反映了选考群体之间水平的差异性,保证了高考的公平公正,理性选择外语科目的风向标逐步建立。

第三节　强化高考教育功能

正向引导教学,创新育人方式,是高考综合改革的核心目标。育人方式,是指在先进理念指导下,以鲜明育人目标为引领的,包括课程、教学、管理、评价、资源等要素在内的育人路径、方法及其运行机制[①]。本节选取"课程教学改革""考试评价改革""反馈教学指导"三个重点领域评估和呈现江苏高考综合改革的政策效应。

一、课程教学改革

当前,普通高中已全面启用新课程新教材,适应学生全面而有个性发展的教育教学改革正深入推进。积极构建适应高考综合改革要求的选课走班教学管理新机制是一项重点任务,在此之前大多数高中从未尝试过这一教学组织形式。本部分通过深入分析江苏普通高中走班教学的实践状况来论述新高考的政策效应。

1. 前期基础

中学的走班制起源于美国,走班制教学又称为非固定班级教学,通过固定学科教室及教师,由学生根据自身的兴趣和能力,自主选择与自身发展水平相匹配的班级上课(B·霍尔姆斯,2001)。在高考综合改革"3+1+2"模式下,学生可选的科目组合高达12种,科目组合的多元化给学校的教学、管理等方面带来了极其深刻的影响,走班教学成为普通高中教学的必然选择。

2014年,国务院出台《关于深化考试招生制度改革的实施意见》,选课走班作为新高考改革的重要组成部分在上海市和浙江省展开试点,并由此推广。2019年,国务院办公厅在《关于新时代推进普通高中育人方式改革的指导意见》中提出,到2022年,要实现"选课走班教学管理机制基本完善"等六个方面的目标。2019年8月6日,江苏省教育厅出台《关于高考综合改革背景下加强普通

---

① 中国高考报告学术委员会. 中国高考报告(2021)[M]. 北京:新华出版社,2021:262.

高中教学组织管理工作的意见》,提出"普通高中学校要结合实际,有序推进走班教学";2019 年 8 月 14 日,出台《关于加强普通高中学生发展指导的实施意见》,提出"深入推进普通高中新课程改革和高考综合改革,切实加强学生发展指导,促进普通高中学生全面而有个性的发展";2020 年 1 月 3 日,江苏省教育厅《关于进一步做好普通高中选科工作的通知》中指出,"各学校的选科指导方案要包含 12 种选科组合及走班教学的计划安排与保障措施。当前受办学硬件与师资条件制约影响的四星级高中至少要提供 10 种、三星级高中至少要提供 6 种选科组合。各高中学校的选科指导方案要符合规定要求,满足学生选科需要,体现学校优势特点,促进学生全面发展。"上述文件为江苏高中学校顺利开展选科走班教学提供了根本遵循和方向。

2. 走班教学的基本模式及实施成效

2014 年高考综合改革试点以来,浙江、上海等地因地、因校制宜探索实施走班教学,大体形成了"大走班""中走班""小走班"三种基本形式。"大走班"是指取消行政班,所有高考科目都通过走班完成教学。采用这种方案一般要求学校师资充足,资源丰富,目前国内采用的学校较少。"中走班"是指语、数、外统考科目采取行政班组织教学,其余选考科目实行走班教学模式。"小走班"是指小部分科目实行走班,优先将 3 门或者 2 门选科相同的学生组成班级,其他科目或者学生走班教学。

在实践中,江苏高中普遍采用的是"小走班"形式。从江苏 2021 届高中毕业生在高考中的实际选科来看,全省普通高中选考科目组合集中于 6~9 种。其中,开设 7 种组合的学校数量最多,占比 15.25%,其次为开设 9 种组合的学校、占比 15.08%,开设 12 种组合的学校占比 5.89%。从学校层次来看,四星级高中平均开设 8 种组合,三星级高中平均开设 9 种组合。总体看来,相较于江苏"08方案",新高考下,高中学校提供的选科组合数量明显提升。

3. 走班教学的具体案例

我们选取江苏省海安高级中学、江苏省锡山高级中学 2 所学校作为具体调研对象,就学校走班教学方案制定与实施、走班教学经验总结等方面展开深入调研,得出江苏学校在走班教学过程中的实践情况和成效。

(1)江苏省海安高级中学走班教学实践情况

江苏省海安高级中学是地处江苏省苏中地区的一所普通高中。从 2013 年起,该校即对高考学科选课走班做了探索。学校先从物理和历史 2 门学科开始尝试,再扩大到物理、化学、历史、地理 4 门学科。实施新高考后,对高考选择性考试的 6 门学科全部实行选课走班。该校实行选课走班主要经历三个流程:一是开展生涯规划指导。邀请高校专业人员、专家学者、各行各业成功人士帮助学生答疑解惑;专门开设生涯规划课程,购置专业测量工具,帮助学生了解自身;利用教师会、家长会、学生会等介绍普通高中新课程改革和江苏高考综合改革的新要求,为实施选课走班做好准备。二是组织选课意向申报。组织学生初步确定选课意向,从思想政治、历史、地理、物理、化学、生物6门科目中选择最感兴趣的3门。三是开展选课走班试验。学校根据6门学科每科的选课人数,实施"小走班"模式,即6门学科每科选择的人数加起来都能凑成整班的几个班"组团",最少的3个班一组,最多的6个班一组,学生重新组合走班。基本要求"能不变的尽量不变",尽量不做大的调整。学生一旦在走班时发现选课不合适,报教务处备案后就可以调整选择方向,这让学生有了更多的选择尝试的机会。①

（2）江苏省锡山高级中学走班教学实践情况

江苏省锡山高级中学是地处江苏苏南地区的一所普通高中,在推行素质教育、促进学生终身发展上在全国享有盛誉。在新课程、新高考改革实施的过程中,学校为满足学生不同的选科需求,帮助学生更好地适应新高考实施方案,采取了"选科组班"和"选课走班"相结合的技术路径。所谓"选科组班",是指根据学生所选科目组合组建行政班。所谓"选课走班",是指其中的混合组合班级,根据选课的实际情况实施部分科目的走班教学。

为了更好地组织相应学科的走班教学,学校采取了"两同一异"的组班方式和"合二为二"的走班教学安排。"两同一异"指混合班中学生的3门选科中有2门一致,只有1门存在差异,比如"物化生"和"物化地"组班,"史政生"和"史政地"组班,"物生地"和"物生政"组班,等等,避免出现学生选科模式太多导致走班安排过于复杂的情况产生。"合二为二"指在考虑师资配置的基础上,尽量将两个混合班的走班学生组合成两个课程班,比如A班由"物化生"和"物化地"的学生组成,B班由"史政地"和"史政生"的学生组成,则A班的物理、化学和B班的历史、政治学科按行政班组织教学,而两个班选生物和地理的学生则组成生物课程班和地理课程班,进行走班教学。

面对走班教学可能出现的问题,学校也采取了积极有效的应对策略。

一是分班与课程安排。在"两同一异"基础上实施"合二为二"的走班教学,首先对分班提出了要求。比如A、B两个混合班生物、地理学生实施走班教学,但如果生物学科有70个学生,而地理学科只有30个学生,虽然可以通过组成2个35人的生物课程班和1个30人的地理课程班来组织教学,但这样的班级多了,会加重师资储备不充足学科老师的工作负担。面对这种情况,学校不断调整

---

① 董裕华. 新高考背景下高中选课走班的实践与思考[J]. 教育研究与评论（中学教育教学）,2021(3):51-54.

分班方案,采用三级分班法,先组三科统一班,再组两科统一班,再分选科差异生,这样可以确保每个学科最多增加一个教学班。而走班带来的课程安排问题,则通过课程班同课位方式进行解决,如 A、B 班生物、地理走班,则两个班级的生物、地理课安排在同一课位、不同教室上课,解决了课程安排和教学场所的问题。

二是师资配备。江苏从"08 方案"中高考科目"3＋1＋1"模式到新高考考试科目"3＋1＋2"模式,部分学科师资储备不足的问题被暴露出来,而在走班教学大量实施的情况下,问题显得更加突出。尤其地理、生物等学科教师需求的缺口一直较大。为了解决这一问题,学校一方面通过合理分班,在完全满足学生选科需求的基础上尽量减少课程班数量,另一方面在加大招聘力度的基础上通过"青蓝工程"等促进青年教师的快速成长。但就目前情况看,学校即使加大了招聘和培训力度,但地理、生物等学科的骨干教师队伍仍显薄弱。且师资配备问题在全省各普通高中具有一定的普遍性。

三是作业与辅导。实行走班教学的课程班,由于学生处于不同行政班,在作业收缴与个别辅导方面与行政班存在差异。为了解决这些问题,学校设计并实施了"线下走班"和"云上走班"相结合的模式,学科教学以线下形式完成,作业的布置、提交、批发和个别辅导均可以通过"匡园深学"智慧课堂系统完成。

通过上述两所学校的走班教学实例可以发现,江苏由于实施了长达 13 年的"08 方案",学校在组织学生有限选科和走班教学方面积累了一些初步经验,对于新高考走班教学的推进具有一定的帮助。但从目前新高考走班教学的实际成效来看,虽然各校都因地制宜采取了一系列组合拳以应对改革要求,但尚显力不从心,仍然不能充分满足学生的自主选科需求,并引发了一系列新的问题。比如,学校编班异常复杂困难,师资出现结构性不足,走班下的作业管理质量得不到保证,甚至还会出现走班之后班级管理相互推诿扯皮、"人人管、人人都不管"的局面。可见,走班教学仍然是一个新鲜事物,目前还没有形成成熟的模式。各地各校仍需在改革中不断探索,在教学机制、管理体制、师资配备上进一步改进完善。

二、考试评价改革

1. 取消文理分科

真正的创造力一定是科学与人文相互交融的产物。取消文理分科考试是提高学生的基础素养,培养其综合能力的重要举措,也是本次高考综合改革的一大亮点。2013 年,中共中央颁布《关于全面深化改革若干重大问题的决定》,"不分文理科"正式迈出历史性步伐,作为一项制度化的改革议题被写入中央文件。从浙江高考改革试点的情况来看,考生文理交叉率达到 78%;从上海的情况来看,文理不分科后交叉选科占绝对多数,文理交叉率达 80% 左右,文理不分科一定程度上提升了学生的综合知识素养,并且不会降低数学区分度。①

本部分采用相较于江苏"08 方案"的文理交融提升程度来分析江苏政策效应。高考改革中的文理交融是指按照传统的文理归类模式,将历史、思想政治、地理归并为文科类科目,将物理、化学、生物归并为理科类科目,由文科类和理科类的科目混合组成的科目组为跨文理组合,以此体现文理交融情况②。按照第三批高考综合改革方案的"3+1+2"选科模式,每个考生有 12 种组合供选择,其中,"历史—思想政治—地理"和"物理—化学—生物"为纯文、纯理组合,其余组合为跨文理组合。

研究表明,江苏 12 个科目组合都有考生选择,基本满足高校人才培养和学生多样化成长发展的需要。同时,江苏新高考方案下文理交融的程度进一步提升,2021 年各科目组文理交叉率为 61.37%(见图 9-1),打破传统的文理界限,文理交融程度相较"08 方案"下有了显著提升,充分体现了以人为本、学其所好、考其所长的原则。根据 2021 年本科高校招生计划统计,历史科目类下,有 118 个专业的选科要求中涉及化学、生物;物理科目类下,有 180 个专业的选科要求中涉及思想政治和地理,其中,89 个专业要求必须选考政治或必须选考地理。

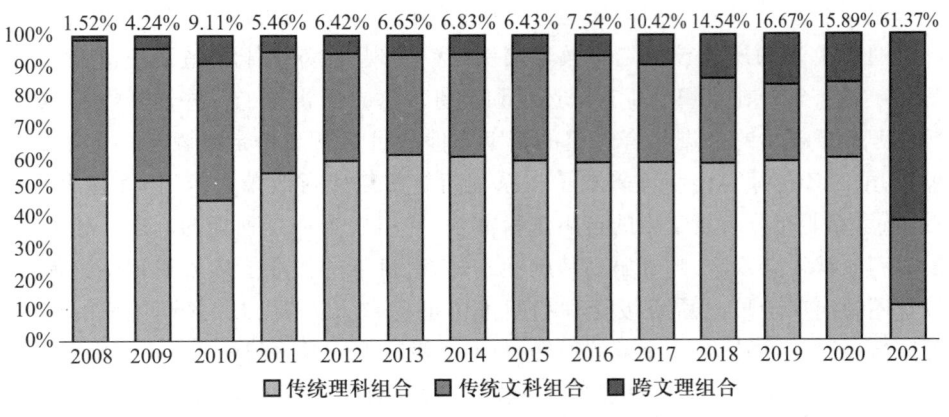

图 9-1   江苏 2008—2021 年跨文理组合选考情况统计

2. 关键能力与学科素养的考查

高考的内容取向与价值导向,对高等教育阶段人才的结构规格和素质构成具有深远影响,对关键能力与学科素养的考查是落实高考内容改革要求的重点。2021 年,江苏新高考改革与高中课程改革携手共进,新高考命题落实立德树人根本

---

① 袁振国,等.高考改革深化研究[M].上海:华东师范大学出版社,2020:2.
② 上海市新高考改革成效调研课题组.社会反应符合预期,实践成效好于预期——上海新高考改革成效调研报告[J].华东师范大学学报(教育科学版),2018(3):135-157.

任务,加强对学科素养和关键能力的考查,实现了素质教育目标在高考中的表达。

一是"核心素养"考查落地。新版普通高中课程标准提出,学科核心素养是学科育人价值的集中体现,是学生通过学科学习而逐步形成的正确价值观、必备品格和关键能力①。江苏高考"价值引领、素养导向、能力为重、知识为基"的考查理念和考查方向已经明确。以历史学科为例,历史学科包括"唯物史观、史料实证、历史解释、时空观念和家国情怀"五大学科核心素养。2021年,江苏新高考历史卷对该五大学科核心素养均作出了全面考查。从全省考生的作答表现来看,考生的核心素养水平达成幅度均较高。

以2021年历史卷第18题为例,该题以非连续文本形式考查核心素养。试题融合了历史地图、经济表格两种情境资源,全面考查交通运输与英国工业革命的相互影响,能力检测层层递进,素养考查立体多样,既考查了"时空观念",也考查了"史料实证"素养和"历史解释"素养。过去传统试题常常局限于文字材料,本题同时提供历史地图和经济表格,不仅要求学生读懂不同呈现形式的历史史料,更要求学生从不同形式的史料中提取有效信息。该试题难度适中,全省考生的平均分为5.22分、得分率为0.44。见表9-1。

表9-1 考生单题作答水平概览(历史第18题)

题号	18	题型	非选择题
满分值	12	平均分	5.22
关键能力	—	学科素养	时空观念、史料实证、历史解释

得分率			
全省	第一层	第二层	第三层
0.44	0.47	0.44	0.40

二是加强"关键能力"的考查。关键能力是指即将进入高等学校的学习者在面对与学科相关的生活实践或学习探索问题情境时,高质量地认识问题、分析问题、解决问题所必须具备的能力②。以物理学科为例,物理学科包括"理解、实验探究、推理论证、创新、模型建构"五大关键能力。2021年,江苏新高考物理卷对该五大关键能力均作出了全面考查。从全省考生的作答表现来看,考生的关

① 中华人民共和国教育部. 普通高中课程标准(2017年版2020年修订)[M]. 北京:人民教育出版社,2020.

② 教育部考试中心. 中国高考评价体系[M]. 北京:人民教育出版社,2019:12.

键能力发展水平均较高。

以 2021 年物理卷第 11 题为例,该题主要是利用气垫导轨验证动量定理,考查实验探究能力。实验能力是高等教育培养未来人才的关键能力之一,实验探究能力是高中学生必备的一项重要能力。该题首次以"游标卡尺"真实照片将实验场景在试题中呈现出来,让学生在"真"实验条件下理解实验过程,读取游标卡尺示数,完成相关实验问题解答,既有效考查学生的实验探究能力,也期望扭转当前"在黑板上讲实验"的现状,引导教师和学生一起真做实验、做真实验。该题难度适中,全省考生的平均分为 8.34 分、得分率为 0.56。见表 9-2。

表 9-2　考生单题作答水平概览(物理第 11 题)

题号	11	题型	非选择题
满分值	15	平均分	8.34
关键能力	实验探究	学科素养	—
得分率			
全省	第一层	第二层	第三层
0.56	0.69	0.55	0.43

三、反馈教学指导

高考是连接高等教育与基础教育的纽带,对基础教育具有调节和导向的作用。利用高考数据开展高考评价是发挥高考"引导教学"核心功能的重要途径。本部分立足于 2021 年高考考后数据,通过"高中教育教学效能""学生发展指导成效""拔尖人才培养情况"三个部分来展示江苏利用高考数据反拨指导教学的政策效应。

1. 高中教育教学效能

相较于新高考适应性演练的成绩表现,江苏 2021 年新高考的成绩表现进一步提升,江苏高中教育教学效能得到彰显。2021 年考后数据显示,江苏考生学业水平优异,成绩呈正态分布,预设目标与实测结果高度吻合。采用配对样本 t 检验法来检验新高考成绩表现相较适应性演练成绩表现是否在统计上存在显著性差异。分析结果表明:从总成绩来看,考生高考 6 门科目总成绩显著好于适应性演练的成绩表现($t = 115.09, p < 0.0001$);语、数、外 3 门统考科目总成绩相较适应性演练显著提高($t = 376.96, p < 0.0001$)。从单科成绩来看,高考数学科目成绩相较适应性演练有了大幅度提升($t = 660.48, p < 0.0001$),高考英语科目成绩表现与适应性演练的成绩表现大致相当($t = 1.75, p = 0.0797$)。整体来看,江苏考生

对新高考方案的适应性强、综合素质好,江苏高中教育教学效能高,充分展示了江苏基础教育的质量和品质。

同时,为进一步反馈高中学校教育教学效能,江苏构建了科学合理的新高考评价指标体系,形成了面向普通高中系统全面的评价报告。其中,报告中应用了多层次、多维度的评价指标来综合评估学校的教育教学效能,如以学校的高考9门科目及艺术、体育类考生专业统考科目的学业水平表现角度来衡量学校的高中教育教学效能。以江苏某所 G20 高中①(以下称为"A 校")为例,2021 年新高考后数据显示,A 校的教育教学效能较高、整体表现在全省 G20 高中范围内较为突出。具体到各科目,A 校的表现有强有弱。从高考9门科目表现来看,语文、历史、思想政治、地理科目为相对优势学科,处于全省 G20 高中前一半水平,英语、物理、化学、生物的表现相对较弱,处于全省 G20 高中后一半水平。可见,A 校考生在人文类科目上的优势突出,自然类科目上的表现较弱。A 校应当加强基础教育阶段的科学教育,加强对自然类科目的教学研究,强化全体学生的科学素质建设,为加快建设科技强国夯实人才基础。从艺体类考生专业统考科目表现来看,A 校的美术与设计类专业表现最好(见图 9-2)。又如江苏某所四星级高中(以下简称"B 校"),数据分析结果表明,B 校的教育教学效能较为均衡,9 门科目整体表现均稳定在全省四星级高中的中等水平。不过,该校作为中等水平中学仍有较大的增质和发展空间,在保持现有优势的基础上,应积极响应评价反馈,进一步提升对新课程、新高考、新教材、新教学"四新"改革的适应性,着力优化普通高中育人方式改革,不断提升学科发展水平及可持续性。从艺体类考生专业统考科目表现来看,B 校的美术与设计类专业表现好于体育类(见图 9-3)。可见,通过数据反拨指导,能有效帮助学校"知进知退""知表知里",进而改善教学管理和教育教学。

2. 学生发展指导成效

高考志愿填报和录取作为高考制度的重要组成部分,承担着维护社会公平、实现社会阶层合理流动的重任。本部分从考生志愿填报和录取的实际效果来反馈学生发展指导成效。2021 年,江苏新高考方案主要模式是"3+1+2",考生按照"院校专业组+专业(类)"的模式填报志愿,普通类平行志愿数量由原来的各批次 8 个院校志愿调整为 40 个院校专业组志愿,填报数量显著增长,为确保考生志愿填报的有效性,江苏打出了一系列组合拳,推出了高考志愿填报服务系统,积极开展考生志愿填报指导服务,开展"名师空中课堂"志愿填报专题培训,

---

①　G20 高中:2019 年,江苏省教育厅印发《关于进一步推进高品质示范高中建设的意见》,公布了20 所江苏省高品质示范高中首批建设立项学校名单。

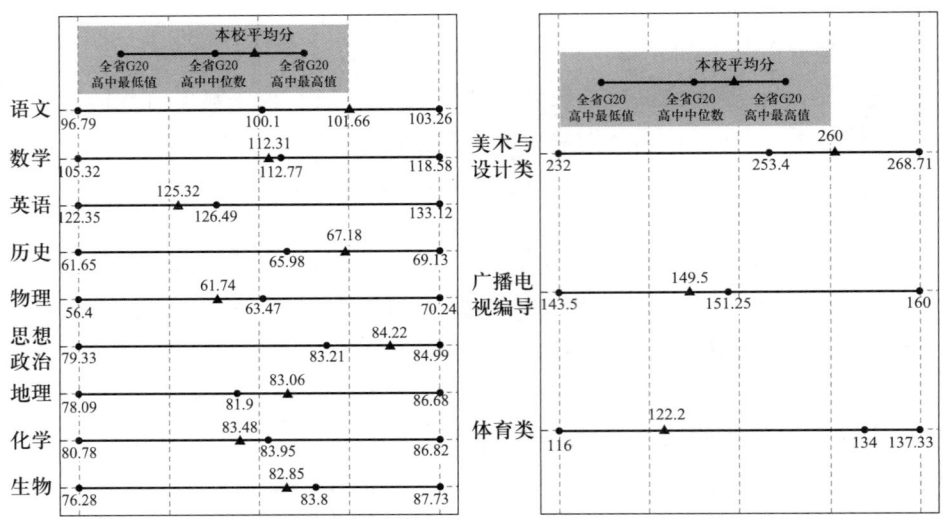

图 9-2　2021 年江苏 A 校高考九门科目成绩(左)及艺体类专业统考科目成绩(右)
与全省 G20 高中的比较

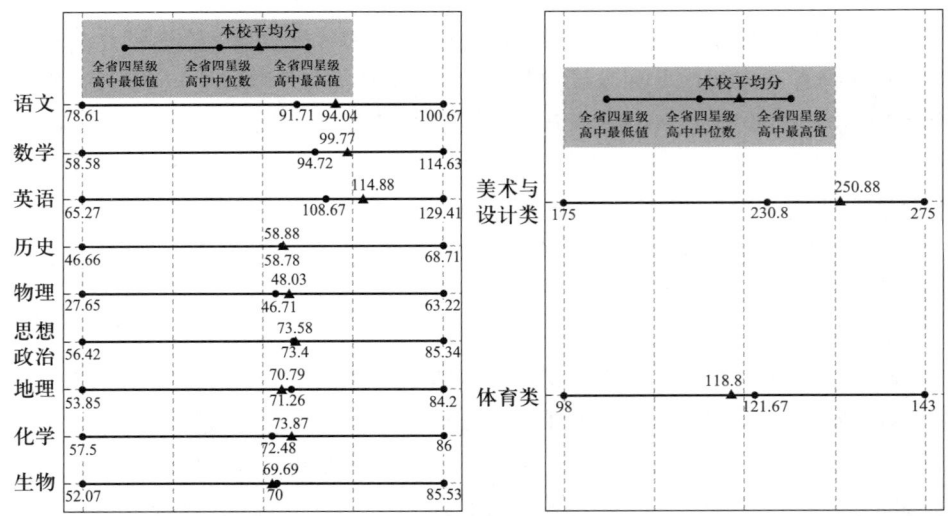

图 9-3　2021 年江苏 B 校高考九门科目成绩(左)及艺体类专业统考科目成绩(右)与
全省四星级高中的比较

建立和落实班主任对学生填报志愿"兜底"责任制等措施,2021 年新高考志愿填报和录取均取得了显著成效。

从全省本科志愿填报完成率来看,首选历史的考生,填报 11 个及以上院校专业组志愿的考生占比 90.95%,填报 31 个及以上志愿的考生占比 51.34%,填满 40 个志愿的占比为 36.36%;首选物理的考生,填报 9 个及以上志愿的考生占比 91.88%,填报 27 个及以上志愿的考生占比 51.42%,填满 40 个志愿的占比为 30.61%。从本科各志愿累计投档比率来看,首选历史考生,在前 4 个志愿被投档的占比达到 50%,前 10 个志愿的投出占比超过 80%,前 14 个志愿投出占比已经超过 90%;首选物理考生,前 5 个志愿投出占比在 50% 以上,前 12 个志愿的投出占比超过 80%,前 17 个志愿投出占比已经超过 90%。可见,江苏考生的志愿填报率与投档录取满足率均较高,学生发展指导成效较好。

同时,为一步反馈各普通高中学生对新志愿填报政策的利用效果,呈现学生在"院校专业组"志愿填报的完成率及各志愿的满足情况,为学校提供促进学生选择与发展的关键信息。具体以江苏某所高中学校(以下简称"C 校")为例,从普通类本科志愿填报完成率来看,C 校历史类填报 10 个及以上志愿的考生占比 94.62%,填报 28 个及以上志愿的考生占比 50.22%,填满 40 个志愿的占比为 25.11%;该校物理类填报 8 个及以上志愿的考生占比 90.21%,填报 26 个及以上志愿的考生占比 51.55%,填满 40 个志愿的占比为 25.52%(见图 9-4)。从实际录取结果来看,C 校的历史类考生,被第 1 志愿录取的比率为 13.81%,在前 6 个志愿被录取的比率超 50%,在前 16 个志愿被录取的比率超 90%;C 校的物理类考生,被第 1 志愿录取的比率为 17.65%,在前 5 个志愿被录取的比率超 50%,在前 17 个志愿被录取的比率超 90%(见图 9-5)。学生"学其所好,录其所愿"的目标得到基本满足。

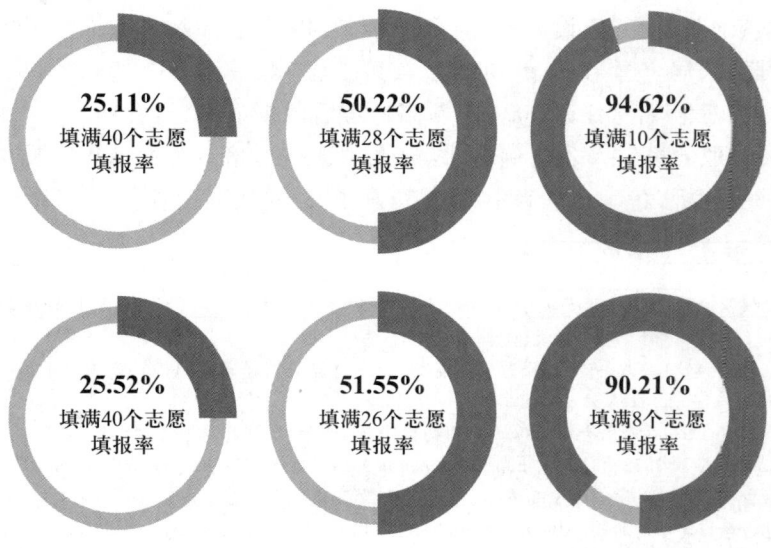

图 9-4 江苏 C 校 2021 年历史类(上)和物理类(下)考生志愿填报情况(普通类本科)

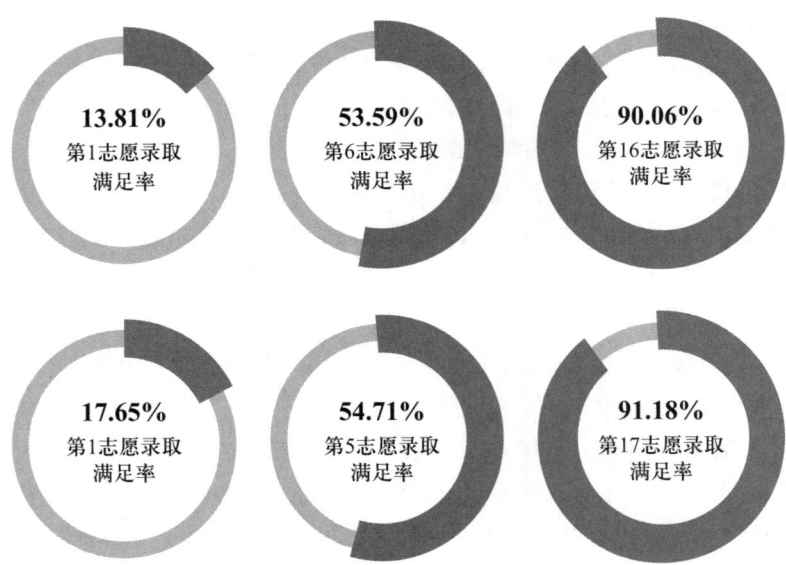

图 9-5　江苏 C 校 2021 年历史类(上)和物理类(下)考生志愿录取满足率(普通类本科)

3. 拔尖人才培养情况

拔尖创新人才是建设创新型国家的根本所在,是实现"中国梦"的有力智力支撑①。我国当前正处于加快"一流大学"和"一流学科"建设的关键时期,培养拔尖创新人才是"双一流"建设的根本宗旨②。江苏始终坚持以一流的教育资源培养一流的拔尖创新人才,努力开创"双一流"建设新局面,全省 16 所高校入选第二轮国家"双一流"建设高校,居全国第二,48 个学科入选第二轮国家"双一流"建设学科,居全国第三。③ 如果以被第二轮"双一流"建设高校录取的考生界定为拔尖考生④,从江苏 2021 年新高考考后数据显示,全省被国家"双一流"建设高校录取的拔尖人才比例高,拔尖人才选拔与培养方面取得实质性成效。通过进一步分析,江苏 G20 高中、四星级高中、三星级高中等不同类型校录取情

---

① 徐侠侠,鲁宽民. 习近平关于创新人才的重要论述及其实现路径[J]. 思想理论教育导刊,2019(7):8-11.

② 安国勇,赵翔."双一流"建设背景下拔尖创新人才培养问题研究[J]. 河南大学学报(社会科学版),2022(1):117-125,155.

③ 省教育厅举办"砥砺十年谱新篇 奋楫扬帆建新功"之"江苏高等教育这十年"新闻发布会[EB/OL].(2022-08-31)[2022-11-05]. http://jyt.jiangsu.gov.cn/art/2022/8/31/art_57807_10593273.html.

④ 教育部,财政部,国家发展改革委. 教育部 财政部 国家发展改革委关于公布第二轮"双一流"建设高校及建设学科名单的通知[EB/OL].(2022-02-11)[2022-05-02]. http://www.moe.gov.cn/srcsite/A22/s7 065/202202/t20220211_598710.html.

况不同,其中,G20高中被"双一流"建设高校录取的拔尖考生人数比例占全省G20高中总录取人数的近六成。一方面,充分展现出江苏高品质示范高中在引领全省普通高中共同提高办学品质上的关键导向作用,为各学校开展拔尖人才培养提供可借鉴的经验;另一方面,也充分反映出江苏用优质的教育资源来培养大批德才兼备的优秀人才,为国家经济社会的发展输送各类拔尖创新人才,与新时代国家拔尖创新人才培养方向相一致、与培养要求相契合。

本 章 小 结

如何通过高考落实立德树人根本任务,发挥教育评价指挥棒的正向作用,大力推进创新型和创造性人才培养,构建德智体美劳全面培养的教育体系,助力人才强国战略实施和中华民族伟大复兴,是高考及高考综合改革的重要使命[1]。本章基于江苏实施新高考后的"教—学—考—招"全过程数据,以高考"立德树人、服务选才、引导教学"三大核心功能为研究角度,对江苏新高考政策的实施成效进行分析和评估。一是在立德树人层面,始终坚持将立德树人导向贯穿招考全过程,以命题为例,在认识层面夯实立德树人的自觉,在操作层面将立德树人自然融入命题各环节,充分体现江苏高考育人价值,有效促进了江苏素质教育高质量发展和学生全面成长。二是在服务选才层面,江苏紧紧围绕科学选才、提高质量、促进公平的目标,着力推进高考改革总体目标落细落实,在考试制度设计和关键考生群体上下功夫,实现人才合理分流配置,以及选才的实质性公平公正,为推动人才培养战略转型、实现教育强国发挥重要作用。三是在引导教学层面,江苏增强"以考促学"的主动意识,紧密对接高中育人方式改革,以课程、评价、教学为核心推动育人方式改革,有效发挥高考在反哺教育教学、振奋改革精神、回应社会关切等方面上的关键作用。

---

① 中国高考报告学术委员会. 中国高考报告(2022)[M]. 北京:新华出版社,2021:1.

第十章　高考综合改革的行稳致远

　　21 世纪以来,江苏贯彻落实国家"鼓励有条件的省级人民政府进行多种形式的高考制度改革试验"的要求,先后进行过 5 次主要的改革实践,其中最近的"08 方案"被称为"新高考改革的先导"①。2014 年,国务院颁布《关于深化考试招生制度改革的实施意见》,新中国高校招生考试历史上牵涉面最广、最为复杂的高考综合改革序幕就此拉开。继第一、二批高考改革 6 个省份采用"3+3"科目设置方案后,第三、四、五批改革 23 个省份采用了"3+1+2"方案。由于在一定程度上汲取了江苏"08 方案"的经验教训,"3+1+2"方案被认为是"高考改革的江苏贡献"②。2021 年第三批改革平稳落地后,高考综合改革向纵深发展,第四批、第五批改革省份也全面启动改革并将分别于 2024 年、2025 年落地,人才选拔的科学性、学生全面发展评价的多元性、社会公平的保障性得到加强。推进高考综合改革行稳致远,从江苏实践看,必须坚持问题导向、目标导向、结果导向,巩固改革成果,完善改革举措。

第一节　构建科学选科的长效机制

　　实体经济是我国经济的命脉所在。从世界范围看,无论是美国、日本、韩国还是中国的一线城市,在近代都先后经历过能源学科—工程学科—金融商科—科技互联网—人文学科的教育消费偏好转移③。然而,对一个大国而言,国家的发展必须建立在强大的科技基础之上,英、德、美、日等国的崛起和强盛莫不如此。中国是世界最大的发展中国家,制造业为立国之本、兴国之器、强国之基。长期以来,社会用人需求和高校招生计划安排中"物理类""历史类"结构均大致保持 7∶3 的比例,这是考生选科的现实基础和客观环境。

　　江苏在实施新高考"3+1+2"方案过程中,由于"08 方案"的运行惯性和不同学科学习难易程度差异等原因,出现了化学选科人数下滑的情况,这与经济社会发展需求不相符合,等级赋分的计分方式更引发化学选科群体担心"吃亏"的舆

　　① 袁媛,刘海峰.新高考改革的先导:江苏高考"08 方案"的反思[J].大学教育科学,2021(5):32.
　　② 刘海峰.新高考改革的实践与改进[J].江苏高教,2019(6):19.
　　③ 克莱顿·M.克里斯坦森,迈克尔·B.霍恩,柯蒂斯·W.约翰逊.创新者的课堂:颠覆式创新如何改变教育[M].周爽,译.北京:机械工业出版社,2020:XLIX-LIV.

情。在省委省政府的领导和教育部的指导下,江苏启动应对预案,开展高中选科评估与指导工作,建立再选科目保障机制,根据教育部办公厅《普通高校本科招生专业选考科目要求指引(3+1+2 模式)》(2019)对化学提出选考要求的理论概率,优先确定化学选科保障比例为当年高考总实考人数的 25%,同时积极实施选科调整补偿教学方案。经过扎实细致的工作,考生选科结构趋于合理,有效维护了高考公平,选科舆情得以平息,为新高考平稳落地奠定了坚实基础。下一步,必须着力从根本上解决高考选考科目比例不匹配、不合理的问题。

一、强化高校主导选科的龙头作用

重点是解决评价观问题,引导高校合理设置选科要求和招生办法。突出国家意志和人的全面发展,针对新高考出现的选科偏差问题,2021 年教育部办公厅印发《普通高校本科招生专业选考科目要求指引(通用版)》,提出同时适用"3+3"模式和"3+1+2"模式选考物理、化学的刚性要求。要引导高校转变招生政绩观,破解高考录取分数线"沉迷"现象,将落实"通用版选科指引"要求和"物理、化学必考"专业招生计划占比列入地方普通高校综合考核指标体系,强化对理工农医类专业学生选考物理、化学的要求。

二、发挥高中引导选科的主体作用

重点是解决因选科带来的教育资源紧缺、师资结构性矛盾、教学方式变革等问题,推进高中育人方式改革,促进学生健康发展。继续实施高中选科评估与指导,加强学生生涯规划教育,为学生提供个性化的选科指导意见,帮助学生进一步设计生涯规划、确立专业方向和相对稳定的选科意愿。

三、坚持再选科目保障机制政策

重点是稳定"学物理、化学不吃亏"的社会预期,引导学生将个人志向对接国家需要,促进更多青年学子选择与创新型国家建设、战略性新兴产业发展高相关性的学科。在 2024 年"通用版选科指引"落地见效之前,继续运用好再选科目保障机制,推动选考比例持续优化,积极满足国家对各学科人才的培养需求,促进生源结构和高校招生计划更加匹配。

第二节 完善多元综合的招生体系

习近平总书记指出,要更加重视人才自主培养,更加重视科学精神、创新能力、批判性思维的培养培育;要更加重视青年人才培养,努力造就一批具有世界影响力的顶尖科技人才,稳定支持一批创新团队,培养更多高素质技术技能人才、能工巧匠、大国工匠①。江苏高考改革探索,始终围绕社会关注的热点难点问题展开,是一个"实践、认识、再实践、再认识"的过程。进入新世纪特别是2010年以来,高考改革在科学选才、促进学生健康发展、维护社会公平上作出诸多努力,但在强化弱势人群的机会公平的同时,一定程度上弱化了较好资质禀赋特别是智力超强人群的结果公平。一流本科教育的首要特征,是选天下英才而育之。下一步,必须强化高考综合改革目标性和公平性的统一。

一、扩大"综合评价"招生改革试点范围

所谓"综合评价"招生,是聚焦综合素质和潜质较强的青年群体,通过对考生的高考成绩、学业水平考试成绩、高校的校测成绩等进行加权折算,按综合成绩排序录取。2020年是江苏"08方案"实施的最后一年,出现"白湘菱事件",引起社会广泛关注,焦点是高校可否破格录取优秀学生以及选测科目等级化评价与高考选拔属性相悖等问题。高考综合改革采用等级赋分法计分,杜绝了"白湘菱现象"的重演,然而高考综合改革还需要从制度上保证高考数学得0分的吴晗、得15分的钱锺书也能被今天的大学破格录取。

根据教育部部署,目前全国有24所高校在江苏开展"综合评价"招生,其中包括南京大学、东南大学等15所省内高校。要创造条件推动省内未进入改革试点的"双一流"建设高校进入"综合评价"招生试点范围,扩大高校依法办学自主权,规范和完善招生工作,逐步合理提高高校校测成绩占比,拓宽人才选拔的多样化、多元化途径,弥补单纯以高考分数选拔学生的不足。

二、发挥"强基计划"对英才教育的牵引作用

所谓"强基计划",是聚焦有志向、有兴趣、有天赋的青少年群体,将考生高考成绩、高校综合考核结果和综合素质评价等折算成综合成绩,选拔培养有志于服务国家重大战略需求且综合素质优秀或基础学科拔尖的学生。对于极少数在相关学科领域具有突出才能和表现的考生,有关高校可制定破格入围的条件和办法。基础学科拔尖人才短缺,在本质上反映了中国人才培养模式转型的整体问题。改革开放以来,江苏在青少年英才教育方面进行了有益的探索,但近年来在素质教育和学业减负的大背景下,学科竞赛一直在毁誉参半中艰难前行,试验班、特长班也在应试教育与素质教育的夹缝中勉强维持。

"强基计划"强烈呼唤和引导对拔尖创新人才采取特别的选拔机制和教

---

① 习近平.加快建设科技强国 实现高水平科技自立自强[J].求是,2022(9):13.

育安排。2002 年党的十六大最早提出"拔尖创新人才"的概念,2021 年中央人才工作会议强调"创新人才"的概念。"拔尖"常常意味着在既定规则下的成功,而"创新"则往往和打破常规联系在一起。要以联结基础教育阶段与高等教育阶段的高考为纽带,对综合素质优秀或基础学科拔尖的学生进行系统性、贯通性的人才选拔培养制度设计和一体安排。探索建立普通学校随班就读、特殊课程教学、灵活学制、个别化教育方案相结合的英才发现、培养和评估机制。重新审视基础教育课程教学内容,通过设置最低学习标准而非上限来实现"减负",不宜对学科竞赛、试验班等"一刀切"。保证统一高考必要的难度和区分度,确保统一高考对于拔尖创新人才的选拔功能不被削弱。鼓励一流高校与中学协同培养拔尖创新后备人才,促进优质高等教育资源向基础教育延伸。

三、完善面向中职毕业生的职教高考制度

职业教育具有民生教育的属性。早在 1987 年,江苏就开始探索普通高校面向中职毕业生对口单独招生考试,实行"文化素质+职业技能"的评价方式。高等教育大众化和普及化进程,极大提升了中等职业学校学生的升学空间。2019 年江苏高考综合改革方案首次确定了"分类考试、综合评价、多元录取"的职教高考制度,2022 年落地。

面向中职毕业生的职教高考制度,遵循技术技能型人才发展特点,聚焦为中职学生成长成才提供更多的机会和可能。在政策层面,探索职教高考成绩与普通高考成绩之间的等值性,把握专业课考试成绩的教育通用价值,研究专业理论知识和操作技能考试的结构比例。在实操层面,健全"文化素质+职业技能"招生考试方法,逐步实现"中职职教高考"与"中职学考"专业基本技能考试的衔接,使职教高考成为高等职业教育招生的主渠道。优化"文化素质+职业技能"考试结构比例和组织方式,促进普通教育与职业教育的协调发展。联动实施普通高校"专转本"选拔考试改革,构建"文化素质+职业技能"评价方式,促进职业教育重视专业学习和职业技能训练的良好导向。

第三节　强化高考评价的导向效应

习近平总书记强调,要深化教育体制改革,健全立德树人落实机制,扭转不科学的教育评价导向①。高考评价是教育评价的关键领域。现阶段,中国高考

---

① 习近平.习近平谈治国理政(第三卷)[M].北京:外文出版社,2020:348.

是全世界最大规模的选拔性纸笔考试,我国也是全球唯一的将考分作为大学录取直接且基本依据的教育大国,因此纸笔考试成为高考评价的主要依据。新高考落地,江苏把握教情、学情、考情,指导各地各校适应语文、数学、外语3门科目全国卷的题型和结构,着力解决思想政治、历史、地理、物理、化学、生物6门学业水平考试选择性科目自命题的系统适应、难度控制、素养考查等关键性问题,成功实现自命题理念体系、标准体系、赋分体系的转变。江苏新高考提升了男生本科录取率,首次实现2011年以来男、女生本科录取率大致相当。随着教育评价制度改革的深入,高考评价体系正在发生深刻变化。推进高考综合改革,必须着力发挥高考评价的导向作用,从根本上解决将考试分数和升学率作为中小学教育评价指挥棒的问题。

一、深化高考评价改革

推进高考的教育功能由单纯的考试评价向立德树人重要载体和素质教育关键环节转变,把理想信念、社会主义核心价值观融入试题,构建覆盖德智体美劳全面发展要求的考试内容体系,发挥各学科优势,形成育人合力。

推进高考的评价理念由"知识立意""能力立意"评价向"价值引领、素养导向、能力为重、知识为基"综合评价转变,逐步加强新课程理念的渗透,不断深化必备知识和关键能力考查,注重对创新精神、应用能力、社会责任感等综合素质的考查。以职教高考制度改革为契机,积极探索现场模拟、机器仿真、情境适应、目标任务测试为主要内容的实操技能考试。

推进高考评价模式由主要基于"考查内容"的一维评价模式向"考查内容、考查要求、考查载体"三位一体评价模式转变,增强试题的综合性、开放性,减少考试固化给机械训练和大量刷题带来的收益,切实扭转"考什么教什么、不考就不教"的教育功利化倾向。科学稳妥设定各科目试卷难度、区分度、信度、效度目标,确保再选科目等级赋分和保障机制取得预期效果。

二、落实学生综合素质评价制度

综合素质评价制度是高考综合改革"两依据、一参考"框架的重要内容,是新高考方案的重要组成部分。江苏综合素质评价内容包括思想品德、学业水平、身心健康、艺术素养、社会实践、自我认识与生涯规划六个方面写实记录。在推动育人方式转变方面,综合素质评价的作用已经初步显现,但是在高考录取过程中,出现衡量尺度不一、量化困难和高校"不敢用"的现象,其作用还需要强化。

完善综合素质评价标准和操作规范,指导高校根据学校办学特色和人才培养要求,制定科学规范的高中学生综合素质评价档案使用办法。引导高校在

"强基计划""综合评价"招生、高职院校提前招生等特殊类型招生录取中,将综合素质评价档案作为报考条件设定、入选资格认定、面试题目设计的参考。统招录取中考生分数相同时,可将综合素质评价作为优先录取和安排专业的依据。指导高校在招生章程中明确综合素质评价的具体使用办法,规范、公开使用情况。

三、健全考试结果反馈机制

引导教学是高考教育功能的集中体现。在评价导向上,树立现代教育评价观,积极引导基础教育领域科学使用考试结果,激活考试评价诊、咨、督、导等多元功能,着力营造和谐健康的教育教学生态。在评价内容上,科学构建面向中学的高考评价反馈标准及其指标体系,有效改进结果评价,逐步引入过程评价、增值评价、综合评价,形成内容丰富的多样化、特色化、立体化评价指标体系。在评价目标上,深入分析学校在推进选课走班、加强学生发展指导、完善综合素质评价等方面的成效,为学校提高改革适应性提供数据支撑和决策参考;深入分析教师在落实学科核心素养、推进情境化教学、促进多样化自主学习等方面的成效,助力一线教师不断提升育人能力和水平。

第四节 筑牢平安高考的底线思维

高考具有高利害、高风险、高成本的特点。深化高考综合改革将面临疫情不确定与"应考尽考"要求的冲突、快速增长的普通高中毕业生规模导致本科和高水平大学录取率下降的风险、考生选考科目与招生计划结构不匹配的矛盾、5G时代对考试安全保密带来的冲击、涉考社会舆情燃爆点低且燃爆速度快等重大挑战与考验。必须把风险防范摆在更加突出位置,图之于未萌,虑之于未有。

一、稳定社会预期

高考政策对每一届考生及家长而言都是全新的。树立"适合的教育才是最好的教育"的观念,引导考生平和理性地选择适合自己的大学。树立教育系统是政策评价关键领域的观念,压实教育系统统一思想、统一口径、统一行动的责任。树立填报志愿是学生生涯规划课程"最后一课"的观念,建立和落实班主任对学生填报志愿的"兜底"责任。树立选拔性考试必须保证足够区分度的观念,普及合理的试卷难度是鉴别不同能力水平学生前提的常识,化解高等教育普及化时代高考年年喊难的社会现象。树立网络民意是公民权利表达和整体宏观理性的观念,寻求民意权利和决策权力之间的平衡与和谐,及时回应社会热点焦点问题,并及时处置网络谣言和不实信息。保持本科招生计划投放量与考生规模的相关度,实实在在提升考生的获得感。树立正确的政绩观,巩固新高考遏制"高考状元"炒作和区域、学校间成绩比较的成果,减轻考生和社会焦虑。

二、突出数字赋能

疫情常态化和新兴科技革命给人类学习行为、教育考试形态和遴选评价模式带来深刻变化。疫情防控大大加快了教育招考数字化的进程,一批应急技术成为招考业务的日常技术。着力打造以人工智能、大数据、云计算和区块链为核心的"智慧招考"平台,让考试更加公平公正,让流程更加便捷高效,让组考更加安全规范,让决策更加科学合理。加强数字基础设施建设,在标准化考点建设中增设防疫专项,加强隔离考场建设,减少考生跨区域流动,同时加强技能考试和面试考场建设,适应教育考试新形态。探索基于局域网协作的命题模式,加快线上考试的题库建设,减少对实地闱点的依赖。加强外语口语、听力考试机考和艺术类及非结构化面试线上考核能力建设。加快人工智能评卷进程。

三、提升应急处置规范

落实安全工作属地责任制,形成省、市、县(区)、校四级责任清单。健全省、设区市两级"情况通报、会商研判、化解稳控、舆情引导、应急处置"五项机制。按照"一体融合布局、一体整合资源、一体运用力量"的原则,建立教育、宣传、网信、公安、信访和保密等部门协同机制,确保部门联动顺畅高效。全力保障试题试卷安全,全面加强考场管理,加强信息安全管理,严厉打击"助考"犯罪活动,着力提升应急反应能力。

附录　江苏高考综合改革大事记(2014—2022)

2014 年

9 月 3 日　国务院出台《国务院关于深化考试招生制度改革的实施意见》(国发〔2014〕35 号)。文件明确 2014 年启动考试招生制度改革试点,2017 年全面推进,到 2020 年基本建立中国特色现代教育考试招生制度,形成分类考试、综合评价、多元录取的考试招生模式,健全促进公平、科学选才、监督有力的体制机制,构建衔接沟通各级各类教育、认可多种学习成果的终身学习"立交桥"。

上海市和浙江省率先启动高考综合改革试点工作。

12 月 10 日　教育部出台《关于普通高中学业水平考试的实施意见》(教基二〔2014〕10 号)、《关于加强和改进普通高中学生综合素质评价的意见》(教基二〔2014〕11 号)。

2015 年

8 月 12 日　江苏省人民政府常务会议审议通过《江苏省深化考试招生制度改革实施方案》。

12 月 10 日　江苏省人民政府向教育部报备《江苏省深化考试招生制度改革实施方案》。

2016 年

2 月 3 日　教育部批复江苏省等有关省份于 2018 年启动高考综合改革,从 2018 年秋季入学的高一新生开始实行。

12 月 13 日　江苏省教育厅发布《关于做好江苏省 2017 年高职院校提前招生改革试点工作的通知》(苏教考〔2016〕12 号),明确从 2017 年起,在高职院校单独招生改革试点基础上开展高职院校提前招生试点工作。

2017 年

第二批改革试点省份（北京市、天津市、山东省、海南省）开始实施高考综合改革。

1 月 1 日　国务院发布《关于印发国家教育事业发展"十三五"规划的通知》（国发〔2017〕4 号），要求加大高校考试招生制度改革实施力度，推进高职院校分类考试。

1 月 19 日　江苏省教育厅印发《关于做好普通高校招生录取批次调整工作的通知》（苏教考〔2017〕2 号）。通知规定，自 2017 年起，文理科类由原来的本一、本二、本三 3 个批次，调整为本一、本二 2 个批次。与录取批次调整相适应，文理类、体艺类各批次平行院校志愿数由原来的 5 所增加到 8 所。同时，征求平行院校志愿数由原来的 5 所增加到 10 所。

11 月 3 日　按照教育部和省委省政府的部署和指导，江苏省教育厅成立高考综合改革方案研制工作领导小组，正式启动实施方案研制工作。

2018 年

3 月中旬　江苏省教育厅完成《江苏省深化普通高校考试招生制度综合改革实施方案（初稿）》，首次提出"3+1+2"科目设置方案。经省政府同意，由省教育体制改革领导小组负责江苏高考综合改革工作的统筹领导。

5 月 10 日~11 日　教育部高考改革基础条件评估专家组对江苏进行实地评估。评估组认为，江苏省总体教育水平高，多项高中建设指标都居于全国前列，高考改革实践基础和思想基础坚实，具备良好基础。经评估，教育部最终确定江苏等 8 省（市）为第三批改革省份。

11 月 6 日　教育部召集第三批高考改革省份在南京召开高考综合改革调研会，论证"3+1+2"科目设置方案。

11 月 14 日　教育部在北京召开第三批高考综合改革省份研讨会，明确第三批改革省份全部采用"3+1+2"科目设置方案。

12 月 10 日　江苏省教育厅向教育部报送《江苏省深化普通高校考试招生制度综合改革实施方案（初稿）》征求意见。

2019 年

2 月 28 日　江苏省教育厅党组会议审议通过《江苏省深化普通高校考试招生制度综合改革实施方案》。

3 月 1 日　江苏省教育厅向省政府报送《江苏省深化普通高校考试招生制度综合改革实施方案》。

3 月 19 日　江苏省人民政府常务会议审议并原则通过《江苏省深化普通高校考试招生制度综合改革实施方案》。

3 月 29 日　江苏省委常委会议审议并原则通过《江苏省深化普通高校考试招生制度综合改革实施方案》。

4 月 4 日　江苏省人民政府向教育部报备《江苏省深化普通高校考试招生制度综合改革实施方案》。

4 月 19 日　经中央全面深化改革领导小组办公室批准，教育部对《江苏省深化普通高校考试招生制度综合改革实施方案》予以备案。

4 月 21 日　江苏省人民政府印发《江苏省深化普通高校考试招生制度综合改革实施方案》（苏政发〔2019〕31 号）。

4 月 22 日　江苏省高等学校招生委员会印发《江苏省普通高中学业水平考试实施方案》（苏招委〔2019〕1 号）、《江苏省普通高中学生综合素质评价实施方案》（苏招委〔2019〕2 号）、《江苏省高等职业院校考试招生制度改革实施方案》（苏招委〔2019〕3 号）、《普通高中学业水平选择性考试成绩计入高考总成绩方式的通知》（苏招委〔2019〕4 号）。

4 月 23 日　江苏省人民政府召开新闻发布会，发布《江苏省深化普通高校考试招生制度综合改革实施方案》。同日，第三批实施高考综合改革的其他 7 省（市）（河北省、辽宁省、福建省、湖北省、湖南省、广东省、重庆市）同步向社会发布高考综合改革方案。

4 月 23 日　江苏省人民政府召开高考综合改革方案培训动员会，省、市招生委员会成员单位，各级教育行政部门，普通高校，普通高中学校相关负责人参加会议。

5 月 13 日　教育部印发《普通高校本科招生专业选考科目要求指引（3+1+2 模式）》。

8 月 6 日　江苏省教育厅印发《关于高考综合改革背景下加强普通高中教学组织管理工作的意见》（苏教基〔2019〕18 号）。

8 月 14 日　江苏省教育厅印发《关于加强普通高中学生发展指导的实施意

见》（苏教基〔2019〕19 号）。

8 月 20 日   江苏省教育厅发布《2021 年拟在江苏招生的普通高校本科专业（类）选考科目要求》。

9 月 29 日   江苏省教育厅印发《江苏省普通高中学业水平合格性考试实施办法》（苏教考〔2019〕20 号）。

10 月 12 日   江苏省教育考试院发布《江苏省普通高中学业水平合格性考试指导意见》（苏教考院〔2019〕18 号）。

2020 年

1 月 3 日   江苏省教育厅印发《关于进一步做好普通高中选科工作的通知》（苏教基函〔2020〕1 号）。

1 月 10 日   江苏省委教育工作领导小组召开扩大会议，部署高中选科评估和指导工作。

1 月 11 日—12 日   江苏实施新高考后的首次考试——2020 年普通高中学业水平合格性考试顺利举行，全省 35 万考生参加考试。

1 月 13 日—18 日   江苏省教育厅全体厅领导分别带队赴 13 个设区市驻点督查高中选科评估和指导工作。

1 月 22 日   教育部分管领导到江苏调研高考改革相关工作。

1 月 23 日—29 日   江苏省教育厅组织力量在春节期间集中研制再选科目保障机制。

1 月 29 日   江苏省教育厅向教育部报送《江苏新高考方案再选科目保障机制研究报告（初稿）》，征求指导意见。

2 月 10 日   江苏省教育厅召开高考改革再选科目保障机制专家论证视频会议。专家组形成"再选科目化学保障比例为 25% 合理、可行"的论证意见。

2 月 20 日   江苏省人民政府印发《关于进一步深化高考综合改革的若干意见》（苏政发〔2020〕18 号），出台再选科目保障机制等一揽子政策。

2 月 21 日   江苏省委教育工作领导小组召开扩大会议，部署贯彻落实省政府《关于进一步深化高考综合改革的若干意见》精神。

2 月 25 日—3 月 9 日   江苏省教育厅举办"深化高考综合改革政策培训会"，分别面向厅机关及直属事业单位全体工作人员、各设区市县教育行政部门和各普通高中学校负责人、省内及中央驻省主流媒体负责人进行培训。

3 月 9 日   江苏省教育厅印发《关于进一步做好深化高考综合改革相关工作的通知》（苏教考〔2020〕8 号）。

3 月 13 日　《光明日报》客户端发表评论文章——《高考改革"保障机制"保障了什么？》，阐释江苏再选科目保障机制产生的原因及制度设计理念。

12 月 29 日　江苏省高校招生委员会印发《江苏省 2021 年普通高校招生考试安排和录取工作实施方案》（苏招委〔2020〕4 号），江苏高考综合改革工作进入实质性落地实施阶段。

12 月 30 日　江苏省教育厅印发《江苏省 2021 年高职院校面向普通高中毕业生提前招生改革试点实施方案》（苏教考函〔2020〕28 号）。

2021 年

1 月 23 日～25 日　江苏等第三批高考改革 8 省（市）同步组织开展新高考适应性演练模拟考试。

2 月 4 日　江苏省教育厅、省委统战部、省民宗委、省公安厅、省台办、省退役军人事务厅等六部门联合印发《江苏省进一步深化高考加分改革工作实施方案》（苏教考〔2020〕31 号）。

2 月 10 日　江苏省委主要领导在 2021 年《新春贺词》中，将新高考方案实施列为全省全年六件大事中的第二件，祝愿江苏学子梦想成真。

3 月～4 月　江苏开展新高考模拟志愿填报及模拟录取工作。

3 月 3 日～10 日　江苏省委、省政府分管领导赴徐州、苏州、泰州等地调研高考综合改革工作。

3 月 5 日　江苏省教育考试院发布《普通高中学业水平选择性考试科目试卷结构》。

3 月 15 日　教育部分管领导到江苏调研指导高考工作。

4 月 6 日～21 日　江苏省政府分管领导，省教育厅、省教育考试院主要负责人赴北京大学、清华大学、同济大学等高校，就江苏高考改革听取意见。

4 月 15 日～16 日　江苏省组织第二次普通高中学业水平选择性考试科目适应性考试。

5 月 20 日～21 日　教育部分管领导到南通、苏州检查新高考准备工作。

6 月 3 日　江苏省委召开专题会议，研究部署 2021 年高考、中考工作。

6 月 7 日～9 日　江苏顺利组织新冠疫情防控背景下普通高校统一招生考试。全省 28.9 万考生参加新高考首考。

6 月 7 日　新高考开考首日，江苏省委、省政府分管领导在省教育考试院指挥中心远程检查指导全省高考工作。

6 月 7 日　中央电视台"新闻联播"栏目报道江苏等第三批高考综合改革省

市开考情况。

6月~8月 江苏新高考首次考试成绩公布后,全省申请复核成绩考生人数、本科批次录取考生退档人数、录取期间考生电话咨询数量同比均下降三分之一,炒作"高考状元"现象被遏制。

7月19日 教育部印发《普通高校本科招生专业选考科目要求指引(通用版)》,自2021年秋季入学的高一新生开始实施。

8月12日 江苏省完成2021年普通高校招生录取工作。

8月27日 江苏省委主要领导在省教育厅关于2021年全省普通高考工作情况报告上批示,充分肯定新高考工作。

9月8日 中共中央政治局委员、国务院副总理孙春兰批示肯定江苏高考改革工作。

9月16日 教育部发布《关于进一步加强和改进普通高等学校艺术类专业考试招生工作的指导意见》(教学〔2021〕3号)。

9月24日 中央电视台"新闻直播间"栏目播出对江苏省教育考试院主要负责人的专访,介绍江苏艺术类招生考试改革的做法和经验。

11月18日 江苏省委主要领导在省委第十三届十一次全会上肯定江苏新高考改革首战告捷。

2022 年

1月11日 "江苏省新高考智慧服务信息化建设工程"入选2021年度"智慧江苏"十大标志性工程。

1月18日 江苏省教育厅发布《2024年拟在江苏招生的普通高校本科专业(类)选考科目要求》。

5月21日 江苏中职职教高考改革后的首次文化统考举行,全省5.6万余名考生参加考试。

5月21日~22日 江苏省普通高校"专转本"选拔考试改革首次考试在因新冠疫情影响两次延期后举行。全省9.8万名考生参加考试。

5月24日 江苏省政府分管领导在江苏省哲学社会科学界联合会《决策参阅》2022年第22期刊发的理论文章——《扎实推进江苏高考综合改革行稳致远》上批示,充分肯定江苏高考综合改革工作,要求深化改革、扎实推进。

6月7日~9日 江苏顺利组织新冠疫情防控背景下普通高校统一招生考试。全省40.6万考生参加考试。

8月18日 江苏省政府主要领导在省教育厅关于2022年全省普通高考工

作情况报告上批示,充分肯定疫情防控背景下新高考工作。

8 月 29 日　江苏省委主要领导在省委常委会议上充分肯定全省普通高考工作。

12 月 15 日　江苏省哲学社会科学界联合会发布《江苏省第十七届哲学社会科学优秀成果奖拟获奖成果公示》,江苏省教育考试院《高考综合改革的江苏探索及意义》研究报告获一等奖。

12 月 30 日　江苏省教育厅研制完成《普通高校艺术类专业考试招生工作实施方案》,启动艺术类专业招考改革,自 2024 年开始实施。

参考文献

专著

[1] 习近平.习近平谈治国理政(第三卷)[M].北京:外文出版社,2020.

[2] [美]戴维·伊斯顿.政治生活的系统分析[M].王浦劬,译.北京:华夏出版社,1999.

[3]《中国考试》杂志社.恢复高考 30 年:高考改革与发展[M].北京:中国传媒大学出版社,2007.

[4] S.Ian Robertson.问题解决心理学[M].张奇,等,译.北京:中国轻工业出版社,2004.

[5] 保罗·A.萨巴蒂尔.政策过程理论[M].彭宗超,钟开斌,等,译.北京:生活·读书·新知三联书店,2004.

[6] 蔡清田.课程发展与设计的关键 DNA:核心素养[M].台北:五南图书出版股份有限公司,2012.

[7] 陈效民.简明基础教育评价常用词语汇释[M].北京:高等教育出版社,2012.

[8] 戴海琦,张锋.心理与教育测量[M].广州:暨南大学出版社,2018.

[9] 教育部考试中心.中国高考评价体系[M].北京:人民教育出版社,2019.

[10] 教育考试中心.中国高考评价体系说明[M].北京:人民教育出版社,2019.

[11] [美]克莱顿·M.克里斯坦森,等.创新者的课堂:颠覆式创新如何改变教育[M].周爽,译.北京:机械工业出版社,2020.

[12] 廖平胜.考试学原理[M].武汉:华中师范大学出版社,2003.

[13] 刘海滨.教育政策风险评估研究[M].北京:人民出版社,2019.

[14] 刘海峰.高考改革论[M].杭州:浙江教育出版社,2013.

[15] 刘海峰.高考制度变革综论[M].杭州:浙江教育出版社,2018.

[16] 刘海峰,等.高校招生考试制度改革研究[M].北京:经济科学出版社,2009.

[17] 刘希伟.试点省市高考改革研究[M].杭州:浙江教育出版社,2017.

[18] 芦珊.网络舆情监测与研判[M].北京:人民邮电出版社,2021.

[19] M.W.Eysenck.The Blackwell Dictionary of Cognitive Psychology[M].Ox-

ford:Basil Blackwell,1990.

［20］彭正梅,邓莉,周小勇.为了人的更高发展［M］.上海:华东师范大学出版社,2019.

［21］汤景泰.舆情传播与风险治理［M］.广州:暨南大学出版社,2021.

［22］田凤.教育舆情演变与应对研究［M］.上海:华东师范大学出版社,2020.

［23］杨明刚.大数据时代的网络舆情［M］.深圳:海天出版社,2017.

［24］杨学为.中国高考报告(2019)［M］.北京:社会科学文献出版社,2019.

［25］袁振国,翟博,杨银付.共和国教育公平之路［M］.上海:华东师范大学出版社,2019.

［26］袁振国,等.高考改革深化研究［M］.上海:华东师范大学出版社,2020.

［27］郑若玲.中国教育改革 40 年——高考改革［M］.北京:科学出版社,2018.

［28］中国高考报告学术委员会.中国高考报告(2021)［M］.北京:新华出版社,2021.

［29］中国高考报告学术委员会.中国高考报告(2022)［M］.北京:新华出版社,2021.

［30］中华人民共和国教育部.普通高中课程标准(2017 年版 2020 年修订)［M］.北京:人民教育出版社,2020.

［31］中央编译局.马克思恩格斯全集(第一卷)［M］.北京:人民出版社,1995.

［32］卓晴君,李仲汉.中小学教育史［M］.海口:海南出版社,2000.

［33］刘炳贵.江苏招生考试二十年［M］.南京:河海大学出版社,1997.

［34］中华人民共和国教育部.普通高中课程方案［M］.北京:人民教育出版社,2018.

期刊论文

［1］习近平.加快建设科技强国 实现高水平科技自立自强［J］.求是,2022(9).

［2］ARTHUR E H,ROBERT W K.Ridge regression:Biased estimation for non-ortogonal problems［J］.Technometrics,2000,12(1).

［3］Loyalka P,Liu O L,Li G,et al.Skill levels and gains in university STEM education in China, India, Russia and the United States ［J］. Nature Human Behaviour,2021(05).

［4］Stevens SS.On the theory of scales of measurement［J］.Science,1946.

［5］ Tyler R W.Changing concepts of educational evaluation［J］.International Journal of Educational Research,1986.

［6］ 安国勇,赵翔."双一流"建设背景下拔尖创新人才培养问题研究［J］.河南大学学报(社会科学版),2022(1).

［7］ 鲍威,等.阶层壁垒与信息鸿沟:新高考改革背景之下的升学信息支持［J］.中国高教研究,2019(5).

［8］ 边新灿,等.论新高考改革的价值取向与两难抉择［J］.中国高教研究,2017(4).

［9］ 边新灿.21省份新高考方案综合分析与思考［J］.课程·教材·教法,2022,42(1).

［10］ 边新灿.高考改革将从文化驱动进入技术驱动阶段［J］.中国教育学刊,2017(10).

［11］ 边新灿.关于高考公平性问题的若干思考［J］.考试研究,2017(6).

［12］ 曹芳.理性选择制度主义方法论评述［J］.学术论坛,2009(11).

［13］ 曹开奉,等.我国高考理科试题难度影响因素的文献分析［J］.考试研究,2018(3).

［14］ 曹茂甲.建国70年来我国基础教育课程改革价值取向的变迁［J］.上海教育科研,2019(5).

［15］ 陈诚,包雷.高考考试内容的宽广纵深模式改革探索:变应试教育为有效学习［J］.中国考试,2021(6).

［16］ 陈金芳,万作芳.教育治理体系与治理能力现代化的几点思考［J］.教育研究,2016(37).

［17］ 陈兴德,王君仪.高等教育普及化背景下的高校招生制度改革探析［J］.中国考试,2021(12).

［18］ 程伟,王雨欣.新高考选考科目赋分方式的比较分析［J］.河北师范大学学报(教育科学版),2020(1).

［19］ 董秀华,等.新高考改革的政策初衷与实践挑战:由高校人才培养视角反观［J］.复旦教育论坛,2020(2).

［20］ 董裕华.新高考背景下高中选课走班的实践与思考［J］.教育研究与评论(中学教育教学),2021(3).

［21］ 高书国.从徘徊到跨越:英国高等教育普及化模式及成因分析［J］.外国教育研究,2007(2).

［22］ 葛道凯."适合的教育"才是最好的教育［J］.教育研究,2021(3).

［23］ 葛道凯.从矛盾变化看新时代教育改革发展的基本走向［J］.教育研

究,2018(12).

[24]葛新斌,付新琴.新中国高考制度变革70年:回顾与前瞻[J].华南师范大学学报(社会科学版),2019(6).

[25]龚放.对江苏2008年高考新方案的质疑和思考[J].湖北招生考试,2007(2).

[26]张国峰,等.整体化立德树人的时代特质及其实践路径[J].黑龙江高教研究,2019(12).

[27]郭小川.带着读者的疑问听瞿司长讲非高考的事[J].高校招生,2002(2).

[28]何屹松,等.人工智能评测技术在大规模中英文作文阅卷中的应用探索[J].中国考试,2018(6).

[29]核心素养研究课题组.中国学生发展核心素养[J].中国教育学刊,2016(10).

[30]胡金波.顺应改革趋势　符合江苏实际　遵循教育规律　促进人才培养[J].江苏高教,2019(6).

[31]胡建华.高等教育普及化的中国特点[J].高等教育研究,2021,42(5).

[32]胡向东.中国高考面临的文化困境与出路[J].湖北招生考试,2009,(36).

[33]黄凌梅,钟秉林.新高考选科"遇冷"的制度主义分析[J].教育学报,2021(1).

[34]姜钢.《实施意见》:我国新一轮高考改革的纲领性文件[J].中国考试,2017(2).

[35]姜钢.论高考"立德树人、服务选才、引导教学"的核心功能[J].中国高等教育,2018(11).

[36]姜钢.深化考试内容与形式改革助力人才选拔和素质教育[J].中国高等教育,2014(23).

[37]金红昊,张文杰.新高考改革对各专业生源质量的影响分析——基于浙江省高考录取数据的实证研究[J].中国高教研究,2021(10).

[38]井一龙,等.全媒体视域下教育舆情的特征、治理困境与对策[J].现代教育管理,2021(11).

[39]李凤忱,吕文华.人力资本理论视角下俄罗斯高考制度改革分析[J].吉林省教育学院学报,2019,(4).

[40]李金波.高考综合改革的国际借鉴[J].教育评论,2020(5).

[41]李琳娜,时悦琪.后疫情时代教育考试舆情的特点及应对措施[J].中

国考试,2021(4).

　　[42] 李涛,陈玉玲.新中国高考制度变迁的文化透视[J].当代教育与文化,2011(4).

　　[43] 李雄鹰,等.综合评价:高考改革的新导向[J].高校教育管理,2016(3).

　　[44] 李渝萱,李才俊.关于中国学生发展核心素养的思考[J].教育文化论坛,2017(4).

　　[45] 李志涛.过程性评价纳入高校招生评价体系的国际经验与启示[J].中国考试,2021(2).

　　[46] 刘宝剑.关于高中生选择高考科目的调查与思考[J].教育研究,2015(10).

　　[47] 刘海峰.高考改革:公平为首还是效率优先[J].高等教育研究,2011,32(5).

　　[48] 刘海峰.高考改革:理想图景与现实困境[J].辽宁教育,2012(18).

　　[49] 刘海峰.高考改革的回顾与展望[J].教育研究.2007,(11)

　　[50] 刘海峰.科举制对西方考试制度影响新探[J].中国社会科学,2001(5).

　　[51] 刘海峰.理性认识高考制度　稳步推进高考改革[J].中国高等教育,2013(7).

　　[52] 刘海峰.新高考改革的实践与改进[J].江苏高教,2019(6).

　　[53] 刘红建.群众体育政策执行的环境因素及其优化路径研究[J].南京体育学院学报(社会科学版),2015(2).

　　[54] 刘亮.高等教育质量观的发展与高考制度变革[J].中国考试,2015(9).

　　[55] 刘希伟,等.新高考等级赋分制:学生认可度的实证研究——基于浙江省的实证研究[J].教育发展研究,2017(22).

　　[56] 罗立祝.新高考选考科目赋分方案再思考[J].河北师范大学学报(教育科学版),2020(4).

　　[57] 明英文.基于政策网络理论视角的我国高考制度改革研究[J].知识经济,2009(5).

　　[58] 潘继斌,廖静文.对新高考改革方案实施办法的探究[J].考试研究,2015(4).

　　[59] 潘懋元,贺祖斌.高等教育普及化背景下的大学治理[J].广西师范大学学报(哲学社会科学版),2021(9).

［60］潘懋元，覃红霞.高考：从选拔性考试到适应性考试［J］.湖北招生考试，2003（12）.

［61］潘懋元.高等教育普及化时代高考改革走向［J］.内江师范学院学报，2022（1）.

［62］潘懋元.中国当前高等教育发展中的若干问题［J］.大学教育科学，2004（4）.

［63］上海市新高考改革成效调研课题组.社会反应符合预期，实践成效好于预期——上海新高考改革成效调研报告［J］.华东师范大学学报（教育科学版），2018（3）.

［64］师曼，等.21世纪核心素养的框架及要素研究［J］.华东师范大学学报（教育科学版），2016（3）.

［65］施久铭.核心素养：为了培养"全面发展的人"［J］.人民教育，2014（10）.

［66］史朝.高等教育发展的整体思路——评马丁·特罗的高等教育发展阶段理论［J］.高等教育研究，1999（4）.

［67］田建荣，尹达.基于分类的考试理念：内涵、原则与策略［J］.教育与考试，2016（6）.

［68］万圆，沈曲.论高校招生采取多元录取标准的必要性及可行路径［J］.教育与考试，2016（1）.

［69］王贤.以生为本，科学设计，稳步推进——海南省高考综合改革方案解读［J］.中国考试，2018（5）.

［70］王新凤，等.高考综合改革评估的实践与思考——以浙江省为例［J］.中国考试，2020（5）.

［71］王新凤.高考综合改革实施效果评价：学业表现的视角［J］.中国高教研究，2020（7）.

［72］王新凤，钟秉林.新高考背景下高校招生与人才培养的成效、困境及应对［J］.中国高教研究，2019（5）.

［73］王永固，等.区域数字教育整体智能治理：案例、模型与策略——基于浙江实践案例的扎根研究［J］.远程教育杂志，2022（2）.

［74］魏小梅，李宝庆.新高考进程中学校变革的困境与应对策略：新制度主义的视角［J］.教育发展研究，2017（22）.

［75］吴根洲，陈顺利.论新高考选考科目改革的推进［J］.北京教育（高教），2021（6）.

［76］吴根洲，宋彩红.高考选考科目要求模式比较研究［J］.河北师范大学

学报(教育科学版),2022(1).

[77] 吴根洲.论江苏新高考方案的创新之处[J].教育与考试,2011(5).

[78] 吴霓,郑程月.从高考政策变迁看我国人才培养模式的演进趋向[J].教育学报,2017(4).

[79] 项德生.试论舆论场与信息场[J].郑州大学学报(哲学社会科学版),1992(5).

[80] 辛涛,李雪燕.教育评价理论与实践的新进展[J].清华大学教育研究,2005(6).

[81] 新高考选科密码,在这三个"指引"里[J].求学,2022(1).

[82] 熊丙奇.沪浙新高考志愿填报方式评析[J].上海教育评估研究,2017(4).

[83] 徐侠侠,鲁宽民.习近平关于创新人才的重要论述及其实现路径[J].思想理论教育导刊,2019(7).

[84] 严飞.分化与流动:我国社会结构与社会心态变迁(1978—2020)[J].求索,2021(6).

[85] 阎琨,吴菡."强基计划"实施的动因、优势、挑战及政策优化研究[J].江苏高教,2021(3).

[86] 杨学为.考试的起源(上)[J].教育测量与评价(理论版),2008(1).

[87] 杨运,周先进.新高考改革的经验、问题与走向[J].教学与管理,2018(4).

[88] 杨志明.高考原始分合成:问题与改进思路[J].教育测量与评价(理论版),2015(10).

[89] 杨玉春.从新高考透视我国公共教育政策走向[J].北京师范大学学报,2021(4).

[90] 易航宇,孟凡坤.史密斯模型视角下精准扶贫政策执行研究[J].农村经济与科技,2018(13).

[91] 尹达."新高考"的价值取向、现实挑战与路径选择[J].陕西师范大学学报,2017(4).

[92] 于涵.稳步推进高考综合改革彰显内涵更加丰富的"选择性"[J].中国考试,2019(5).

[93] 于涵,等.关于改进新高考选考科目赋分方案的若干思考[J].中国高教研究,2018(6).

[94] 于信凤.考试分数分布的研究[J].辽宁高等教育研究,1989(5).

[95] 俞可平.国家治理体系的内涵本质[J].理论导报,2014(4).

［96］袁靖宇.关于高校产业发展的若干问题［J］.盐城师范学院学报（人文社会科学版），2001（3）.

［97］袁媛,刘海峰.新高考改革的先导:江苏高考"08 方案"的反思［J］.大学教育科学,2021（5）.

［98］袁振国,周彬.以改革姿态迎接新高考改革［J］.人民教育,2016（14）.

［99］袁振国.在改革中探索和完善具有中国特色的高考制度［J］.华东师范大学学报（教育科学版）,2018（3）.

［100］张国峰,等.整体化立德树人的时代特质及其实践路径［J］.黑龙江高教研究,2019（12）.

［101］张含宇.高考改革的制度经济学分析［J］.教育导刊,2006（6）.

［102］张华,曹惠芳.江苏新一轮高考改革等级赋分方案优化探讨［J］.教育与考试,2019（6）.

［103］张华.论核心素养的内涵［J］.全球教育展望,2016（4）.

［104］张乐天.高等教育的发展与政策创新［J］.高等教育研究,2002（11）.

［105］张铭凯,靳玉乐.新高考改革的价值取向［J］.河北师范大学学报（教育科学版）,2016（1）.

［106］张天佑.新高考改革背景下中部省市高中教学改革的应对策略［J］.中国教育学刊,2016（S1）.

［107］张迎春,宋志海.人力资本与企业制度创新［J］.辽宁师范大学学报,2003（5）.

［108］章建石.关于选考科目等级赋分的改进:历史经验、现实限制与可能方向［J］.华东师范大学学报（教育科学版）,2018（3）.

［109］赵江南."3+1+2"高考综合改革方案评析［J］.教育与考试,2020（1）.

［110］赵永生,等.高阶思维能力与项目式教学［J］.高等工程教育研究,2019（6）.

［111］郑若玲,孔苓兰."双一流"学科选考科目制定的现状及建议:基于2019 年浙江省高考选考科目的分析［J］.大学教育科学,2019（1）.

［112］郑若玲,等."新时代高考综合改革的纵深推进"笔谈［J］.福建师范大学学报（哲学社会科学版）,2020（4）.

［113］郑若玲、孔苓兰.综合素质评价方案的特征、困境与突围——基于对第三批新高考综合改革方案的分析［J］.河北师范大学学报（教育科学版）,2020（1）.

［114］朱明光.关于思想政治学科素养的思考［J］.思想政治教学,2016（1）.

［115］鞠勤,张斓.高考模式下科学素养培养的困境与思考——基于江苏高

考改革实践的思考[J].华东师范大学学报(教育科学版),2018(3).

[116] 林伟.统筹推进　协同育人　公平选才——江苏省高考综合改革方案解读[J].中国考试,2019(6).

[117] 林伟.优化制度设计　公平科学选才——江苏高考综合改革实践与思考[J].江苏高教,2019(6).

学位论文

[1] 柴逢国.对建国后(1949—1999)教育方针价值取向演变的分析[D].南京师范大学,2007.

[2] 高波.国家治理现代化背景下数字政府建设研究[D].中共黑龙江省委党校,2021.

[3] 郝琳菁.山西省普通高考信息化管理研究[D].山西大学,2020.

[4] 李峻.我国高考政策变迁研究[D].华中科技大学,2009.

[5] 李韬.基于深度学习的多源多粒度教育考试信息融合研究[D].重庆工商大学,2020.

[6] 刘琳琳.习近平关于教育公平重要论述研究[D].内蒙古大学,2021.

[7] 刘宗佳.高考职能与高考功能关系研究[D].南昌大学,2014.

[8] 卢胜蓝.江苏现行高考模式下女生高考成绩优于男生现象研究[D].苏州大学,2011.

[9] 牛素华.浙江省新高考改革学生满意度研究[D].华中师范大学,2021.

[10] 隋丽君.新高考背景下高中生选科困境与突破[D].山东师范大学,2020.

[11] 孙陆童.史密斯模型视角下济南市零售药店"双远程"政策执行问题及对策研究[D].山东大学,2021.

[12] 王龙.利益相关者理论视域下中国高考制度的演进[D].南京师范大学,2016.

[13] 王永军.山东省创业担保贷款政策执行研究[D].山东大学,2020.

[14] 王旭辉.我国高等教育的供求问题研究—基于"专业"层面的探讨[D].厦门大学,2017.

[15] 吴丽丽.高考综合改革实施情况研究[D].南昌大学,2020.

[16] 杨小玲.人力资本视角下的高考制度研究[D].西南财经大学,2012.

[17] 张子夜.云南财经大学大学生就业政策执行分析[D].云南财经大学,2020.

[18] 张红强.新疆维吾尔自治区国家教育考试标准化考点建设及管理问题研究[D].新疆农业大学,2021.

［19］郑程月.我国考试招生政策演进研究（1977—2017）［D］.天津师范大学,2018.

研究报告

［1］陈小芳.浅析如何利用管理手段实现企业内部利益相关者效益最大化目标［C］.2011 年度中国总会计师优秀论文选,2012.

［2］华东师范大学教育学系.江苏高考综合改革整体初步方案论证报告［R］.2018.

［3］厦门大学考试研究中心.江苏高考综合改革整体初步方案论证报告［R］.2018.

电子文献

［1］Alex K,Ilya S,Geoffery E.H,et al.ImageNet Classification with Deep Convolutional Neural Networks［EB/OL］.（2016－10－16）［2021－04－28］.https://papers.nips.cc/paper/4824－imagenet－classification－with－deep－convolutional－neural-networks.pdf.

［2］http://www.bjdcfy.com/qita/gztyjxfs/2017－8/968417.html.［2021－04－20］.

［3］教育有心法.近 5 万考生滑档! 2021 高考山东滑档人数创新高,究竟是什么原因?［EB/OL］.（2021－07－27）［2021－10－28］.https://baijiahao.baidu.com/s? id=17064255091813180 2&wfr=spider&for=pc.

［4］辽沈教育.600 多分竟被民办本科录取,报志愿还有多少坑?［EB/OL］.（2018－06－20）［2021－04－28］.https://www.sohu.com/a/236785165_355227.

［5］省教育厅举办"砥砺十年谱新篇 奋楫扬帆建新功"之"江苏高等教育这十年"新闻发布会［EB/OL］.（2022－08－31）［2022－11－05］.http://jyt.jiangsu.gov.cn/art/2022/8/31/art_57807_10593273.html.

［6］LI J,LUONG M,JURAFSKY D.A Hierarchical neural autoencoder for paragraphs and ocuments［EB/OL］.（2018－05－10）［2021－04－28］.https://web.stanford.eu/~jurafsky/pubs/P15－1107.pdf.

［7］http://www.bjdcfy.com/qita/gztyjxfs/2017－8/968417.html.

［8］Mastery Transcript Consortium ©（MTC）Announces Full Availability of Mastery Transcript © Version 1.0,［EB/OL］.（2020－09－02）［2021－4－23］.https://mastery.org/mastery-transcript-version-1-0/.

［9］MIKOLOV T,SUTSKEVER I,CHEN K,et al.Distributed representations of words and phrases and their compositionality［EB/OL］.（2018－05－10）［2021－04－28］.https://arxiv.org/pf/1310.4546.pdf.

［10］ OECD. PISA 2018 Assessment and Analytical Framework ［EB/OL］. (2019 - 04 - 26)［2021 - 04 - 28］. https://www. oecd - ilibrary. org/education/pisa_19963777.

［11］ ZHENG S,JAYASUMANA S,ROMERA - PAREDES B,et al. Conditional random fields as recurrent neural networks［EB/OL］. (2018 - 05 - 10)［2021 - 04 - 28］. https://www. cv-foundation. org/openaccess/content_iccv_2015/papers/Zheng_Conditional_Random_Fileds_ICCV_2015_paper.pdf.

［12］李晓明. 高考 40 年反思：如何在夹缝中寻找改革出路［EB/OL］.［2021-04-28］. http://www.bjdcfy.com/qita/gztyjxfs/2017-8/968417.html.

［13］北京市教育委员会关于印发《北京市深化高等学校考试招生制度综合改革实施方案》的通知［EB/OL］. (2018-08-23)［2021-04-28］. http://jw.beijing.gov.cn/xxgk/zxxxgk/201808/t20180823_1446933.html.

［14］从信息社会迈向知识社会［EB/OL］.［2021-04-28］. https://www.un.org/chinese/esa/education/knowledgesociety/4_2_1.html.

［15］海南省高考综合改革方案解读［EB/OL］. (2018-05-02)［2021-04-20］. http://ea.hainan.gov.cn/ywdt/ptgkyjszsb/2 01805/t20180502_60603.html.

［16］海南省教育厅关于印发《海南省普通高中学业水平考试实施办法》(2019 年修订)的通知［EB/OL］. (2019-12-30)［2021-04-28］. http://edu.hainan.gov.cn/edu/0503/202007/c6d9a4f489ce4e09ae011627be876426.shtml.

［17］教育部. 2020 年全国教育事业发展统计公报［EB/OL］. (2021-08-28)［2021-12-18］. http://www.gov.cn/xinwen/2021-08/28/content_5633911.htm.

［18］秦春华. 我对浙江高考改革试点方案的忧虑［EB/OL］. (2015-02-02)［2021 - 04 - 30］. http://zqb. cyol. com/html/2015 - 02/02/nw. D110000zgqnb_20150202_1-10.htm.

［19］人民网. 确保高考安全顺利举行 切实维护高考公平公正.［EB/OL］. (2021 - 06 - 03)［2021 - 04 - 28］. https://baijiahao. baidu. com/s? id =1701503760750080482&wfr = spider&for = pc.

［20］上海市深化高等学校考试招生综合改革实施方案［EB/OL］. (2014-09- 23)［2021 - 04 - 26］. http://www.moe. gov. cn/jyb_xwfb/moe_2082/s7866/s8367/201409/t20140923_175288.html.

［21］沈费伟,曹子薇. 社会质量视角下数字政府发展的现实困境与优化路径［J/OL］. 电子政务, (2022-04-18). https://kns.cnki.net/kcms/detail/11.5181.TP.20220410.1326.002.html.

［22］省政府办公厅关于印发山东省深化高等学校考试招生综合改革试点

方案的通知[EB/OL].(2018-03-27)[2021-04-28].http://edu.shandong.gov.cn/art/2018/3/27/art_12032_991708.html.

[23] 数说江苏70年:教育事业跨越发展 教育公平全面推进[EB/OL].(2019-09-06)[2021-4-28].http://tj.jiangsu.gov.cn/art/2019/9/6/art_4031_8705029.html.

[24] 天津市完善普通高中学业水平考试的实施办法(2016-04-28)[EB/OL].(2020-01-11)[2021-4-28].http://jy.tj.gov.cn/ZWGK_52172/zcwj/sjwwj/202011/t20201111_4061864.html.

[25] 为何考 考什么 怎么考——专家解读《中国高考评价体系》.(2020-01-08)[2021-4-25].http://www.moe.gov.cn/jyb_xwfb/s5147/202001/t20200108_414689.html.

[26] 浙江新高考后,教育界正激烈讨论些什么?[EB/OL].(2016-10-27)[2021-04-30].http://www.360doc.com/content/16/1027/08/10675824_601684144.shtml.

[27] 中共中央办公厅 国务院办公厅印发《关于推动现代职业教育高质量发展的意见》[EB/OL].(2021-05-29)[2021-11-25].http://www.moe.gov.cn/jyb_xxgk/moe_1777/moe_1778/202110/t20211012_571737.html.

[28] 中国互联网络信息中心.第47次中国互联网络发展状况统计报告[EB/OL].(2021-02-03)[2021-11-30].http://www.cnnic.net.cn/hlwfzyj/hlwxzbg/hlwtjbg/202102/P020210203334633480104.pdf.

[29] 中国互联网络信息中心.第48次中国互联网络发展状况统计报告[EB/OL].(2021-09-15)[2021-11-30].http://www.cnnic.net.cn/hlwfzyj/hlwxzbg/hlwtjbg/202109/P020210915523670981527.pdf.

[30] 中国教育科学研究院.全国"两会"教育网络舆情报告(2021年3月4—11日)[EB/OL].(2021-03-13)[2021-04-30].http://ex.cssn.cn/zx/bwyc/202103/t20210313_5317835.shtml.

[31] 教育部,财政部,国家发展改革委.教育部 财政部 国家发展改革委关于公布第二轮"双一流"建设高校及建设学科名单的通知[EB/OL].(2022-02-11)[2022-05-02].http://www.moe.gov.cn/srcsite/A22/s7065/202202/t20220211_598710.html.

后记

高考综合改革是教育系统的"国之大者"。根据党的十八届三中全会的决策部署和国务院的实施意见,2014 年上海和浙江启动改革试点,2017 年北京、海南、山东和天津成为第二批改革省份,2018 年第三批江苏、广东、湖南等 8 个省份推进,2021 年黑龙江、安徽等 7 个省份跟进,2022 年山西、内蒙古等 8 省份加入至此全国共有 29 个省份开始实施新高考。

推进高考综合改革,必须回答两个问题,这就是"为什么改"和"怎么改"。关于为什么改,习近平总书记指出:"教育最突出的问题是中小学生太苦太累,办学中的一些做法太短视太功利,更严重的是大家都知道这种状况是不对的,但又在沿着这条路走,越陷越深,越深越陷!"①虽然习总书记分析的是全国的情况,但江苏对标对表找差距,一是学校教育出了问题,素质教育轰轰烈烈,应试教育扎扎实实。二是教育评价出了问题,考试分数和升学率实际上成为教育的指挥棒。三是许多问题表现在教育、根源在社会。关于怎么改,高考综合改革实施方案已经给出了明确的答案,这就是彻底解决教育评价指挥棒问题,扭转教育功利化倾向。从根本上讲,评价一种选拔性的制度,要看其是否实现了目标性和公平性的统一。中国历史上的科举制度,最后消亡的根本原因,并不是它的公平、公正性,而是它选拔人才的标准已经不符合社会发展的需要。新时代高考制度的目标性,是促进立德树人、"五育并举"教育方针的贯彻落实。新时代高考制度的公平性,是在评价学生的标准和程序面前人人平等,而非简单的在考试分数面前人人平等。

江苏是中国高考改革的先导。从 1999 年到 2008 年,江苏贯彻落实国家"鼓励有条件的省级人民政府进行多种形式的高考制度改革试验"的要求,先后进行过"3+2""3+小综合""3+大综合""3+1+1""08 方案"等 5 次主要的改革实践,既有经验也有教训,史称"十年五改"。继第一、二批高考改革 6 个省份采用"3+3"科目设置方案后,作为第三批改革省份,2019 年 4 月 23 日,在这个南京解放 70 周年的纪念日,江苏和其他 7 个省市同时向社会发布新高考"3+1+2"的科目设置方案。"3+1+2"方案,是在一定历史条件下综合比较得失、权衡利弊后的较优选择,它不仅借鉴了高考综合改革前期"3+3"方案的宝贵经验,更汲取了江

---

① 习近平.习近平谈治国理政(第三卷)[M].北京:外文出版社,2020:348.

苏"3+1+1"模式科目选考设计和"08 方案"之"3+学业水平测试+综合素质评价"等有益探索,被认为是"高考改革的江苏贡献"。

高考改革的效果,不仅与政策主体、政策设计与制定过程中的各种因素有关,也与实施过程中的环境、环节以及人的因素有关。对于江苏而言,高考改革的环境并不宽松,社会对改革的科学性和稳定性给予极高的期望,而对改革的理解度和容忍度则相对较低。2021 年,在世纪疫情防控的大背景下,全社会高度关注第三批高考综合改革落地。教育部将此列为年度三项重点工作之一,江苏将其列为全省经济社会发展六项"重中之重"第二项,高考改革的摆位之高前所未有。在省委省政府和教育部的坚强领导下,江苏秉持实践、认识、再实践、再认识的实践认识论,坚持用理论指导实践、以实践验证理论,在保持第三批改革省份协同联动的情况下,进一步优化和实施"3+1+2"科目设置方案。在全省教育系统的共同努力和全社会的大力支持下,2021 年新高考平稳落地,2022 年新高考顺利实施。

高考改变了千千万万人的命运,千千万万改变命运的人改变了中国。推进高考综合改革,促使我们在经济、政治、文化的系统中重新认识教育及其相互关系。回顾历史,让我们产生敬畏、谦卑和宽容;展望未来,更增强我们的信心、决心和底气。当前,全省教育系统正在深入学习贯彻落实党的二十大精神,着力办好人民满意的教育,这特别需要我们构建高考综合改革的政策分析框架,在大的历史视域里考察江苏样本,推进新高考行稳致远——这是江苏招考人关于高考这一改革命题的时代答卷。

本书由研究报告《高考综合改革的江苏探索及意义》修改而成,汇集了课题组成员自 2017 年江苏启动新高考方案研制工作以来的系列研究成果,是江苏省教育考试院长期在高考改革一线工作的同志基于实践探索和理性思考的智慧结晶,在指导江苏高考综合改革实践中发挥了重要作用。研究报告由袁靖宇统筹规划,具体分工为:第一章,江兰、范美琴、刘明岩;第二章,马彪、刘明岩;第三章,袁靖宇、张澜、李槿;第四章,张澜、江兰、邢鹏;第五章,范美琴、张澜;第六章,吴成兵、段海强、刘芳;第七章,马彪、刘明岩、石允剑;第八章,邢鹏、马秀谊;第九章,吴成兵、段海强、范美琴、高柳萍;第十章,袁靖宇。附录整理,张澜、马秀谊、范美琴。最终由袁靖宇、袁桂华、方苑统稿完成。

感谢江苏省委省政府,教育部高校学生司、教育考试院,江苏省教育厅各级领导的指导和支持;

感谢国家教育咨询委员会委员、国家教育考试指导委员会委员、教育部原副部长、江苏省人民政府原副省长王湛,国家教育考试指导委员会委员、中国高等教育学会原会长瞿振元,国家教育考试指导委员会委员、中国教育学会原会长钟秉林,南京大学原党委书记、江苏省政协党组成员胡金波,国家教育咨询委员会委员、上海市人民政府参事、华东师范大学教育学部主任袁振国,国家教育咨询委员会委员、国家教育考试指导委员会委员、浙江大学科举学与考试研究中心主任、文科资深教授刘海峰,南京大学教育研究院院长王运来,华东师范大学教育学部副主任柯政,厦门大学郑若玲教授、覃红霞教授,上海市教育考试院原院长郑方贤,国家教育考试指导委员会委员专家工作组成员、浙江省教育厅党组成员、浙江省教育考试院党委书记孙恒的指导和支持。

感谢江苏省教育考试院原院长鞠勤、林伟,原副院长吴仁林、邓洪斌、施邦晖、纪委书记王海林及相关业务部门的同仁,他们为方案的研制和实施贡献了极其珍贵的智慧和经验。

《易经》揭示自然与人类社会发展三大规律:变易,不易,简易。以此观照,高考改革是永恒的,高考稳定是相对的,而高考科学选才、公平公正的社会功能是不变的。

谨记。

袁靖宇

2022 年 12 月 23 日

郑重声明

读者意见反馈

为收集对教材的意见建议,进一步完善教材编写并做好服务工作,读者可将对本教材的意见建议通过如下渠道反馈至我社。

咨询电话　400-810-0598

反馈邮箱　gjdzfwb@ pub.hep.cn

通信地址　北京市朝阳区惠新东街 4 号富盛大厦 1 座
　　　　　高等教育出版社总编辑办公室

邮政编码　100029

防伪查询说明